El Prado inadvertido

Estrella de Diego

El Prado inadvertido

EDITORIAL ANAGRAMA
BARCELONA

Ilustración: «Bodegón con flores, copa de plata dorada, almendras, frutos secos, dulces, panecillos, vino y jarra de peltre», Clara Peeters, 1611. © Archivo Fotográfico Museo Nacional del Prado

Primera edición: mayo 2022

Diseño de la colección: lookatcia.com

ISBN: 978-84-339-6492-2
Depósito Legal: B. 6752-2022

Printed in Spain

Romanyà Valls, S. A., Sant Joan Baptista, 35
08789 La Torre de Claramunt

Este libro está dedicado a Miguel Zugaza y Miguel Falomir, por haberme abierto siempre las puertas del Prado

A MODO DE PRESENTACIÓN Y AGRADECIMIENTO

Este libro tiene su origen en un seminario del Museo del Prado, impartido el año 2015, tras una invitación de su director entonces, mi querido Miguel Zugaza, el primer lector de este manuscrito, además. Iba a tener un sabático, como es costumbre en la Universidad Complutense de Madrid tras veinticinco años de servicio. ¿Por qué no dedicar el sabático a hacer una revisión del museo a partir de las miradas que me interesaban –género, decolonial, posestructuralista– e impartir un seminario en el museo? Acepté la invitación y el reto sin dudarlo un instante: al fin y al cabo, el Prado era desde la infancia el museo de mi vida. Parecía la mejor manera de pasar aquellos meses sin obligaciones docentes regladas. El seminario requeriría de muchas visitas a las salas y largas mañanas en la biblioteca del museo.

A partir de ese momento empecé a preparar el seminario junto con Mari Cruz de Carlos, profesora de la Universidad Autónoma de Madrid y directora entonces del Centro de Estudios. Con ella aprendí tantísimo durante los meses de preparación y compartí las sesiones del seminario en unos intercambios que fueron, para mí al menos, muy fructíferos. Mis gracias más entusiastas, pues, a ella. De hecho, aquellas sesiones se convirtieron en un lugar privilegiado para la discusión y la reciprocidad con unos participantes sagaces, en algunos casos parte de la plantilla del Prado, que se acercaban a las diferentes sesiones en el aula o en las propias salas. No quisiera olvidarme de nadie, por eso no nombro a las personas de forma pormenorizada, pero quisiera recordar al artista Álvaro Perdices, con quien tuvimos ocasión de compartir el seminario entero y el entusiasmo por el retrato de *El Cid,* que luego él expondría en su proyecto con motivo de la celebración del Orgullo Gay en Madrid, cocomisariado con Carlos Navarro, conservador de pintura del XIX en el museo. A lo largo del curso repasamos a los inadvertidos en el Prado: pintoras, afrodescendientes, diferentes, exclusiones, bodegones, el siglo XIX...

El año 2017 repetimos la experiencia, cambiando, claro está, el contenido del seminario, implicando en las dos ocasiones a departamentos menos conocidos del Prado, parte de esas traseras del museo que trabajan en la sombra, lugares menos transitados: la fotografía en el gabinete de estampas, el taller de restauración... En este segundo seminario a la invitación de Miguel Zugaza se sumaba la de Miguel Falomir, actual director del museo y entonces su director adjunto, sustituyendo a Gabriele Finaldi, con quien compartí los comentarios preliminares del curso antes de su partida hacia Londres. Por estas invitaciones reiteradas, el libro está dedicado a Miguel Zugaza y Miguel Falomir.

La segunda experiencia –creo que para todos– fue otra vez apasionante, a pesar de echar de menos a la profesora De Carlos, que había vuelto a sus tareas universitarias. También se acercaban a las sesiones personas del museo, colegas de la universidad o del Consejo Superior de Investigaciones Científicas... Un verdadero seminario. Algunas de las sesiones en cada uno de los casos fueron impartidas por diferentes especialistas –Luis Pérez Oramas, Serge Gruzinski, Manuela Mena, Javier Portús, José Manuel Matilla, Enrique Quintana, Peter

Sacks...–, a los cuales, igual que a los participantes y a los colegas que nos acompañaron, me gustaría agradecer tan intenso intercambio y años de amistad intelectual en muchos casos. El destino quiso que la última sesión del segundo seminario, que iba a estar impartida por Miguel Zugaza, coincidiera en el tiempo con el día mismo en que dejaba el museo y volvía a Bilbao, y aquella tarde en la cual estuvo también presente Miguel Falomir, mientras el coche esperaba a Zugaza para volver a casa, hice la promesa pública de que ambos seminarios se convertirían en un libro que estaría dedicado a los dos directores del museo.

Solo bastantes años más tarde he podido cumplir la promesa. Han sido, además, años intensos en mi vida: cuando estaba a punto de empezar a escribir el texto prometido, se inundó mi casa, llevándose el agua libros y enseres por delante, una especie de borrón y cuenta nueva que se extendió durante meses, tal era la envergadura del problema. Recuerdo que el día que me encontré con la devastación ante los ojos, cerré la puerta y me fui al Prado. Aquel paseo fue consuelo para la hecatombe que asolaba mi pequeño mundo. Aunque toda aquella agua me llenó de un extraño deseo de libertad, de despojamiento, y pensé muy seriamente en mudarme a Los Ángeles –doy las gracias a Maite Zubiaurre / Filomena Cruz y su *El muro que da* por una amistad generosa. Cuando le comenté la posibilidad a mi padre, con noventa y siete años, su respuesta fue fantástica: «Cuándo nos vamos.»

Nunca nos fuimos. Nunca me fui. Al poco tiempo, mi madre, la primera mano que me guió en el Prado, nos dejó y se llevó con ella su sensatez y su ironía. Al cabo de poco más de un año, nos dejaba mi padre y nos quedamos sin su sentido del humor y su inteligencia. Ahora sí que estaba a la intemperie, y el Prado se volvió un lugar donde dialogar con los fantasmas pasados y recientes que me sorprendían en las visitas: Gombrich, Borges, Foucault, Ángel González, Paco

Calvo, Antonio Bonet, Jonathan Brown...; mi madre y mi padre, sobre todo ellos, y esa sensación de desamparo que, cuando se van los padres, nos coloca a los seres humanos en una curiosa orfandad a destiempo.

En todo caso, y pese a las visitas frecuentes al Prado, tantos acontecimientos me hicieron olvidar el proyecto del libro, dejarlo a un lado, quizás para no enfrentarme con las despedidas y los huecos. Por este motivo quiero agradecer su insistencia sobre la necesidad de escribirlo –y no solo por su amistad y su lectura cuidadosa y crítica– a Luis Martín Estudillo. Fue, de hecho, él quien me invitó a dar mi primera conferencia pública sobre el tema para los patronos del Museo de la Universidad de Iowa –que guarda el bellísimo mural de Pollock–, donde estaba dictando una serie de conferencias con motivo de la distinción con la Ida Cordelia Beam Distinguished Professorship en 2017-2018. A Luis las gracias por las complicidades. Creo que sin sus recordatorios el libro nunca se habría puesto en marcha.

De manera que me puse a la tarea pero, al poco de iniciar la escritura, estalló la pandemia y, de un día para otro, cambiaron nuestras vidas, se cerró el museo e ir al Prado se convirtió en una hazaña tan imposible como mudarse a Los Ángeles. Había ido y venido mucho en mi vida y ahora tocaba quedarse ante la ventana frente a la mesa de escribir y despojarse, contar una especie de relato desde la memoria; hablar del presente como quien habla del pasado, porque de un plumazo el presente parecía muy lejano en esta distopía vírica –aún hoy parece suspendido, al menos a mí.

Sea como fuere, este no es un libro sobre la pandemia –que estamos ya todos cansados del tema–. Es, más bien, un libro al cual la pandemia sorprendió en medio de la escritura, igual que le sorprendió la reapertura y los cambios que la acompañaron. Es, por lo tanto, un texto que habla de las pérdidas y las ganancias –emocionales y materiales– que han ocurrido para todos en estos casi dos años; que ha tomado forma de ensayo salpicado de recuerdos asociados al Prado –compartidos, seguro, por los que hayan pasado la infancia en Madrid– y a las visitas a otros museos, que reenvían a los lazos de amistad en todas esas ciudades que se han quedado un poco suspendidas en el tiempo que fue el de los viajeros frecuentes. Es un libro sobre las tachaduras, las borraduras, las traseras, las capas, los huecos, los que quedan fuera del relato, los trasplantes y los reencuentros cuando el museo volvió a abrir.

A medio camino entre libro de viajes, rememoración autobiográfica, lecturas e imágenes, el libro reflexiona sobre lo inadvertido en el Museo del Prado; sobre las transformaciones necesarias en los modos de ver –feminismo, queer, decolonialidad...–; sobre lo que no hemos visto o hemos visto pero no hemos mirado y que pone en evidencia la negociación que exige la mirada misma; cómo el «presentismo» reinante debe ser matizado en sus limitaciones. Las obras son capas y en sus capas, sin obviar ninguna, sin olvidar ninguna, encontramos cierto lugar donde empezar la conversación.

Quiero agradecer sus comentarios brillantes desde el zoom a mi adorado angelino José Luis Blondet, en su lectura aguda. Y a Sergio Rubira, sus apreciaciones inteligentes y su ironía. A mi hermana Nieves le doy las gracias por haber tomado el lugar de mi padre, mi primer lector, y ser ahora mi primera y adorable lectora. Gracias a mis amigos en América –todas las Américas– por estar tan cerca en esta maldita distancia y gracias especiales a Cuauhtémoc Medina por recordarme en cada ocasión que no se puede hablar del arte en España en los siglos XVI y XVII –y después, diría– sin tener en cuenta a América. Y a José Guirao y Augusto Paramio por sus lecturas, una vez más, y sus complicidades.

Y a Trinidad de Antonio, mi primera profesora de pintura barroca, por sus apreciaciones. Gracias a Magdalena Mora por tantos años de comentarios lúcidos, consejos y amistad. Doy las gracias también a la UNTREF de Buenos Aires, donde Diana Weschler –tan querida amiga– me invitó al primer diálogo público sobre el libro en marcha con los estudiantes del Master de Curadoría. Los comentarios de la clase fueron esenciales para repensar algunas de las ideas.

Gracias también a todo el personal del museo y la biblioteca del Museo del Prado por la ayuda prestada y mis gracias especiales a Karina Marotta, con la cual he tenido ocasión de trabajar muy a menudo en el museo, y a Miguel Zugaza y Miguel Falomir por su generosidad reiterada en la lectura del texto también.

A Javier Montes le quiero agradecer su entusiasmo por el libro –sin haberlo leído– y por el contacto con mi editora, Silvia Sesé. Tenía razón Javier: Silvia me encantaría. A Silvia, claro, le doy las gracias por su entusiasmo, su mimo con el texto y una lectura tan aguda que me desveló el texto mismo.

Por todos esos amigos y amigas implicados, por mis padres ausentes, por los que no están y pasean a mi lado cuando estoy en el Prado, este es un ensayo sobre ese Prado que estaba y no vimos, que pasó desapercibido; unas páginas sobre lo que hay detrás de los cuadros y del propio museo; el Prado imaginario, el que deseamos. Es, sobre todo, un libro sobre la amistad que convocan las obras, los afectos y los cuidados que ofrecen los museos durante las visitas; sobre la compañía y el consuelo que encontramos quienes nos aventuramos paseo del Prado arriba, poco antes de llegar al Jardín Botánico, una tarde de esos abriles exquisitos de Madrid. Ahí está su sin par museo, como escribió Eugenio d'Ors, el Museo del Prado, a veces inadvertido y en cada visita diferente.

1. EL QUIJOTE DE PIERRE MENARD, ESCRITO POR BORGES

Al entrar en la gran sala central del Museo del Prado, la sala 12, *Las Meninas* saludan al espectador desde el fondo, historia familiar contada mil veces de mil maneras diferentes; historia nunca completada, siempre abierta; lienzo indiscreto, de espaldas en su mitad del tiempo, que esconde obcecado el propio contenido y con él la supuesta significación última de lo narrado. No hay respuesta. Ninguna respuesta parece suficiente para la pregunta que debería, se piensa, encriptar la solución última al prodigio del lienzo. Es la historia contada en mil noches de insomnio, cuando nos persiguen los fantasmas y los lugares del pasado con una viveza obstinada y creemos haber encontrado la solución al problema que el día antes nos traía de cabeza. Es la historia de Shezade, quien idea el aplazamiento como fórmula de supervivencia: el cuadro de Velázquez no termina tampoco de construir jamás un relato definitivo para la mirada expectante de los espectadores.

No cierra el relato, lo duplica, noche de *Las mil y una noches,* en la cual se cuenta la historia de una mujer que cuenta una historia que nunca termina para burlar su muerte misma. Al hablar de esas noches, Michel Foucault dice que la noche-espejo, aquella que resume a las otras mil, sobra.

Cada vez sobra algo en las maniobras duplicatorias. O falta. O podría haber faltado. O sobrado.

Sin embargo, aunque Velázquez hubiera decidido cerrar la historia y el gran lienzo que corteja sin tregua a las miradas y las imaginaciones del visitante se convirtiera en superficie visible, bien podría desvelar una imagen absurda o incapaz de aportar pistas fiables al jeroglífico. Incluso podría tratarse de un lienzo vacío, estrategia de esos juegos de trampantojo que fascinaron al XVII.

Me pregunto ensimismada en la sala 12 del Prado, frente al cuadro –o cada vez que el viejo amigo vuelve a mi memoria en las noches de vigilia, punzante, interrogación abierta que me acosa–, si los contemporáneos de Velázquez se hicieron nuestras mismas preguntas o si para ellos, como para Lacan en el seminario XIII tras su invitación a Foucault, fue irrelevante desvelar el contenido del gran lienzo de espaldas en *Las Meninas* –del que muestra únicamente la trasera–, pues lo importante no es lo que se representa en el cuadro invisible, sino lo que el cuadro visible –apenas desvelado en sus significaciones– representa. Quizás necesitamos conocer el contenido del cuadro invisible por la dificultad misma de llegar al fondo de lo visible en el lienzo y, corriendo tras esa curiosidad insatisfecha, volvemos por más, sultán de Sherezade embaucado por la hábil narradora –o por el pintor sevillano, otro excelente manipulador del suspense en el relato.

Vuelvo a menudo al Prado para encontrarme con *Las Meninas,* año tras año desde que mi memoria lo recuerda, persiguiendo el pasado en el presente. O el presente en el pasado –viene a ser lo mismo. Y cada vez que vuelvo el cuadro es otro, más grande o más pequeño, más oscuro o más claro, dependiendo del día y del deseo. O las figuras se han movido un poco, tan poco que solo yo y los que como yo reconocen cada detalle del lienzo detectamos el cambio. Sucede con algunas obras que, seres vivos, se encogen o se expanden irreverentes en cada encuentro. Ocurre, por ejemplo, con *Las señoritas de Aviñón* en mis visitas al MoMA. En cada viaje se me imponen sorprendentemente otras, dispuestas a cautivarme en el asombro y las metamorfosis de su aspereza.

Los «grandes cuadros» de los «grandes maestros» no son, ni mucho menos, nociones fijas o estables como el relato impuesto ha querido dar a entender. Los cuadros, igual que todo en la vida imagino, se transforman con el paso de los años y de las miradas; hasta con las narrativas escritas por las propias instituciones que los albergan, cuando los cambian de sala o barajan a los autores, creando conversaciones sorprendentes. Las obras en los museos tienen tantas vidas como ojos las miran, como historias las cuentan, como montajes las transforman, y los casos de extravío o desinterés hacia obras o artistas hoy considerados representativos, incluso míticos, son numerosos y reiterados en el tiempo. Incluyen el desapego hacia el Greco –abandonado en los almacenes hasta la llegada del cubismo, se repite– e incluso la ambivalencia hacia la obra que la historia de la pintura suele leer como el germen del propio cubismo y los cambios en el gusto que trajo consigo: el citado *Las señoritas de Aviñón,* el cuadro que ha dibujado el relato del MoMA y de la imaginación moderna occidental en casi todos nosotros.

Pero ¿cómo pudo cambiar la forma de entender el espacio –característica esencial del cubismo– un cuadro que estuvo de cara a la pared entre 1907 y 1924, hasta ser rescatado por Doucet, el modisto coleccionista, a través de Breton, el escritor del surrealismo, su asesor en asuntos de arte y gran admirador de Picasso? Se recuerda que Braque, el amigo de Picasso, no digería la supuesta nueva belleza. Llegó a decir que mirar aquello es como comer estopa y beber queroseno. Y Doucet, quien lo iba a colocar en el *boudoir* de su mujer, pidió un descuento al tratarse de un cuadro muy feo. Luego las cosas cambiaron y *Las señoritas de Aviñón* se convirtió en una obra emblemática del MoMA. Más bien, en su obra emblemática por excelencia tras el traslado del *Guernica* al Casón del Buen Retiro en 1981, donde se guardaban las colecciones del siglo XIX en el Prado. Pese a su nueva situación de privilegio –la obra clave del MoMA, por otra parte lleno de tantas obras clave–, se diría que la inclusión de las intrusas exotizantes del cuadro –máscaras y belleza fuera del canon– seguía tal vez produciendo cierta incomodidad para el discurso al uso en el museo neoyorquino –o cualquier otro museo–, intrigado pero suspicaz frente a «la otredad» hasta épocas muy recientes.

Esa curiosidad ambivalente explicaría en parte el uso del cuadro como eje central de la exposición *Primitivismo en el arte del siglo XX: afinidad de lo tribal y lo moderno,* celebrada en el MoMA en 1984. La muestra, muy comentada entonces desde las voces críticas, organizaba una maniobra de yuxtaposición entre «lo tribal» y «lo moderno» que no hacía sino enfatizar su intención desesperada por domesticar –desactivar– «la otredad», lo disonante. Para algunos la exposición no era sino una especie de maniobra para preservar a Picasso como el héroe en la historia del arte moderno contada por el museo. Una maniobra de «blanqueo», se diría en términos actuales, de un artista que tuvo, además, unas relaciones más que cuestionables con sus sucesivas parejas, llegando en algunas ocasiones incluso al maltrato psicológico –valga Dora Maar, paciente de Lacan, como ejemplo.

Lo que proponía la muestra era, así, en primer lugar, una maniobra hasta cierto punto descontaminante de la obra de un gran maestro-chamán. No en vano se recuerdan las supuestas palabras de Picasso, muy repetidas y que recoge Malraux en *La cabeza de obsidiana,* al encontrarse en el Museo del Trocadero frente a las «máscaras africanas», término inaceptable hoy por su homologación colonialista: «Estaban en contra de todo –en contra de los espíritus desconocidos y amenazadores. Yo también estoy en contra de todo. Yo también creo que todo es desconocido, que todo es un enemigo..., las mujeres, los niños..., todo. Entendí para qué usaban los negros sus esculturas... Todos los fetiches... eran armas. Para ayudar a la gente a no volver a caer bajo la influencia de los espíritus, para ayudarles a ser independientes. Espíritus, el inconsciente..., se trata de la misma cosa. Entendí por qué soy pintor. [...] *Las señoritas de Aviñón* debieron de nacer ese día.»

En el controvertido y paternalista papel del creador que mezcla sin jerarquías niños, mujeres, fetiches, el inconsciente..., el cuadro no estaba exento de problemas desde la mirada crítica de mediados de 1980. Ya se hacía visible para algunos la citada maniobra de blanqueo de esa piel clara contrapuesta a las máscaras negras, sumando más controversia al muy comentado cuadro. Sea como fuere, en 1984 casi todos los que visitaban el MoMA aceptaban que se trataba de una «obra maestra», entre otras cosas porque estaba en el MoMA. Una bellísima obra maestra, me atrevería a decir incluso en este presente para el cual no está bien visto recurrir a la belleza; incluso reconociendo la maniobra de blanqueo y el maltrato del pintor a sus sucesivas parejas. No me cuesta hacer el esfuerzo de deslindar ambas cuestiones –o sí, pero creo que debo hacer el esfuerzo. De pronto me pregunto si hago bien en ser tan permisiva con Picasso: una historiadora de género no debería, quizás, ser condescendiente con este cuadro ni con su autor por motivos obvios.

Porque los gustos cambian, y con ellos las lecturas de las obras. Las formas de ver cambian. Los historiadores del arte –y la literatura– tenemos un término para este fenómeno de inclusiones y exclusiones que desde siempre ha llamado mi atención: «fortuna crítica». Es una manera elegante de hablar de los vaivenes en el gusto, de los cambios en los criterios de distinción y de calidad que tanto intrigaron a Pierre Bourdieu en 1979; y hasta de los criterios morales. «Fortuna crítica» parece más neutral, un posicionamiento menos caprichoso, menos atrapado en el presentismo que ahora gobierna la narración. Sería urgente desligarse de ese presentismo al encontrarse frente al pasado. Es tan necesario entender desde dónde se llega como dónde se está o hasta dónde se quiere llegar. Sobre todo, esa forma de mirar el mundo permite acercarse críticamente a *Las señoritas* sin pedir a su momento histórico más de lo que podía dar, a pesar de haber debido darlo, seguro. No parecería baladí recordar que se trata de una obra de 1907 y que pareció incluso demasiado radical a los contemporáneos de Picasso. Ese fue el motivo por el cual, vueltas de cara a la pared durante años –o eso comentan las crónicas y los amigos del autor–, *Las señoritas* fueron en ese periodo una trasera más entre las muchas traseras de la historia de la visualidad en Occidente. ¿A qué tanto alboroto pues? ¿A qué recalcar sin tregua la enorme influencia de esta obra en la historia del arte occidental, en la «invención» del cubismo, si apenas unos pocos se atrevieron a mirarla en su época, otra trasera sumada al resto de las traseras que podrían custodiar, quién sabe, el secreto último del relato?

Igual que *Las señoritas,* vueltas de cara a la pared en el estudio de Picasso y con poca influencia real en el devenir de la visualidad en Occidente hasta 1924, las mujeres artistas han estado arrumbadas en los almacenes durante siglos. Ahora ha cambiado su «fortuna crítica» y los grandes museos clásicos desearían tener en sus colecciones un número mayor de «grandes maestras»: Artemisia Gentileschi, Sofonisba Anguissola, Angelica Kauffmann, Mary Cassatt... Los museos que las tienen entre sus colecciones las exponen, pero ha costado tiempo y perseverancia que ocurriera. Hasta les dedican exposiciones individuales –o casi, ya que con frecuencia se prefieren las colectivas o dobles. Las instituciones comprarían los cuadros de esas mujeres a cualquier precio, solo que las obras a la venta son escasas. Pese a todo, aún quedan artistas olvidadas fuera de las salas, en los almacenes, en especial artistas del siglo XIX que interesan a pocos, porque al fin y al cabo pintan cuadros de género y bodegones, pocos lienzos de historia o relatos literarios. En el siglo XIX –y hasta antes– era complicado que las mujeres pudieran pintar grandes cuadros que requerían de un estudio espacioso –otra vez *La habitación propia* de Virginia Woolf que nos persigue sin tregua, nos pisa los talones.

En esta exclusión de las pintoras decimonónicas influye también la propia «fortuna crítica» del XIX, a menudo percibido como un siglo ramplón –«muchos ingenios, genio ninguno», se leía en 1890 en *La Ilustración Española y Americana.* Las mujeres no se acaban de librar de esas exclusiones en su doble condición de mujeres y pintoras del tan denostado XIX y me pregunto cuándo llegará su turno de salir a las salas no como excepción sino de forma sistemática –porque llegará, más allá de las exposiciones temporales y las obras salpicadas aquí y allá.

Tampoco la «fortuna crítica» de *Las Meninas* fue la misma a lo largo de la historia. Parecería que *Las hilanderas* estaban consideradas la obra maestra de Velázquez en esas épocas en las cuales los gustos estaban más próximos a la mitología que a los quebramientos en la etiqueta de corte. De hecho, *Las Meninas* fueron concebidas para un lugar al que tenían acceso solo nobles, diplomáticos o miembros de la realeza; personas, en suma, con la formación necesaria para saber interpretar en su justa medida la supuesta arrogancia de un simple pintor de corte –¡retratarse en el mismo lienzo que los reyes, incluso emborronados sobre el espejo!

Después, a partir de 1899, la historia del cuadro de Velázquez, hoy considerado su obra maestra y una de las obras maestras de todos los tiempos –la obra fetiche del Prado, me atrevería a decir–, cambió de forma drástica. El museo ideó para *Las Meninas* una ubicación especial, una suerte de sanctasanctórum que las separaba del resto de los cuadros del pintor sevillano, a su vez instalados en una sala aparte, reconocimiento claro del museo hacia el artista que a finales del siglo XIX era considerado la pieza básica para su relato fundacional –ocurre en todas las instituciones con sus piezas estrella. Pocos días después de la inauguración de la sala de Velázquez en el Museo Nacional de Pintura y Escultura –anterior nombre del Museo del Prado– en 1899, aparecía en *La Ilustración Española y Americana* una xilografía de Francisco la Porta que daba cuenta del acto.

La imagen no puede ser más elocuente. Formando un círculo, los caballeros y las damas escuchan atentos a un hombre que, de pie, sosteniendo unos papeles, lee el que se adivina un discurso de presentación. En las paredes se distinguen, de manera ordenada y colocados en una única fila, cuadros memorables del sevillano: *Pablo de Valladolid, Los borrachos,* los bien conocidos retratos ecuestres y hasta los pequeños y exquisitos paisajes que Velázquez pinta en Roma. Es una instalación muy diferente de la sala de la Reina Isabel que fotografía Laurent y Cía. antes de esta instalación de 1899. Allí Ribera comparte espacio con *Las hilanderas* de Velázquez o los pintores venecianos. La sala de la Reina Isabel era el lugar de los grandes maestros y en ella se agolpaban los cuadros en filas horizontales y verticales. Velázquez era, sencillamente, uno más.

Quizás en este cambio de gusto en 1899 comienza la verdadera historia moderna de *Las Meninas,* cierta «fortuna crítica» que configura la obra como lo que es ahora en la narrativa del Prado: una obra única, enigmática y desafiante que, igual que ocurre con *Las señoritas* de Picasso y el MoMA, inicia y sostiene dicha narrativa a lo largo de los años. A su vez, la verdadera historia del Prado moderno comienza también ahí. ¿Y cómo exponer una obra única y distinguirla del resto de los tesoros de un pintor que se quiere a su vez representar como único? Hay que exponerla separada. Así se presentó la obra hasta 1978, con dos excepciones: primero entre 1910 y 1928, momento en el cual se mezcla con el resto de las obras maestras del «gran maestro», que sigue separado –distinguido– de los demás. Lacoste lo desvela en una foto de la sala de Velázquez tomada en 1911-1912, donde el cuadro de la familia de Felipe IV comparte espacio con *Las lanzas* o el *Cristo,* no ocupando siquiera el lugar de privilegio en la lógica expositiva. Después, durante la Guerra Civil española, la posición de privilegio de *Las Meninas* se trastocó cuando las obras salieron del Prado por orden del gobierno republicano: había que salvarlas de los bombardeos del ejército franquista en el Madrid sitiado. En aquella tragedia la realidad entera se trastornó por completo en el museo, en la ciudad, en el país.

Durante el tiempo que el cuadro estuvo expuesto solo, se escondió en una habitación cuya entrada estaba protegida por unas cortinas, que enfatizaban su estatus de tesoro descubierto solo para unos pocos privilegiados. Recuerda a la historia del doctor Lacan, quien, tras convertirse de un modo rocambolesco en el propietario de *El origen del mundo* de Courbet –un cuadrito que en pleno siglo XIX muestra unas piernas femeninas abiertas donde se explicitan los órganos sexuales–, decide pedir a Masson que diseñe un ingenio para cubrirlo: la emoción y el deseo deben renovarse con cada mirada; debe sentirse la punzada del secreto desvelado incluso frente a una obra que se conoce en cada trazo.

Nadie pondría en tela de juicio la eficacia de las cortinas a la hora de sacralizar un cuadro. Hace años, cuando los fondos destinados a la remodelación eran escasos en el delicado Museo Ashmolean de Oxford y la iluminación no cumplía con la normativa exigida para proteger los dibujos, una tela los cubría. El visitante, animado por los vigilantes de sala, abría la cortina y se desvelaba el prodigio: Rafael, Dante Gabriel Rossetti en la sala de los prerrafaelitas... Era una sensación difícil de describir, una aparente ilusión de exclusividad, una experiencia personalizada infrecuente en los museos masificados, sin silencio para pensar. O hasta para mirar, pues mirar con detenimiento, buscando aquello en lo cual nunca se había reparado antes, requiere sosiego, sentirse el único visitante en la sala, aparte, igual que *Las Meninas* de mi infancia en su cuarto del privilegio. Puedo imaginar la emoción renovada de Lacan en su estrategia para no dar nada por hecho –ni siquiera en la propia colección, en la propia casa–; enfrentarse a la mirada como el don y el velo, invitación al desvelamiento de lo en apariencia tan obvio en *El origen del mundo* de Courbet. La cortina –igual que el velo– parece una estrategia de camuflaje y, más aún, de aplazamiento a la manera de Sherezade. Es, en pocas palabras, sacralizar el deseo.

De igual modo, segregar *Las Meninas* era sacralizarlas, aplazar el deseo hacia y desde ese lienzo de espaldas, una trasera que muestra los bastidores y la tela; enfatizando, más si cabe a través de la puesta en escena de aquella sala pequeña separada por las cortinas, la escenografía ambigua del cuadro. Frente a la pintura se había colocado un espejo con la supuesta finalidad de desvelar la lógica de la duplicación en la propia obra, el trampantojo propiciado por ese pequeño cuadro, ambiguo y desdibujado, donde aparece el reflejo de Felipe IV y Mariana de Austria: los Reyes. Como es lógico, el resultado era el opuesto: el espejo acentuaba el efecto duplicatorio del cuadro. Era un juego incómodo y perverso: cuadro y reflejo –cuadro reflejado– se retaban uno a otro y a los visitantes, que, al fin, no sabían bien hacia dónde mirar.

Lo descubre una conocida imagen de Joan Masats, cuando en 1964 fotografía a un grupo de espectadores en la pequeña sala donde en esos años se exponían *Las Meninas* en su exilio privilegiado. Los visitantes miran extasiados hacia algo escondido a la mirada del espectador y que debería ser el cuadro, aunque la lógica visual de la foto pone en evidencia otro trampantojo más, inesperado: al mirar hacia lo invisible fuera del cuadro parece que nos miran a nosotros mirando la foto. Los que recuerdan la visita al Prado durante aquellos años y tienen en la memoria aún la extraña sensación duplicatoria de los espejos, saben que el grupo más consistente de espectadores no está mirando el cuadro en realidad, sino su reflejo –sus reflejos. El verdadero cuadro –el original– está justo detrás de ellos: lo desvela el cordón protector para que nadie se acerque demasiado.

O tal vez no. Tal vez es todo lo contrario y *Las Meninas* verdaderas son en primer lugar su reflejo en el espejo de enfrente. De cualquier modo, el juego de separaciones y duplicaciones edificaba la supremacía de *Las Meninas* en la retórica espacial del Museo del Prado. Entonces como ahora –al recibirnos contundentes en la gran sala 12, enmarcadas por la puerta que, juego cinematográfico de Hollywood, nos va acercando al espacio del cuadro que sale hacia nosotros–, *Las Meninas* ocupaban un lugar simbólico que las distinguía. Aunque entonces, entre 1928 y 1978, la pugna que surgía de la maniobra duplicatoria dejaba a los espectadores frente a la pregunta incómoda que parece captar el desconcierto de los visitantes de Masats, algunos incluso de tres cuartos sin acabar de decidirse sobre la dirección de sus ojos: ¿hacia dónde mirar?

No sé si me hice la pregunta la primera vez que entré en aquel cuarto siendo niña, ni podría decir el año preciso en que ocurrió, casi seguro durante mi primera visita al Museo del Prado, hace más de medio siglo. Recuerdo solo la solemnidad de la sala, la sensación de claustrofobia en un cuarto extraordinariamente pequeño, aunque la fotografía de Masats y el numeroso grupo que ocupa el lugar, que deja incluso sitio para otros eventuales espectadores, contradice lo que recuerdo de aquella primera visita. Rememoro una sacudida de angustia casi, de oscuridad, de espejos múltiples que dislocaban mi mirada. Y el recogimiento, la sensación imprecisa de una iluminación tenue que se percibe a menudo cuando se experimenta intimidación –entre tinieblas. Era algo parecido a esa solemnidad que se relaciona con las iglesias o los funerales: una exigencia de respeto.

Tampoco sé si entonces el cuadro despertó la pasión que me ha acompañado durante años; que me acompaña hoy cada vez que atravieso la sala 12 del Museo del Prado para encontrarme de nuevo con mis viejos amigos, con las preguntas de antaño. No sé, sobre todo y pese a la potencia de la obra, qué hubiera podido pasar si mi primer encuentro hubiera sido igual de dramatizado con otra obra cualquiera. La obra de una mujer artista, por ejemplo. La calidad de las cosas vive encadenada al gusto. ¿Hacia dónde mirar? A lo largo de la historia –e incluso hoy–, en el caso de *Las Meninas* la museografía del Prado parece que no ha dejado demasiadas opciones de elección.

Esa misma pregunta frente a *Las Meninas,* desde luego enfatizada por la experiencia de ver el cuadro sumergido en aquel increíble malabarismo, se ha repetido año tras año, siglo tras siglo, mirada tras mirada en los museos. Hacia dónde mirar es la pregunta repetida en el recorrido por un museo cualquiera, la que contestan las audioguías y a veces incluso los antiguos planos de sala donde se destacan las «obras maestras»; el recorrido que preparamos ahora desde la página web y el móvil. Con la instalación de los espejos en el sanctasanctórum se evitaba de un plumazo cualquier aclaración en el ritual de la distinción. Allí, así, estaba todo dicho.

Esas *Meninas* customizadas y sacralizadas –literalmente un cuadro aparte en la historia de la pintura y del Prado–

fueron las que debió de encontrar Borges en uno de sus viajes a Madrid. Lo recuerda en un artículo no tan conocido y publicado en la revista argentina *El Hogar* el 2 de junio de 1939. El título del texto, preciso y precioso, es convincente en sí mismo: «Cuando la ficción vive en la ficción».

En una de sus rememoraciones cultas, Borges piensa en realidades especulares, algo que por otra parte no es en absoluto ajeno a su literatura, y entre ellas aparece el cuadro y el espejo instalado: «Debo mi primera noción del problema del infinito a una gran lata de bizcochos que dio misterio y vértigo a mi niñez. En el costado de ese objeto anormal había una escena japonesa; no recuerdo los niños o guerreros que la formaban, pero sí que en un ángulo de esa imagen la misma lata de bizcochos reaparecía con la misma figura y en ella la misma figura, y así (a lo menos, en potencia) infinitamente... Catorce o quince años después, hacia 1921, descubrí en una de las obras de Russell una invención análoga de Josiah Royce. Este supone un mapa de Inglaterra, dibujado en una porción del suelo de Inglaterra: ese mapa –a fuer de puntual– debe contener un mapa del mapa, que debe contener un mapa del mapa del mapa, y así hasta lo infinito... Antes, en el Museo del Prado, vi el conocido cuadro velazqueño de *Las Meninas:* en el fondo aparece Velázquez, ejecutando los retratos unidos de Felipe IV y de su mujer, que están fuera del lienzo pero a quienes repite un espejo. Ilustra el pecho del pintor la cruz de Santiago; es fama que el rey la pintó, para hacerlo caballero de esa orden... Recuerdo que las autoridades del Prado habían instalado enfrente un espejo, para continuar esas magias.» Y prosigue: «Al procedimiento pictórico de insertar un cuadro en un cuadro, corresponde en las letras el de interpolar una ficción en otra ficción. Cervantes incluyó en *El Quijote* una novela breve...»

Ese año, en mayo de 1939, Borges publica «Pierre Menard, autor del Quijote», un texto revelador en el cual el argentino reflexiona sobre la traducción cultural, la autoría y la originalidad y, sobre todo, la duplicación. En este cuento, travestido de reseña como a menudo ocurre en Borges, habla de Pierre Menard, un autor francés del siglo XIX, quien decide aprender español para continuar con la escritura del Quijote. Copia el texto palabra por palabra, si bien Borges pasa el detalle por alto. Incluso llega a explicar el porqué de su español arcaico, de la época de Cervantes. Con la agudeza que le caracteriza, Borges concluye que a Menard le ocurre lo que a todos nosotros cuando estamos aprendiendo una lengua: el excesivo esmero al hablar, la falta de expresiones coloquiales –lo último en aprenderse–, construyen un uso encorsetado del lenguaje. El uso de un extranjero.

Lo que Borges está poniendo sobre el tapete mucho antes que el posestructuralismo y hasta los discursos de género y poscoloniales es algo que va más allá que una simple «copia». El Quijote de Pierre Menard de Borges es una traducción cultural: hasta copiando palabra por palabra, cada concepto tendrá diferentes significados a principios del XVII o a mediados del XIX. Los significados de las palabras, igual que ocurre con las imágenes, están gobernados por el gusto y las costumbres.

El texto luminoso, usado por la crítica «posmoderna» norteamericana en la década de los ochenta del siglo XX para reforzar el concepto de relatividad –un texto a su vez desplazado, fuera de contexto y por lo tanto de lecturas y lectores impensados hasta ese momento–, habla de lo inestable en las significaciones de los relatos. Borges, un desconocido aún para esa crítica, dejaba de ser el escritor y se convertía en el oráculo del apropiacionismo *avant la lettre* o, más aún, en el epítome de lo inevitable y deseable de esa inestabilidad en los significados que no da tregua. Las cosas son lo que fueron, lo que son y lo que serán, porque cada palabra y cada rincón de la cultura visual está siendo revisitado a cada paso y sin remedio. Lejos de ser una inconveniencia –como a veces parecen pensar los más conservadores y de igual modo los más radicales–, la relectura desde los ojos del presente sin borrar el pasado es lo que permite que las obras sigan vivas y, más aún, que sigamos vivos los lectores y los espectadores frente a dichas obras. Cada obra es su historia que fue, que es y que va a ser. Todo somos Pierre Menard.

Y es que de cada obra hay al menos dos lecturas que, lejos de contradecirse, se complementan: una corresponde al tiempo de la obra misma y las mentalidades de su época; y la otra se relaciona con los intereses y las preguntas posteriores, con una mirada que «relee» a partir de esas nuevas opciones que se van incorporando al relato. Por eso las colecciones en los museos son una historia abierta que cambia incesante los significados interpretados desde los sucesivos pasados y presentes.

Los relatos, acumulados y cancelados –incluso se diría que sobre todo en los «museos clásicos», llenos de obras de «grandes maestros»–, se convierten en un lugar de conformación de significados donde lo que se daba por hecho debe ser revisado. Las obras tienen una vida extendida que se define y redefine con el paso de los años; que se revela a través de las capas conformadas por las sucesivas miradas. Si los modos de mirar cambian, ¿cómo no van a cambiar los modos de ver? Descubrir esas capas, llegar hasta el fondo de las nuevas lecturas, exige estar dispuestos a no tener miedo. Perder pie. Dejar que las obras que creíamos conocer lleven a cabo su particular *outing,* borrando los disimulos. Solo entonces empezaremos a comprender la carga de profundidad de la pintura clásica, siempre en tránsito como el Quijote de Pierre Menard, una obra original porque ha sido transcrita palabra por palabra –no copiada– desde el XIX.

Sobre este hecho, me parece, nos alerta Borges: cualquier obra –escrita o visual– sufre un constante cambio de significados con el transcurso. Por eso es tan fascinante la coincidencia de los dos espejos: la versión de Menard del Quijote y el espejo de *Las Meninas* que Borges vio en uno de sus tempranos viajes a Madrid; el espejo que yo y tantos como yo conoceríamos siendo niños. Luego las cosas cambiaron, y los espejos desaparecieron y la obra fue instalada, otra vez, junto a otros grandes cuadros del gran maestro, a pesar de no llegar a perder jamás su centralidad intangible. No obstante, los que nos tropezamos una tarde de infancia con *Las Meninas* duplicadas en sus duplicaciones –espejos frente a espejos, juego fractal– tenemos la mirada aún presa de aquellas extrañas impresiones, aquella sensación de claustrofobia que la enorme sala 12 no consigue difuminar ni muchos años después, a medida que avanzo hacia el cuadro.

Voy al museo otra mañana. Voy con frecuencia al Prado, el museo de mi ciudad, y en cada regreso pienso que no debo olvidar el privilegio de poder visitarlo a menudo. Aspiro a no darlo por hecho. No dar nada por hecho, aceptar cada cosa como un don, es la condición primera de todo extranjero. El extranjero trae consigo la pregunta que conlleva el estatus de extranjero –problemática al poner en tela de juicio lo que se da por hecho. No en vano muchos de los diálogos de Platón presentan al Extranjero como aquel que trae y plantea la pregunta, recuerda Derrida en su bello texto sobre la hospitalidad.

Pero el Museo del Prado es el museo de mi ciudad y sus salas y sus obras me son muy familiares, tanto que en el paseo me asalto a mí misma como la pequeña de entonces –mi infancia, las fragilidades y el tiempo sostenido. Vuelve la carrera breve, soltándome de la mano que me guía, de niña. Y la reprimenda después: en un museo no se corre. Sonrío por las salas centrales del Museo del Prado esta otra mañana del presente, tantas mañanas después de aquella carrera infantil y frustrada, suspendida en un pasado donde me hablan mis padres, mis compañeros de clase, mi hermana mayor, el domingo soleado en Madrid, mi maestro de dibujo el profesor Mustieles; la que fui, la que amó las obras en el primer encuentro, la que las vuelve a ver hoy y a amar hoy...

Soy voces que me confían secretos. Todas las voces. Y me busco temblorosa entre hace años para reencontrarme, al fin, en esa casa que mi memoria reconoce como propia –el Prado, *Las Meninas...,* los cuadros que pueden ser una suerte de casa para los visitantes asiduos. Busco obstinada la mano de la cual entonces soñaba con liberarme y echar a correr. Echar a mirar. Hoy deseo que vuelva a sujetarme firme. Que me sostenga. Que no deje que me caiga.

Sin embargo, el tiempo corre a su vez en un tiempo paralelo, como esa realidad que, según Lacan, no nos espera. Corre decidido a través del Prado igual que los protagonistas de *Banda aparte* de Jean-Luc Godard, quienes, cogidos fuerte de la mano, (re)corren el Louvre a la carrera en una *performance* casi humorística, al tratar de reproducir los paseos de un turista norteamericano que –han oído– visitó el museo completo en poco más de nueve minutos. Es 1964 en la película de Godard. No debió de ser necesario vaciar las salas para rodar la secuencia porque los museos no eran tan populares como ahora.

En cambio, esta otra mañana mi deseo de ver se va abriendo paso entre los visitantes que se acumulan en las salas de Goya, las de arriba –algunos asiáticos se cubren la boca con mascarillas y se mezclan con los visitantes locales que han traído a sus hijos ese domingo soleado de Madrid. Es abril. No, parece abril este invierno de aire limpio. Pienso en Eugenio d'Ors y sus *Tres horas en el Museo del Prado.* «Madrid tiene abriles exquisitos y un sin par museo», comienza el texto que en clase de Antonio Bonet, el profesor Bonet, mi maestro, siempre imaginativo y poco convencional, fue nuestra lectura en segundo de carrera en la Universidad Complutense. Es un libro en el cual D'Ors se debate sobre qué cuadro salvar, en caso de un hipotético incendio, y parece una buena excusa para recorrer las salas del museo. Al final, salva el cuadro más modesto –por tamaño– de la escuela italiana, ese Mantegna con el lago cercano a Mantua al fondo, un prodigio de perspectiva entendida esta a la manera italiana. La verdad es que D'Ors escribe un excitante cuento de misterio, tal vez porque –él mismo lo confiesa– aspira a instruir a un visitante curioso, pero no docto. Todo esfuerzo es bienvenido para no caer en las maldiciones de la audioguía que ordena la visita, incluso en medio del hipotético fuego. Mil veces mejor remedar a Agatha Christie en Mesopotamia que plantear una visita sin sobresaltos –al fin y al cabo D'Ors era escritor.

En mi visita a la sala de Goya esa mañana, pienso en cuántos de los que me acompañan en la sala, extranjeros en la ciudad, habrán llegado hasta el Prado, como yo, en busca de consuelo. En algunas ocasiones habrá sido un reencuentro con viejos amigos. En otras, el descubrimiento de algo parecido a unos amigos epistolares –imágenes en las páginas de un libro. Entonces recuerdo la carta que Rilke escribe a su amada, en la cual se refiere a un privilegio para nosotros complicado de entender ahora que casi todas las imágenes están a mano en Wikipedia. Frente a nuestra abundancia en la búsqueda, la escasez de Rilke: le han prestado durante unas horas un libro con ilustraciones de Van Gogh –un bien escaso en esos años– y podrá contemplarlo sin prisa hasta que lo devuelva a su dueño.

Me pregunto cuántos habrán llegado al Prado ese día sin buscar nada concreto, tachando etapas en su guía turística, sumergidos en la idea de verlo todo –universo de bolsillo como mapamundi de bolsillo entre los caballeros elegantes del XVIII inglés. Cuántos de los que llegaron sin planes de futuro se habrán encontrado con esa fragilidad que tiene algo de don a la manera de Marcel Mauss –sentirse obligado a devolver algo más precioso que lo que se recibe. Es un malabarismo de fragilidades delicadas que forman y transforman y nos hace extranjeros en nuestra propia casa, en el museo de nuestra ciudad que espera desvelarse y volverse a narrar. *Las Meninas* también nos hacen extranjeros cuando estamos frente a ellas, cara a cara, en cada nuevo encuentro –cada vez la primera. Se renueva la emoción incansable. Nos quedamos a la intemperie.

Los museos, como las palabras y las historias y las imágenes, van cambiando a cada paso; llenándose de narrativas diferentes y nuevas, las que exigen los cambios en el gusto, las que persiguen las transformaciones en el concepto de calidad; las que se construyen, aun sin saberlo, desde las leyes del extranjero: traer y llevar las preguntas. Es cuestión de sacar lo olvidado a la luz –aunque lo olvidado sea diferente en cada momento histórico– y rescatar lo excluido teniendo clara una cosa: por mucho que tratemos de recuperar lo excluido, siempre quedará algo fuera, alguien fuera; las traseras de los cuadros que muestran las fotos de los preparativos del traslado durante la Guerra Civil para proteger las obras; la trasera del cuadro –oculta, al contrario de como la muestra Velázquez– que habitará sobre la superficie del cuadro.

No se trata solo de las obras que se quedaron relegadas en los almacenes –las citadas grandes maestras, por ejemplo– entre otros olvidos, sino lo que ha estado y está ahí, delante de los ojos, y que nadie vio. Lo que nadie se preocupó en subrayar. Lo fascinante es entender cómo obras que amamos sobre todas las cosas, que creímos conocer como la palma de la mano, están llenas de recovecos donde lo inesperado ocurre –solo hace falta querer verlo.

Las Meninas tienen también, en su misma superficie visible, una suerte de trasera construida a partir de borraduras que esperan ser puestas en evidencia. Casi se puede escuchar la respiración entrecortada de los personajes del cuadro, inquietos frente al desvelamiento de sus secretos en la sala 12, una sala en apariencia sin fisuras, con poco margen para las sorpresas. Aunque al tiempo, con el corazón latiendo fuerte, esperan ser desvelados en sus disimulos más profundos. Eso nos han enseñado las miradas alternativas, las que propicia la diversidad; las que tienen mucho de mirada del extranjero al fijarse en aquello que para los locales pasa desapercibido. Hay que sacar las obras de los almacenes, imaginarios también, y volver a contar sus historias. O, mejor aún, hay que regresar a las historias conocidas para volverlas a narrar, para explorar nuevas emociones y nuevos relatos.

Y los museos se contagian de las preguntas que parten de las nuevas aproximaciones teóricas –género, decolonial, posestructuralista, psicoanálisis...– y bajan hasta los almacenes para buscar relaciones inusitadas, cuadros olvidados, nuevos diálogos –todas formas de rescatar las traseras de las obras y de la historia. En el «nuevo MoMA» una pintora afroamericana, Faith Ringgold, está colgada al lado de *Las señoritas de Aviñón* de Picasso –eje de la colección– y confronta y disloca –o casi– la posición del pintor en el anterior discurso del museo respecto a las mujeres y el resto de las exclusiones. El MoMA ha colocado esta obra de Ringgold junto al cuadro de Picasso en su apuesta por las transgresiones. La pintura de Picasso, siempre se dice, habla de «máscaras africanas» y burdeles –de un teatro de vodevil, pienso.

De cualquier modo, esta obra de Ringgold es, además, una especie de trasera en la producción de la artista, mucho más conocida por sus *quilts* coloreados y sus libros infantiles, entre otros *Tar Beach,* que a mitad de 1980 contaba la historia de una familia afroamericana que disfrutaba feliz en la azotea del edificio neoyorquino en el cual vivía. En el cuento de Faith Ringgold, la niña protagonista sueña, desde la azotea cerca del puente George Washington en Nueva York, que vuela por el cielo y piensa que esos veranos son lo mejor del mundo. De pronto se siente poderosa, tan poderosa como el paisaje a su alrededor. Así, allí, se siente la persona más rica de la tierra. De hecho, su posesión más preciada es el puente. Quién no ha sentido alguna vez esa sensación circulando deprisa, de noche, por la autopista que rodea la ciudad, volviendo a casa, Uptown, desde Tribeca: a un lado el Hudson, al otro el poder mágico de una ciudad que a un tiempo se ofrece y se impone. Manhattan mil veces más bella desde fuera, de verdad. Desde la autopista.

Pese a lo fascinante de la historia en *Tar Beach* de Ringgold –soñar con ser dueña de un mundo intangible y completo, una emoción que la belleza y rotundidad del paisaje nocturno de Nueva York propicia en los que lo observan–, la pintura de la artista no era tan luminosa en la década de 1960. Entonces el trabajo de Ringgold era más político, crítico con la violencia y las cuestiones raciales, que por otro lado de alguna manera trata en sus cuentos infantiles y sus *quilts,* si bien de un modo más amable. La obra política era desvelada en 2010 por el Neuberger Museum of Art, en el Purchase College, en una exposición en la que se mostraba algo semejante a la trasera de la producción de Ringgold, la que dejaba a un lado la cara suave de su trabajo: aquellas eran obras combativas, incluso contundentes a nivel visual. Precisamente a este periodo pertenece la obra expuesta junto a Picasso en el MoMA. *American People Series #20: Die,* de 1967, es un relato de crítica inusitada a la violencia, donde se subraya el miedo, la sangre, un amasijo multirracial de cuerpos heridos y muertos sin distinción, sin privilegio.

No en vano y frente a la publicidad en las noticias de algunos canales de los Estados Unidos que dividen el mundo entre «buenos» y «malos» por el color de la piel –uno u otro color, que bien visto es lo mismo–, en el lienzo de Ringgold todos comparten por igual dolor y culpa, mucho antes del movimiento Black Lives Matter. Un «blanco» sostiene una pistola, un «negro» un cuchillo, mientras otro «negro» sostiene a un «blanco» moribundo. Tres mujeres corren en sentidos opuestos llenas de sangre, la mano y la pierna de un hombre afrodescendiente sale de un lado y dos hombres –«blanco» y «negro»– han caído o van a caer muertos. En medio de la escena, un niño de ojos azules y una niña de pelo rizado y oscuro –tonos diferentes de piel– se abrazan suspendidos en el caos, los únicos que no están manchados de sangre propia ni ajena. En este cuadro la violencia no distingue de razas ni de género o edades: la mujer «blanca» que corre hacia la izquierda, a punto de salir del cuadro, lleva a una niña ensangrentada en los brazos que recuerda a la mítica escena de *El acorazado Potemkin.*

Tampoco aparecen esas distinciones de clase a menudo asociadas a las de raza: por las ropas de estos personajes con algo de dibujo infantil en sus formas, se adivina que todos son urbanos, modernos, con corbata y camisa ellos y minifaldas ellas. De repente recuerdan a los personajes de Archibald Motley Jr., quien mostraba en los años veinte y treinta del XX una realidad mucho más compleja que aquella que exhibían las representaciones al uso, las que los «blancos» esperaban. Los habitantes afrodescendientes de sus cuadros son urbanos, progresistas, jóvenes; con rasgos, mezclados, impuros. *«The pure products of America go crazy»,* escribía William Carlos Williams en 1923. La verdad es que nunca se está a salvo.

Colocado en el MoMA cerca de *Las señoritas de Aviñón,* la obra *American People Series #20: Die* tiñe el cuadro de Picasso de ciertas lecturas alternativas que acentúan esas cuestiones de raza y clase a menudo asociadas con la obra del español –máscaras negras, supuestas prostitutas blancas. Y de pronto, el cuadro de Picasso parece en realidad muy violento y no por las formas sino por los contenidos. Igual tuvo razón

Braque al decir que mirarlo era beber queroseno y comer estopa –algo se atraganta a los ojos en este vertiginoso escenario de variedades tan poco complaciente con el espectador.

Pese a todo, pese al esfuerzo del MoMA por sacar a la luz más mujeres y más afroamericanos en su nueva puesta en escena –*«new normal»,* lo llaman ahora para poner de manifiesto que la normalidad no era sino otra construcción cultural–; pese a la impresión insólita de encontrar en la misma sala dos cuadros tan distintos y tan potentes, cuadros que luchan por robar los ojos –por ganárselos–, lo que más llama la atención del visitante –mi atención al menos esta mañana, al volver a Nueva York– es el tamaño de *Las señoritas,* que ese día parecen haber perdido parte de su contundencia y se han convertido en una mirada rebosada por las comparaciones con un cuadro más crítico, más reflexivo incluso. Parecen menos un icono y más un cuestionamiento. Si hace unos pocos años alguien hubiera pensado siquiera en la instalación actual, habría sido expulsado del museo por peligro de contaminación de «obras maestras». Ahora, tan cerca de uno de los cuadros emblemáticos de Picasso, *American People Series #20: Die* se ha travestido de «obra maestra» y su autora de «gran maestra» en los malabarismos que se generan en torno a las salas de las instituciones. Nada es estable. Lo estable se establece.

Aunque no hay, bien visto, tantos puntos en común entre *American People Series #20: Die* y *Las señoritas de Aviñón,* salvo esa pasión por la *«négritude»* –consciencia africana– que Aimé Césaire codifica en la década de 1930 junto a un grupo de intelectuales y que en Picasso es pura escenificación de otredad a la moda. Pese a todo, la presencia de Picasso no puede sentirse más poderosa frente a *American People Series #20: Die,* si bien de un modo inesperado. De pie frente al cuadro, negociando entre Ringgold y *Las señoritas,* vuelve a la retina de mi recuerdo el otro gran cuadro del malagueño, el *Guernica,* y a través de esa rememoración regreso de nuevo al Prado, a miles de kilómetros de distancia de la calle Cincuenta y tres en Manhattan. Regreso al día de la llegada del *Guernica* a Madrid, siendo yo una joven aspirante a historiadora del arte, pensando apenas en mi tesis doctoral.

El 10 de septiembre de 1981 llegaba a Madrid el *Guernica,* y un mes y medio después se presentaba en su nuevo hogar: *casi* el Museo del Prado, dado que la obra de Picasso se instalaba en el Casón del Buen Retiro, un edificio no muy alejado del edificio principal, si bien lejanísimo desde el punto de vista simbólico. De hecho, el Casón era entonces el lugar donde se exponían los cuadros del siglo XIX y, al menos en ese momento, la pintura del XIX se consideraba una producción de segunda fila. Picasso se hallaba, por ubicación simbólica al menos, a kilómetros de Goya, de los grandes maestros, de la tradición clásica.

No solo. Tras una instalación larga y complicada, semejante a las fotos de Dora Maar –lo muestran las instantáneas que se tomaron de la «puesta en pie» del cuadro durante esos días en el Casón–, el *Guernica* tuvo que protegerse por un cristal, mientras la Guardia Civil vigilaba –imagen muy publicitada y poco típica en el museo de una democracia–, con el fin de evitar los ataques de los seguidores del pasado, aún bastante activos en 1981. Parecía obvio, incluso en aquel edificio con colecciones de «segunda categoría» desde el punto de vista de la gran tradición del Prado, las del siglo XIX: el *Guernica* era un símbolo de fuerza sorprendente para bien y para mal.

El cuadro sería trasladado al Reina Sofía en julio de 1992, cuando el museo era aún poco más que un anhelo. Allí lo cubrió un cristal hasta 1995, pero en aquel momento el símbolo tenía ya menos de símbolo y más de atracción para visitantes. El *Guernica* era –y sigue siendo– la «estrella» de un museo, el Reina Sofía de Madrid, que por la propia idiosincrasia del país tiene una colección de la modernidad clásica muy deficitaria. Es más, a menudo pienso que si el *Guernica* volviera al Prado o al MoMA –donde lo vio Ringgold–, el Reina Sofía perdería su eje, la única gran obra de la tradición modernista junto con algunos maravillosos Dalí; la única que al final atrae la atención de los visitantes. Es más, en muchos de mis paseos matutinos por el museo, los sábados, observo lo escasos que son los visitantes que llegan hasta sus salas, dejando a un lado los colegios, que ese día no acuden: todas las salas, salvo la del *Guernica,* están bastante vacías. El público general que visita la institución, mucho más exiguo que el del Prado por motivos obvios, va esencialmente a ver esta obra, a ver este gran cuadro publicitado a su vez hasta la saciedad desde el museo.

Ahora las cosas han cambiado en el Casón y no solo por el traslado del *Guernica* al Reina Sofía para dotar al museo de contenido: el siglo XIX se ha acercado a los «grandes maestros», colgado al lado de ellos en el edificio principal. El Casón es un centro de estudios, pero hasta allí ha volado mi pensamiento mientras estoy de pie en la sala del MoMA, mirando la pintura *American People Series #20: Die.*

Vuelve a mi mente el Prado y lo recorro como lo recuerdo aquellos días en que *Las Meninas* estaban en su sanctasanctórum, el lugar de privilegio rigiendo desde su perspectiva especular los destinos del museo, estableciendo desde allí las jerarquías indiscutibles. Pero qué extraño el modo en el cual los destinos de las obras cambian. Y qué extraño también constatar que cambian solo a medias, como *Las señoritas,* que, pese a todo, siguen quizás rigiendo los destinos del MoMA no porque sean su «obra maestra», sino porque siempre ha sido así, porque nos tomará tiempo entender que ya no es así, que las cosas tardarán en volver a ser como han sido siempre, si alguna vez vuelven a serlo –desde luego tener cerca a Ringgold ayuda a formular ciertas preguntas. Ahora

Las señoritas se tiñen de una duda que hace más complejo tragar la estopa y beber el queroseno. Quizás Braque lo intuyó. No obstante, trasladó su inquietud al lugar equivocado: solo formal.

Algo está pasando en los museos, si bien, en el fondo, nadie tiene ni idea de lo que pasa exactamente. Pasan cosas que se creían contradictorias y que nos obligan a volver a mirar sin entender tampoco de qué manera ha cambiado nuestra mirada. ¿Puede *American People Series #20: Die,* crítica, violenta, multirracial y ensangrentada, presentar *Las señoritas* bajo otra luz? ¿Puede un óleo colocado cerca de otro óleo ser un acto más político que confrontarlo con una película o una obra conceptual, como se suele creer? ¿Qué ocurre cuando la estructura y hasta el fondo gris de *American People Series #20: Die* intercambia en la memoria el *Guernica* ausente de las salas del MoMA con *Las señoritas?*

El pensamiento echa a correr desbocado sobre las traseras, entre ellas, tras ellas. Y entonces la fuerza de *Las señoritas* se quiebra un momento y queda, frágil, la ausencia del *Guernica* en el MoMA, lo que vio Ringgold en el museo de su ciudad, lo que amó y lo que le hizo pensar en esta escena que pinta en 1967. Me pregunto si ella supo entender como un don aquellas visitas al MoMA –un privilegio–; si las dio por hechas hasta que el cuadro dejó la ciudad para volver al Museo del Prado. Robert Rosenblum me confesó en una ocasión que su amor hacia *Las señoritas* se había gestado en sus visitas adolescentes a Manhattan desde Brooklyn: el MoMA era un sitio barato donde pasar la tarde cuando llegaba desde su barrio. En aquel momento estableció la relación que jamás le abandonaría, esa que le iba a convertir en uno de los más creativos y extraordinarios historiadores del arte, siempre poco ortodoxo, inteligente, lleno de sentido del humor, clandestino, generoso con sus estudiantes: sentado a veces un rato en la mesa de fumadores en la sala comunitaria del Institute of Fine Arts de la Universidad de Nueva York –aunque él no fumaba era la mesa más divertida, decía. Sentado con sus ojos risueños y sus comentarios agudos, delante de una taza de café y un sándwich: sabiendo todo de Warhol, pero no haciendo jamás gala de su inmensa sabiduría. Allí sentado, informal, con el halo de Frank O'Hara –el conservador del MoMA que robó horas a las horas para escribir sus bellos poemas–, daba algunas de sus mejores clases de historia del arte. Nunca me he alegrado tanto de haber sido una fumadora compulsiva en aquella época.

Luego, al acabar los almuerzos míticos –porque Rosenblum estaba allí–, los fumadores, los rebeldes que leían a O'Hara o *Yonqui* de Burroughs, solía correr a la librería Books & Company en Madison, al lado del Whitney –el casero los echó de allí en abril de 1997–, para ojear aquella literatura de vanguardia norteamericana que quedaba por leer –mucha. Quizás mi visita infantil a *Las Meninas* tuvo un idéntico efecto en mí que el que Rosenblum atribuía a *Las señoritas* en su historia personal, si bien en mi caso tardó años en manifestarse como la necesidad en la cual se convertiría. Antes tuve otras vidas juveniles, otras aspiraciones profesionales, hasta la teoría política. Son mis propias traseras, se diría.

Esta tarde en el MoMA, Rosenblum aparece frente al cuadro de Picasso con su cara eternamente aniñada y sonriente, la que mantuvo hasta el final, y miro con más pasión el cuadro solo porque Rosenblum lo está mirando con un afecto y una admiración especiales, los de la juventud, los de la primera vez y las veces sucesivas que siguen manteniendo la emoción –el amor se expresa en la sorpresa y en la reiteración de la sorpresa. Sospecho que sobre todo ahí. Una pareja se coloca a mi lado, frente a *Las señoritas.* El fantasma amigo desaparece y se lleva mi mirada con él. Cuánto añoro los comentarios sagaces del profesor Rosenblum, mis periodos tan felices en el Institute of Fine Arts de la Universidad de Nueva York; mis años de estudiante bajo la tutela del querido profesor Jonathan Brown, siempre cortés y preciso, el estudioso que más ha sabido mirar a Velázquez; las visitas a la Biblioteca Pública. A mis amigos de entonces. Y de ahora, más de treinta años después.

Regresan todos mientras miro *Las señoritas.* Vuelven fantasmales en cuanto que llegados desde otra época de mi vida. Pero alguien se cruza por delante de mis ojos y me catapulta al presente: Nueva York, otoño de 2020, recién abierto el «nuevo MoMA». Ya no hay tiempo para los fantasmas en los museos. Ahora las entradas son caras y están atestados de visitantes, de turistas. Es menos sencillo hacer amigos entre los cuadros y sentir emociones –antiguas o presentes–, a menos que se trate de un cuadro o de un museo que uno podría recorrer desde la distancia con los ojos cerrados. Aun así, en medio de las multitudes, las jerarquías se tambalean. Se rompen. Cada cual se siente obligado a revisar las expectativas.

El Museo Stedelijk de Ámsterdam no es una excepción y explora el *«new normal»,* cierta nueva normalidad que hace normal lo inverosímil. Los grandes maestros se mezclan con diseño seriado, desparramando heterotopías, olvidando los antiguos criterios de «calidad». Los almacenes deben ser visitables si el museo aspira a ser democrático, se dice desde hace algunos años –otro modo de hacer visibles las traseras de los cuadros, visibles metafóricamente hablando. Es urgente desvelarlo todo. Que no haya secretos ni sanctasanctórum. Que no haya privilegios, en suma. Sin embargo, hay momentos en los cuales las cosas exceden –maravillosos cuadros de Mondrian o hasta exquisitos muebles construidos por los miembros de De Stijl se agolpan en el Stedelijk. Un instante de duda: hay demasiadas obras y algunas necesitan pasar por el taller de restauración. Aquello ha envejecido de manera desigual y tiene el aire de una instalación no lograda de mi admirado Kader Attia, que siempre hila fino, por cierto.

Otro instante de culpabilidad –por si es un pensamiento conservador el mío.

Y como en el cuento de Borges, mi propia comparación con Kader Attia me lleva de pronto más allá del almacén y el supuesto fracaso de mis ideas en torno a lo frágil del criterio de calidad. La exposición entera, en su aparente aturdimiento y exceso, dibuja un medido relato sin relato, cauteloso incluso. En efecto, es una instalación que, como algunas de Attia, se traviste de almacén coleccionista para revisar lo impuesto. Pero la cuestión sigue abierta: cuando la exposición permanente de un museo aborda el anticanon, lo convierte de inmediato en canon o, como se diría ahora, en *«new normal»*. Se podría decir que se ha clausurado el concepto de exposición permanente y que las muestras son, por definición, temporales, instalaciones de los directores o jefes de colección que usurpan el papel al artista o hasta al comisario-artista, tan popular hace años.

Dejo aquí la pregunta: ¿son estas nuevas fórmulas otra manera de establecer la norma? ¿No es todo lo que se muestra en el museo canónico por el simple hecho de estar en el museo, incluso ahora? Hace poco en el ICOM (Consejo Internacional de Museos) no se ponían de acuerdo a la hora de definir el concepto de museo. Sin embargo, se me ocurre al pasear por el montaje del Stedelijk que las jerarquías no han sido eliminadas: el mero hecho del desigual estado de conservación de las piezas habla de una narración a su modo jerarquizada. Se conserva mejor un Mondrian que un tocadiscos seriado, así que sería necesario repensar el papel de la restauración en este *«new normal»*. Será imprescindible pensar en el papel de la restauración también como técnica privilegiada de los desvelamientos.

En todo caso, cada museo trata de reescribirse porque el presente se convierte en pasado sin previo aviso. Y el pasado en nostalgia, de ahí la urgencia del futuro para obviar el pasado, fulminante pero terco, al cual alude Walter Benjamin al describir su concepto de historia. «El pasado solo cabe retenerlo como imagen que relampaguea», escribe. El futuro, a veces, para algunos es cosa de adivinos. Por eso hay que correr más deprisa que él y alcanzarlo antes de que se haya convertido en presente. O en pasado sin remedio.

El Museo de Arte de São Paulo –el MASP, el edificio rojo y potente en la avenida Paulista– acarició el futuro hace décadas, a mediados de los sesenta del XX, de la mano de la arquitecta de origen italiano Lina Bo Bardi. Luego alguien, tal vez alarmado por tropezarse con el futuro en un giro semántico insospechado, decidió regresar al pasado para mantenerse a salvo. En la propuesta de Bo Bardi las traseras de las obras eran mucho más que una metáfora, más que entrar en una trasera por la puerta de atrás. Las traseras en Bo Bardi eran la literalidad misma del desvelamiento para que todos pudieran ver lo que ocurre en la parte invisible del lienzo, del cuadro, aquello a lo cual en la lógica imperante solo el artista, el conservador, el director del museo, el restaurador..., los que ocupan una posición de privilegio en suma, tienen acceso. Además, a menudo las traseras del cuadro son una especie de cartela extendida que cuenta pormenores extraordinarios en la historia de las obras: desde los viajes hasta las etiquetas identificativas o eventuales señales del artista. La trasera es un poco la piel bajo la ropa: lo dice todo y nada de cada uno de nosotros y por eso es tan significativa en su paradoja.

Desde hace pocos años el MASP ha vuelvo a la propuesta de Bo Bardi en una revisitación tajante en las narrativas museológicas y museográficas alrededor de las cuales se construye un fabuloso malentendido, incluso para los ojos mejor entrenados –o sobre todo para ellos. Los cuadros de la excepcional colección de «grandes maestros» del museo –en especial de finales del XIX y principios del XX– no están colocados siguiendo un recorrido perimetral, sino en planos de profundidad fílmicos, casi flotando en el aire, lo que posibilita un recorrido doble desde delante y desde detrás; un orden sorprendente. Sin embargo, no es el recorrido lo que obliga a los visitantes a deshacerse de los viejos modos de ver, sino la instalación última, entre otras cosas por la ausencia de cartelas: cuando se entra en la sala por vez primera los espectadores se quedan sorprendidos ante la falta de información. ¿Y qué tal mirar sin saber lo que se mira? ¿Qué tal dejarse ir y echar a mirar? De repente se atisba un visitante detrás del cuadro, absorto en su trasera, y se repite la idéntica pregunta que frente a la foto de Masats de *Las Meninas:* ¿qué mira en realidad?

La estructura del MASP no es nada habitual en los museos, ya que en la propuesta de Lina Bo Bardi a finales de la década de 1960 los cuadros estaban sostenidos por una estructura transparente, parte de un montaje cuya propuesta de bosque de cristal y cemento desbarataba el recorrido clásico. Junto a ella –y eso es lo que mira el visitante situado detrás del cuadro–, la ubicación habitual de las cartelas había sido igualmente trastocada y con ella la dinámica museística convencional: leer/mirar. Detrás de cada obra, algo que podríamos denominar la «cartela extendida» –a menudo con información adicional más allá de los datos básicos que suelen proporcionar las cartelas convencionales– ofrecía la posibilidad de conocer mejor la infrahistoria de lo que se acababa de contemplar o lo que se iba a contemplar en el recorrido zigzagueante.

También en ese acto de hacer visible lo invisible, de compartir lo secreto, radicaba la potencia del proyecto de Lina Bo Bardi y su reto a la lógica narrativa impuesta en/desde los museos. El suyo era un relato frágil y abierto y, por lo tanto, contrario a la narración institucionalizada del arte: en su propuesta de recorrido excepcional, la mirada se trastocaba sin jerarquías. O hasta formulaba unas jerarquías sorprendentes, adecuadas para ese nuevo público que preocupaba a Bo Bardi y que exigía planeamientos extraordinarios: volver a mirar con ojos inéditos, como el campesino en París del surrealista Aragon. Al tiempo, la radicalidad de su propuesta dejaba al visitante veterano desarbolado frente a ese bosque de cristal y cemento sin recorrido fijo y ante una obra vulnerabilizada, sin paredes. En el fondo, herida desde su interior. Porque si el cristal devolvía la pintura al aire donde había nacido –solía repetir la arquitecta–, el desvelamiento de la parte habitualmente protegida la restituía a un discurso de miradas múltiples donde ninguna valía más que otra, ni tenía más acceso que otra a lo más íntimo de la visión.

Era un planteamiento con tal fuerza que, incluso ahora, sesenta años después, al pasear por las salas del MASP el visitante se siente asaltado por el actual montaje que reproduce las propuestas de Lina Bo Bardi, desmanteladas en 1998, año en el cual el museo perdió el que fuera su maravilloso factor diferencial ahora recuperado; un soplo de futuro. Su puesta en cuestión de las jerarquías en los museos ponía en entredicho las propias jerarquías que han gobernado la historia del arte durante siglos, en Brasil también: una historia de exclusiones y de miradas dirigidas. Es la fragilización del visitante entrenado en medio de un espacio expositivo puesto patas arriba y en este punto radica la fuerte dimensión política de Lina Bo Bardi, subrayada en cada uno de sus gestos: el recorrido zarandeado donde no hay hacia detrás o hacia delante y que no impone –ni permite– caminos prefijados; las cartelas camufladas; las traseras de las obras desveladas para cualquiera y el descubrimiento de lo no considerado como digno de ser visto; la posibilidad de una elección entre leer y mirar, entre conocer y percibir.

Se podría decir que el proyecto de Lina Bo Bardi es una especie de *environment,* en el sentido de espacio transitable más allá de las convenciones de los cuadros colgados en las paredes, que también decepcionan a Walter Benjamin en *Dirección única,* escrito en 1924: «La expresión de quienes se pasean por las pinacotecas revela una mal disimulada decepción por el hecho de que en ellas solo haya cuadros colgados.» La lógica del museo clásico tiende a esconder las traseras, físicas y metafóricas.

Lina Bo Bardi debe, además, plantearse la cuestión del espacio asociado al proyecto moderno, masculino y blanco por antonomasia, de modo que rompe con las estructuras del museo y obliga a los visitantes –en especial a los entrenados– a volver a mirar; a entender que las obras de arte no tienen nunca un único e inamovible significado, sino que se transforman con los ojos de cada época y a ellos se adecuan en una multiplicidad de lecturas. ¿Cómo seguir, pues, mirando de la misma manera? ¿Cómo no sospechar incluso de *Las Meninas* que todos creíamos conocer, que nos saludan, historia familiar contada mil veces? No, mil veces, no. Mil y una veces, igual que en la historia de Sherezade.

Vuelvo al Prado para volver a mirar. Vuelvo al Prado que es el museo de mi vida porque es el museo de mi infancia, para tratar de organizar con la imaginación una maniobra parecida a la propuesta por Bo Bardi, mirar por detrás, tener la mirada lista para los imprevistos. Ver esa obra tan conocida como si fuera la primera vez.

Mirar(se) en un cuadro tiene algo de *coup de foudre,* de pulsión sexual –la respiración se acelera. Y tiene mucho de inexpugnable ceremonia de intimidades; de expectación amorosa; de gesto compasivo y cómplice. Porque la obra tiende la mano hacia los ojos y alcanza cierta portentosa delicadeza que invade a través del despojamiento, como un don. Mirar(se) en una obra es permanecer a la intemperie, en un terreno donde no hay excusas, ni relatos que valgan para siempre –de eso se trata. Es solo un instante privilegiado donde conviven el no ser parte y serlo: frontera fértil, lengua compartida a ambos lados de la frontera; delante, detrás. Porque las traseras de los cuadros habitan también sus superficies, nunca está de más mirar atentamente y sin tregua; volver al museo de la propia ciudad y escudriñar los que han salido y los que han entrado; los que han salido para que otros entren; los que siguen ahí y son distintos en un incombustible *ars combinatoria.*

En el fondo, las obras en los museos tienen algo del *Atlas Mnemosyne* de Aby Warburg –para muchos una especie de testamento–, que constituye en sí mismo el documento sobresaliente del método histórico y la infinita voracidad visual de su autor. Es el fantasma del futuro recorriendo insaciable la historia antes incluso de haber sido imaginado. El vastísimo conocimiento de Warburg no le lleva, de hecho, hacia una imagen unitaria del pasado, sino todo lo contrario. Se instala en lo fragmentario, lo bricolado, el *collage...* Con unas nuevas y complejas jerarquías, desvela la mirada de aquel que se comportaba como un etnógrafo dentro de su propia cultura, aquel capaz de extrañarse de cada cosa familiar, como extrañeza mostrara durante su viaje entre los nativos americanos –otros ritos, otras visualidades...

La sala oval de la Biblioteca del Instituto Warburg de Londres, donde se apilan los libros y la documentación fotográfica que constituyen una parte esencial del proyecto autobiográfico de su fundador, da cuenta de esa voracidad visual necesaria para releer las obras en cada nuevo contexto. Allí se hace realidad el deseo primero de Warburg: explicar el mundo completo a través de la documentación misma del mundo, memoria cultural de la humanidad. Está todo sin aparentes jerarquías, como si fuera necesario para el historiador poder verlo todo, incluso aquello que no estaría dentro de la categoría del «gran arte».

Aquí radica uno de los aspectos más interesantes de este singular archivo que, igual que sucediera con la famosa ninfa de *La primavera* de Botticelli, obcecación personalísima de Warburg –cuál era el significado último–, habla de sus obsesiones, parte indiscutible de un peculiar proyecto autobiográfico. Es la obra de arte convertida en documento, en cuanto que significados que varían dependiendo del punto de vista del observador: la historia como algo, pues, sometido a interpretaciones. Quizás por esa razón en los últimos años de su vida decidió emprender el citado y fabuloso trabajo de archivo que se quedaría incompleto, porque su naturaleza misma así lo exigía. El *Atlas Mnemosyne* es la prueba irrefutable de las consecuencias del *ars combinatoria* y las relecturas a través del tiempo. Es la revuelta de un Pierre Menard imprudente que ha decidido no seguir las páginas correlativas a la hora de copiarlas.

Continuaría los pasos de Warburg uno de sus más distinguidos discípulos, Sir Ernst Gombrich, quien a través de sus escritos y sus conversaciones hacía el mejor regalo que pueden recibir unos historiadores del arte noveles: enseñar a mirar sin distinción. Mirarlo todo. Lo supuestamente feo y de mal gusto, lo irrelevante, lo que otros se resisten a mirar... Enseñaba, en suma, a ver. Warburg y sus seguidores supieron que la historia se organiza a través de lo que se excluye. Lo que se pierde. Lo que se desecha, porque sin pérdida no hay relato, dicen los psicoanalistas. Sin pérdida no hay historias, ni historia. Sin traseras no hay historias, pienso frente a *Las Meninas* en el Prado.

Quizás por eso la última vez que estuve con el profesor Gombrich, justo al pasar la seguridad del aeropuerto de Barajas y tras una conversación sobre música de esas que tanto le gustaban –un gusto compartido por los cuartetos–, levantó el brazo desde la silla de ruedas en la cual sus piernas ya le obligaban a recorrer grandes distancias, y dijo enfático, con su fuerte acento vienés, un último y precioso consejo: «Recuerde: lo importante son las exclusiones.» Se refería a su teoría a la hora de definir los límites en la historia del arte, tan diferente de la formalista de Wölfflin: al decir «Renacimiento» sabemos lo que excluye, aunque no lo que se incluye. En pocas palabras, cuando decimos «Renacimiento» sabemos más bien que no es «Barroco».

Al llegar a casa encendí mi ordenador y me tropecé con un punto de interrogación en la pantalla. Había perdido toda la información y los técnicos me dijeron que se había debido a un fallo en el disco duro: fue imposible recuperar los documentos. Me afectó lo justo: lo tomé como un don para volver a empezar –«cosa de los brujos del Warburg», comentó impasible un amigo. Era la mirada supina de Svetlana Alpers, mirar al que mira; la que había querido atesorar el anciano profesor Gombrich en sus visitas al Prado queriendo verlo todo; intuyendo que su salud quebrada no le permitiría volverlo a ver.

Regreso esta mañana a la sala de los venecianos del Prado –la elegancia de *El Lavatorio,* la sensualidad de *Venus y Marte,* la solemnidad de Jesús en el templo; arquitecturas, colores, tejidos de «Oriente», el tono indescriptible de la luz en los atardeceres venecianos, un color que solo refleja esa agua tan particular– y Gombrich me acompaña en su ausencia. En su mirada de hace años recobro mi deseo imprudente de mirar, más acuciante si cabe por la urgencia suya de aquellos días, su voracidad por ver lo que quizás no volvería a tener nunca enfrente. Miro cada cuadro como si fuera mi última vez también. Es mi homenaje a su memoria. Además, no quiero olvidarme nunca del privilegio de volver al Prado. Por si acaso.

2. LAS BORRADURAS Y LOS HUECOS

Pero habría que repasar cada nombre en busca de lo que falta –o lo que sobra– durante el paseo por el museo, sobre los anaqueles de las bibliotecas, entre las páginas de los libros, en la propia historia del arte... Sería urgente rebuscar en las traseras del mundo para desempolvar lo que entonces, hace tiempo, nos había pasado desapercibido. Y habría que hacerlo con generosidad, siendo capaces de exigir a cada momento histórico aquello para lo cual está preparado: lo que puede ver, aceptar, incorporar a su imaginario.

He leído que, en cierta *performance,* una artista española rasga el libro de Gombrich *Historia del Arte* porque en él no aparece ninguna mujer. No sé si este libro de gran éxito e innumerables ediciones es del todo culpable de sus ausencias o si su autor tiene que pagar por unos claros pecados de omisión. En el fondo, es un libro escrito en 1950 por un intelectual vienés nacido a principios del XX, casi un hombre del siglo XIX, cuya madre, recordaba él mismo desde su mirada sagaz, solía pasear por la capital austriaca del brazo de Freud. En 1950 parecía bastante revolucionario escribir una historia del arte a mano alzada, sin notas ni autoridades, con la aspiración de presentar reproducciones visuales de cada obra citada además –que nadie se quedara sin ver.

Era una audacia imaginar la historia del arte como un cuento y de hecho, *The Story of Art* debería traducirse como «El relato del arte». Ahora incluso los políticos hablan de «relatos» para mostrarse sensibles hacia las «versiones culturales», hacia las opiniones negociables, pero hace años la palabra «relato» no figuraba en el imaginario colectivo, tampoco de la historia del arte. Visto así, la propuesta de Gombrich descubría cierto cambio de sensibilidades que apelaba a la diversidad como lugar de la negociación. Quizás en la *performance* destructiva de la artista debería haberse modificado primero la traducción del título como medida higiénica, se me ocurre.

Recuerdo que en la edición de Alianza Editorial de *Historia del Arte* que manejé en castellano durante la carrera –regalo de mi padre– incluso se reproducía la caricatura de un pintor abstracto para reflexionar sobre la popularidad de las exposiciones temporales frente a los museos, ahí, esperando nuestra visita, inamovibles. Es la trampa en la cual a menudo caemos: los museos nunca son iguales. Incluso cuando eran más estables que en el momento actual, en cada visita parecían diferentes porque nosotros nunca somos los mismos. En cualquier caso, lo que tenía en mente Gombrich hace setenta años, antes incluso de que las exposiciones *blockbuster* se impusieran como rutina, era la falsa noción de la novedad que las muestras temporales aportan a los visitantes: o se ve ya o ya no se ve. Pienso de pronto en cómo la caricatura publicada en el texto de Gombrich –nada amigo del pluralismo y por lo tanto de las cuestiones asociadas al género, como es de todos sabido– animó a la joven que fui entonces, sin saberlo siquiera, a plantearse inclusiones no tan ortodoxas en el discurso estructurado en aquel momento. Ciertamente, una caricatura era algo impensable para la moral visual exigida en mi época de estudiante y, al fin y al cabo, *Historia del Arte* era obra de un erudito vienés exiliado en Londres. ¿Es justo exigir de este libro más de lo que podía dar en 1950? Hasta Nochlin tardaría veinte años en hacerse la pregunta esencial que da inicio al cambio de paradigma: por qué no ha habido grandes mujeres artistas.

A Gombrich, como buen warburguiano, no le daban miedo las caricaturas ni el «mal arte». Era su regla del juego: poder mirarlo todo. No le daba en absoluto miedo mirar como acto libre, sin jerarquías ni juicios de valor; visualidades como parte de un sistema cultural, improvisado *Atlas Mnemosyne* que a cada paso recuerda la vulnerabilidad de la mirada, la necesidad de mantenerla alerta y abierta. ¿No es esa falta de miedo a mirarlo todo, sin jerarquías, parte de la subversión del principio de «calidad», aquel que ha dictado el orden en las salas de los museos y ha excluido de ellas, entre otros, al arte hecho por mujeres? ¿No revisaba Gombrich ese principio de «calidad» referido a la «baja cultura», como lo revisamos ahora cada vez que tenemos que defender a las artistas a partir de nuevas preguntas, nada convencionales, que producen resultados inesperados para la mirada impuesta?

Después de la que sería su última e intensa visita al Prado, Gombrich me mandó la separata dedicada de un artículo sobre las instrucciones de emergencia en el avión. Al recordarlo hace un rato, a punto de escribir esta anécdota, me ha invadido un deseo incontrolable de volver a leerlo. No encuentro la separata en las baldas de mi biblioteca –llevo por lo menos una hora buscándola. A menudo los libros se me traspapelan –igual que a todos, igual que los cuadros en los almacenes de los museos. Me ocurre con la edición española de *Sobre la lectura* de Proust, publicado por Pre-Textos. Es un libro discreto, muy fino, que necesito leer periódicamente y que extravío sin remedio. Lo necesito tanto que lo he vuelto a comprar varias veces. Se escabulle. Ahora está encima de las obras completas de Borges, cerca del Quijote de Menard. Son muy voluminosas, de modo que ahí lo encuentro sin problema, incluso camuflado. Menos mal porque la edición se agota a menudo.

En cualquier caso y como recuerda Fritz Saxl, para Warburg el libro que se busca no es el que se necesita. Su vecino en la estantería contiene en realidad la información básica para la investigación en marcha, sea cual sea el título. La idea subyacente al construir una biblioteca debe ser la de un orden basado sencillamente en afinidades, aquellas que propician formas irreverentes de diálogo. Es un poco como el juego de Raymond Roussel, quien solía recorrer su biblioteca en busca de un libro –uno cualquiera–, para animar esos juegos inesperados en el lenguaje que organizan la arquitectura de sus obras. Ese libro cualquiera –esa palabra cualquiera incluso– que el destino le ponía entre las manos, acababa por convertirse en punto de partida para el relato, un relato nuevo y radical.

Sea como fuere –y ahí reside la paradoja–, Roussel era un hombre de métodos y hasta de manías pronunciadas. Su estrategia creativa era muy rigurosa, intransigente; una imaginación gobernada por ritmos sometidos al máximo control que buscaba ese azar donde, en el fondo, nada se dejaba al azar. Al final, la maniobra construía un ritual que apuntaba hacia nuevas y repentinas aspiraciones de orden. Igual que la propuesta del Warburg bibliotecario, el método de escritura de Roussel –desvelado solo a su muerte– parte de una noción sencilla: después de buscar dos palabras con sonidos afines, construye con ellas dos frases casi idénticas que circulan en direcciones opuestas. Es cuestión de trazar un relato que comience por una de las frases y termine por la otra.

Gombrich, una mirada revolucionaria –warburguiana– en el cuerpo de un erudito vienés del siglo XIX, también trabajaba por afinidades y se le traspapelaron las mujeres del texto. No obstante, preparó el campo para que otras pensáramos en diferentes posibilidades narrativas –de eso trataba

The Story of Art. Porque, bien visto, incluir a las mujeres en el relato es escribir un relato diferente que ha dejado de ser Historia y se ha hecho vulnerable, abierto, capaz de dar entrada a los excluidos. Inclusivo. No creo tampoco que en el Courtauld Institute of Art –una de las instituciones más prestigiosas para la historia del arte en Londres y muy ligada al Instituto Warburg– se hablara tanto de mujeres cuando trabajó allí, a principios de los años setenta, Griselda Pollock, la historiadora que inició los estudios de género en Europa, la que entendió que alcanzar un feminismo potente políticamente exigía escribir libros que todas entendiéramos, que huyeran de las aserciones para especialistas o eruditas. Y, pese a todo, pese a su tesis doctoral sobre Van Gogh, algo le debió de enseñar la forma de colocar los libros de Warburg, algo que le facilitó el camino para la subversión de los valores al uso sobre la calidad implacable como eje que gobierna el mundo y obvia a las artistas.

Los cambios no ocurren de una vez, van ocurriendo; se posibilitan de forma insospechada a través de las miradas abiertas y atentas, las que no tienen miedo a mirar. Y el año 1950 es una fecha muy temprana para hablar de la historia del arte como un cuento –un relato–; para rociar con gasolina el discurso de autoridades y ver sin más, mirar incluso esas instrucciones de evacuación en los aviones sobre las que reflexionó Gombrich en la separata que no encuentro. Instrucciones visuales, grandes obras de grandes maestros... Todo forma parte de la misma esfera de visualidades. Es la aportación esencial de Gombrich: el final de las jerarquías, el relato frente a la historia, una propuesta radical contra el discurso impuesto. Una vez roto el discurso de autoridad, parecía casi lógico buscar el hueco para las mujeres.

Por eso guardo el libro de Gombrich, subrayado, entre mis más queridos tesoros: para recordar lo que faltaba y lo que estaba ya presente y cuya presencia entendí mucho después –por eso me llama la atención la *performance* en la cual se destruye el volumen. Lo guardo también para recordar a mi padre, quien pensaba en mis aspiraciones subversivas antes que yo misma. No sé si alguna vez llegué a decirle lo agradecida que le estoy por los libros que me regalaba, por dejarme espacio para las rebeliones. Igual que al Prado –el museo de nuestra ciudad–, siempre damos por hechos a los que amamos. Después, un día ya no están y tantas palabras quedan sin decir.

Casi por los mismos años de la aparición del libro de Gombrich, en 1947, Malraux andaba pensando en un museo sin paredes al cual dedicaría la vida entera. El texto era la excusa para escribir una nueva fórmula narrativa del arte, una especie de prefiguración de internet y sus infinitas fuentes visuales. Malraux aspiraba a escribir con imágenes, a construir un discurso paralelo donde no reinaba el azar, sino un orden nuevo contra el cual el escritor luchaba sin tregua, una especie de interminable Atlas warburguiano. Así le fotografiaba para *Paris Match* Maurice Jarnoux en su casa de París, en 1954, rodeado por las ilustraciones del libro sobre el suelo, elegante e indiferente al caos concertado; sujetando una lámina; sin mostrar ni por un instante la presión que debía producirle construir el reto propuesto: un nuevo relato visual más allá de las imágenes consensuadas. Narrar con imágenes.

Sin embargo, debió de haber para Malraux momentos de desfallecimiento, de angustia, de dudas... Debió de saltar por encima de las imágenes, pisotearlas, encender muchos cigarrillos –en algunas de las fotografías durante la sesión aparece fumando, igual que todos nosotros en algún momento de nuestras vidas. Debió de haber otro autor diferente al hombre distinguido, con control de la situación, que posa para la historia. Debió de haber un autor desesperado, repasando cierto orden que no se regía por ningún orden antes experimentado. Debió de bailar y caminar por esas salas imaginarias, extendidas sobre el suelo –el vídeo de Dennis Adams, *Malraux's Shoes (Los zapatos de Malraux),* de 2012, le representa en el travestimiento. Tampoco había mujeres artistas en el libro de Malraux. Pero, al menos en la edición inglesa de 1949 editada por Zwemmer, se incluían otras formas de diversidad –la *Dama de Elche,* «arte de niños», un fetiche, cierta máscara de Costa de Marfil, Picasso comparado con una escultura sumeria...

Y había naturalezas muertas. Bodegones arrancados de la totalidad de un cuadro, bien es cierto, pero bodegones al fin. Los fragmentos de la silla de Van Gogh en su autorretrato o de la bandeja con el vaso y la botella en el retrato de Duret, pintado por Manet, debían de ser importantes para Malraux: ocupaban las escasas ilustraciones en color del libro, todo un lujo para una publicación de 1949.

Hojeo el ejemplar en mi biblioteca y levanto con cuidado las láminas. Miro el nombre de la obra, impreso debajo de la lámina sujeta por su parte superior, y rememoro la carta de Rilke a su amada sobre las ilustraciones de Van Gogh: el privilegio de tener prestado durante algunos días un libro con láminas. Rememoro a Benjamin desembalando su biblioteca. Tantas cosas acumuladas en ese acto en apariencia banal: leer un libro de la propia biblioteca que hacía mucho que no se abría. Revivo mi primer encuentro con Manet en el primer viaje a París con mi familia; el día que mi hermana me regaló este volumen que consiguió en un librero de viejo en Liverpool, donde pasaba largas temporadas de estancias investigadoras entonces, cuando no existían las grandes empresas por internet. Lo feliz que me hizo tenerlo delante de los ojos...

No soy bibliófila. Creo que lo importante de los libros es el contenido, pero *El museo sin paredes* estaba agotado desde hacía años y quería tenerlo cerca, leerlo sin prisa. Ahora hay una traducción española en Cátedra: he tardado más de veinte años en convencer a una editorial para que lo publicara. Al final, los únicos libros de viejo en mis estanterías son los agotados –otra costumbre compartida con Warburg. No colecciono nada, en mi cotidianidad reina más bien el desapego hacia las cosas. Soy, además, asidua de las bibliotecas públicas: la Nacional en Madrid, la Pública de Nueva York, la Doucet en París, la Bobst de la Universidad de Nueva York, la de la Complutense... Para mí son, incluso más que los museos, el lugar para las reflexiones. No hay placer mayor que leer un libro de poesía –lo más íntimo que puedo imaginar– en una biblioteca pública, la de Nueva York, por ejemplo. Cuando se cierra lenta al caer la tarde, la lectura de los *Cuartetos* de T. S. Eliot debe ser interrumpida hasta el día siguiente, cuando se vuelva a abrir al público. Esa desposesión total –hasta de un breve libro de poesía– es para mí una forma radical de ser libre.

Mientras miro en el libro la botella pintada por Manet, recortada en un fragmento por la mirada de Malraux, me viene a la memoria, vivísima, la antigua sala de los bodegones del Prado, aquellos cuadros cubriendo las paredes; pinturas llenas de flores, de frutas, de dulces, de objetos prodigiosos... Y recuerdo –no consigo descifrar en qué época de mi vida– la copa delicada, repleta de un vino rosado y translúcido y el gran jarrón con peonías y tulipanes que me hipnotizaba y cuya simbología fui desgranando en mi juventud durante el paseo, ya sola. Era un cuadro de Clara Peeters y lo recuerdo allí desde siempre, pero no consigo saber cuándo fui consciente del acontecimiento: una mujer expuesta en las salas del Prado.

Tuvo que ser tarde, incluso después de empezar a trabajar en mi tesis doctoral sobre pintoras del siglo XIX. Algunos me decían entonces que el mío era un tema «poco académico». Me sorprendía el comentario: pasaba las mañanas enteras en los archivos, revisando viejos legajos, abriendo cajas polvorientas. Antes no había pensado en la posibilidad de reclamar a las mujeres en las salas del Prado. Me bastaba con mirar los bodegones, entretenerme en sus simbologías, de modo que en este punto comparto mi culpa juvenil con Gombrich, porque no fui a esa sala a buscar a Peeters como mujer artista sino mucho tiempo después. Primero buscaba mi emoción infantil frente al contraste entre el exceso y el despojamiento; cómo entonces –siendo niña, luego joven– exploraba un modo de expresarla. Ahora me aproximo solo a expresarla y tampoco lo consigo por completo.

Regresar con insistencia a la sala de los bodegones parecía una excentricidad –tal vez lo siga siendo. No era tan popular como la de Goya o el paseo por la pintura veneciana; no parecía nada sofisticada la pasión hacia las «naturalezas muertas». Desde ese punto de vista el libro de Malraux también es audaz a su manera igual que Gombrich: a lo largo de la historia pocos se han molestado en acercarse a los bodegones, incluso como fragmento de un «gran cuadro» que debemos ser capaces de reconocer, además. Los bodegones parecen un género menor porque representan, en apariencia, el lugar de lo cotidiano. Es la trampa de los espectaculares conjuntos de cacharros de Zurbarán, entre los cuales reina el trampantojo: parece aniquilarse la distancia entre lo que se ve y lo que se mira. Dicho de otro modo, los bodegones juegan a retratar lo corriente, se travisten de mera descripción. Ahí reside su cualidad inquietante: cuando nos hallamos frente a una naturaleza muerta tenemos la impresión de que solo podemos describirla. Cuesta entender de qué van los bodegones, de modo que nos limitamos a describirlos. Sea como fuere, dice Mieke Bal, toda descripción es en sí misma narrativa o, parafraseando a Lacan, lo que miramos no es nunca lo que deseamos ver. En pocas palabras, no buscamos el libro que creemos buscar, sino a su vecino de estantería.

La pintura flamenca de naturalezas muertas es muy clara al respecto. A través de ella es posible revisitar el género, distinguir la trasera visible que exige mirar más allá de lo que se ve. Los retazos de bodegón en Vermeer, por ejemplo, despliegan un mundo entero y recóndito cuando la mujer observa atenta la balanza que sostiene en la mano. Es otra vez un fragmento privilegiado del lienzo completo –los que escoge Malraux para sus láminas de color–, si bien tan elocuente que solo con verlo arranca el relato escondido bajo las descripciones. Próximo a la mujer, el espectador puede contemplar, desbordando una caja, los collares de perlas que serán el tema central de otra de las pinturas del artista. Desperdigadas sobre la mesa, próximas a un conjunto variado de objetos, se adivinan las monedas de oro. La joven, ensimismada en su tarea –ocurre con las modelos de Vermeer–, parece estar llevando a cabo un trabajo preciso, aquel que requiere toda la atención que pueda prestarle, la precisión digna de esa balanza cuyos platillos, simétricos, deben sostener pesos idénticos: escrupulosamente equilibrados.

A primera vista, cualquiera podría pensar que se trata de la esposa de un comerciante asistiendo al marido en su trabajo o de una mujer que hace balance de los bienes –las perlas y el oro. No en vano en la venta de la colección de 1682 el cuadro recibió el nombre de *Joven pesando oro,* mientras que en la subasta de 1830 se denominaría *La pesadora de perlas.* No obstante, en una segunda mirada la «pesadora» –de perlas, de oro– se manifiesta, igual que tantas de las mujeres de Vermeer, como la maravillosa portadora de un secreto. Del mismo modo que sus lectoras de cartas sugieren el misterio último de la carta misma –misterio sobre el contenido de esa carta, la relación entre quien la escribe y quien la recibe; sobre el hecho de descifrar si la carta acaba de recibirse o está a punto de ser enviada–, la mujer de la balanza, enfrentada con sus primorosas riquezas terrenales, es la excusa para reflexionar a propósito de ciertos temas que preocupan al artista como ciudadano del XVII holandés.

Al fondo de la obra, el cuadro dentro del cuadro sobre el cual se recorta la silueta de la joven, se representa *El Juicio Final,* tema que arroja una luz diferente respecto a la protagonista y su lujoso conjunto de posesiones. La balanza, además, podría tener los platillos vacíos –lo ha revelado un estudio al microscopio del detalle de la pintura, he leído en una revista especializada–, si bien este dato esencial no es perceptible para el espectador, de la misma manera que nunca se revelará el contenido de la carta. Son las malas jugadas en las traseras visibles de los cuadros que, como el mejor cine negro, dejan los secretos más excitantes apartados sin remedio del espectador, incluso cuando todo parece desvelarse sobre la superficie.

Vermeer opta por la ambigüedad visual y, por tanto, simbólica: solo unos cuantos pudieron intuir –un poco si acaso– que a través de este cuadro se invitaba a repensar la mesura de juicio bajo una aparente cualidad de fotograma de la realidad diaria, algo que podríamos llamar la cotidianidad del XVII holandés. Opta por una visión huidiza que se escapa al espectador, que le engaña y le seduce a un tiempo; que se esconde bajo la apariencia banal y cotidiana de las cosas corrientes, «modernas», creando un peculiar juego de dobles significados que buscan cierta complicidad del espectador –o de cierto espectador al menos.

La trampa está servida: bajo la engañosa representación de una escena cotidiana en la Holanda «moderna» del siglo XVII, bajo la falsa representación de una pequeña historia, de un relato en suma, se esconde la historia como lección ejemplificadora. Historia y relatos se confunden y se camuflan, siguiendo una técnica parecida a la del tratamiento que la pintura de historia recibe en la Holanda de ese tiempo, muy evasivo comparado con el resto de Europa. Una pregunta lícita, dentro del contexto general del resto de Europa, no tarda en plantearse: por qué algunos incluirían a Frans Snyders, un pintor de animales y escenas de cocina, entre los «pintores de historia». ¿Eran en ese allí entonces las «escenas de género» la representación de la historia, entendida esta como la representación de los eventos contemporáneos, la historia mientras va sucediendo, eventos de la actualidad y no necesariamente excepcionales entendidos como historia? ¿Se trataba, desde la mirada imbuida de una apabullante modernidad, de lo corriente convertido en acontecimiento, casi como algunas de nuestras fotografías periodísticas, las que hablan de la vida diaria que conforma una particular parcela de la historia? ¿Escondían las obras una significación ulterior, el regusto ejemplificador, si no moralizante, que elevaba un relato cualquiera a rango de historia?

Ese juego de la pintura holandesa del XVII, esa trampa portentosa, tiene mucho de técnica de desconcierto para aquellos ojos no familiarizados con el recurso. Tal vez por esta razón, durante siglos la historia del arte, proclive a caer en cada trampa que se le ha tendido, ha querido ver en esas «naturalezas muertas», popularizadas por la Holanda del XVII, eventos cotidianos sin importancia ni rango elevado dentro de la jerarquización de los géneros de la pintura. La historia del arte clásica, que no ha dudado en establecer sus categorizaciones, no ha dudado tampoco en represaliar todo lo que no fuera mitología o historia. Los relatos, carentes de autoridad y fastos, no han sido nunca bien vistos por el discurso de autoridad. Ahí radica la aportación de Gombrich, la que en 1950 intuye que debe de haber otros modos de contar que vulnerabilicen el discurso establecido, a pesar de que la pasión de Gombrich se centre sobre todo en Italia y excluya a las artistas.

Sin embargo, la pintura flamenca resulta ahora más atractiva que la italiana, a pesar de que la pintura renacentista italiana haya sido la predilecta del discurso de autoridad, la gran protagonista de los cambios en el gusto moderno. En Italia, dice ese discurso, se inventa la perspectiva que gobierna Occidente, la que se sigue privilegiando incluso cuando se trata de desbaratarla con la llegada de las vanguardias del XX. Y en Italia van apareciendo los primeros temas profanos, síntoma de la nueva clase en acenso, la incipiente burguesía. Italia es el Renacimiento, el primer país capaz de romper con los modelos gotizantes: el resto de los países llega tarde, se decía en las historiografías tradicionales, en parte porque veían lo relacionado con la Edad Media como una cuestión a bordear. Las cosas son ahora distintas. Hoy se sabe que no ajustarse al modelo italiano no significa haber llegado tarde: es tan solo haber elegido otro camino y hasta otro destino.

Quizás los diferentes cambios de paradigma han propiciado una cada vez más ferviente admiración hacia ese fabuloso tiempo suspendido que potencian los pintores flamencos y sus construcciones espaciales enigmáticas y fílmicas frente a lo previsible de las propuestas italianas, pulcras y poco dadas a la sorpresa. Así, cuando en cada visita nos recibía a la izquierda de la sala de los flamencos del Museo del Prado *El Descendimiento* de Rogier van der Weyden, ejecutado a mediados del siglo XV, atrapaba sin miramientos con ese espacio claustrofóbico, en el cual las figuras se calzan con una destreza y una audacia impensada y los pliegues dictan sentencia. A cada paso y en cada gesto se cuenta una historia enmarcada en el Gran Relato de la muerte de Cristo, aunque hable de narraciones que van desde las clases sociales –epitomizadas por el lujoso manto– hasta el dolor del cual supieron tanto los Antiguos Maestros, escribía en su poema Auden, inspirado en el Museo de Bellas Artes de Bruselas. Es un dolor que se refleja de forma directa en la verosimilitud de los fluidos –lágrimas y sangre, pintadas de esa forma tan especial del artista, avanzando sin haber secado aún la pintura– y en el gesto de los cuerpos de las mujeres, básicas en este relato, que desfallecen entre el espacio constreñido, las rodillas dobladas, incapaces de sostenerse en pie.

Van der Weyden es el maestro de la exactitud, quizás por su naturaleza de hombre culto y buen conocedor de las matemáticas y la geometría, nacido en el seno de una familia de orígenes nobles por parte de madre y de un próspero fabricante de cuchillos por parte de padre. Siguiendo la tradición de la pintura flamenca de la época, convierte el mundo de los detalles materiales –desde telas hasta vegetaciones o arcos– en una especie de imponderable, un juego diabólico de puntualizaciones que hablan de una clase en ascenso, la de los profesionales que estiman las cosas del mundo y quieren dejar constancia de ello. Abajo, casi de pasada, una calavera subraya la esencia de *vanitas* implícita en la pintura, más relacionada con las posesiones terrenales de sus protagonistas que con la muerte de Cristo. Son los objetos de consumo en los bodegones flamencos del XVII, también de los cuadros de Clara Peeters, que ocupan un lugar muy destacado en las colecciones del Prado –incluso por delante de Italia–, en parte debido a la fascinación que dicho arte ejerció en Felipe II, gran amante del propio Van der Weyden.

Son los objetos cotidianos de *El matrimonio Arnolfini* de Van Eyck –con esa ventana que se abre al mundo, tan clásica entre los flamencos–, las zapatillas y las naranjas, símbolos de las posteriores opulencias. O el espejo que refleja al pintor como testigo y que tanto influye en *Las Meninas* durante su paso por la corte española, espejo que habla del lujo de quien puede poseerlo, cierta burguesía tan moderna como la de las ciudades de mármoles, imaginadas por los renacentistas italianos y que aún no existían cuando las pintaban. Es un encuentro repentino entre lo sacro y lo profano, el mundo inmaterial y el material; el enigma imbatible de los pintores flamencos con sus juegos de telas, pliegues, arcos, paisajes, gentes, colores, dolor sobrehumano y posesiones terrenales..., que se pueden admirar generosamente entre el conmovedor sentimiento de Van der Weyden, los espectáculos del Bosco y los azules de Patinir. Patinir era el pintor favorito de mi madre y ahora que ya no está conmigo, miro a través de mis ojos lo que ella ve desde una ventana que, como esta sensación antigua que siento en mi paseo reiterado por el Prado –mi casa–, no consigo aproximarme a imaginar siquiera. Menos a definir. Algunos lo llaman trascendencia.

Las categorías de la historia del arte se mueven sin tregua, cosa que explicaría por qué antes estaba sola en la sala de la pintura de los flamencos y podía entrar con el cuerpo completo en el cuadro de Van der Weyden o soltar los pensamientos en el azul de Patinir y bisbisear con mi madre en el silencio. Desde hace algunos años los visitantes se agolpan en estas salas también. Y aunque en el Prado nos falta Vermeer, tenemos el cuadro de Patinir más bello jamás visto: *El paso de la laguna Estigia,* con ese azul transparente que compite en audacia con el azul de ultramar en *La Anunciación* de Fra Angelico. Los italianos pierden pie y todos quieren ver al Bosco y su perspectiva fílmica, de planos de profundidad abarrotados. El Bosco es ahora uno de los pintores más visitados en el Museo del Prado –quién lo hubiera dicho antes de su gran retrospectiva de 2016. Desde luego, la *boscofilia* –popular entre los surrealistas– aumentó al hilo de la celebración del quinto centenario del pintor y regresaron los modelos de alta costura de Alexander McQueen o las carteras y botas con estampado de *El Jardín de las Delicias* que la firma Dr. Martens diseñó en 2014.

¿Qué mejor momento para ver cómo muchos de los radicales en las últimas décadas han mirado de cerca al maestro? De su imaginación prodigiosa podrían haber salido bastantes personajes inesperados, mutantes y de sexualidad pluriforme, al estilo de Klaus Nomi, el contratenor andrógino, figura de culto hasta su muerte en 1983. El *Ciclo Cremaster* de Matthew Barney; las fotos de Joel-Peter Witkin; alusiones en los Chapman; Peter Greenway; los personajes de *Avatar* o *La guerra de las galaxias,* y hasta de *La última tentación de Cristo* de Scorsese –donde se reconstruye, casi trazo a trazo, el *Cristo con la Cruz a cuestas* del Bosco–, fueron algunos de los «rememorados» al hilo de las exposiciones que celebraron el quinto centenario de su muerte en 2016. Fueron la prueba del enorme impacto que este autor inclasificable ha tenido en la cultura de Occidente y una «bosquización» del mundo, con miles de *gadgets* conmemorativos –otra vez nuestro consumo heredado del XVII en Flandes.

Pese a todo, para mí, que no comparto por completo esa pasión incombustible por el Bosco, lo mejor de aquella memorable muestra fue el montaje. Hasta *El Jardín de las Delicias* perdía entre los asiduos del Prado parte de su aire de familia y acababa por atrapar al espectador en unas transformaciones que la hacían más misteriosa como pintura, pero sobre todo más frágil, apremiando impaciente al visitante a recorrerla desde una nueva y curiosa intimidad que parecía reducir el tamaño y subrayar las intensidades. El milagro surgía del modo de exhibirla, donde se propiciaba algo semejante a la dimensión de gabinete de las maravillas que tuvo el cuadro de partida: las «tapas» del tríptico se abrían ante los espectadores en las cortes del siglo XVII, enfatizando su propia esencia de cofre y de escenario; de teatro al modo de *Las señoritas* de Picasso; lo abrían para que fuera admirado; esa cualidad que la forma de exponer la obra en el museo –colgada– ha amortiguado durante siglos. Poder rodear el cuadro en aquel montaje de la exposición desvelaba la historia expandida de la obra, un ente vivo que solo esperaba el ojo perspicaz que lo rescatara de su hastío.

Es el Bosco separado de la pared, múltiple, que se ha quedado en el montaje actual del Prado, porque, después de establecido este nivel de lectura, ¿cómo resignarse a la antigua estrategia expositiva, cuadros colgados en las paredes, los que decepcionaban a Walter Benjamin en sus visitas a los museos, según escribe en *Dirección única?* Las mejores obras de arte nunca se quedan quietas, son volátiles, se transforman dependiendo de la época, las restauraciones, las interpretaciones sucesivas; su ubicación en el espacio, el *ars combinatoria* de cada momento... El humor en la tarde de la visita, la melancolía, las preocupaciones, incluso las conversaciones con otras obras familiares a las que han cambiado la ubicación pero que recordamos durante el paseo, hacen que el cuadro se escabulla como un extraño. Por eso no me canso nunca de volver al Prado: el Prado no es jamás el mismo. El Prado es para mí el museo más sexy porque nunca decepciona mis expectativas, porque las obras son tan poderosas en sí mismas que basta con que estén ahí, como los amores deseados. Sin embargo, el mundo cambia –y nosotros con él. Una muestra extiende la *boscomanía* y la sala de los flamencos se llena de visitantes y yo me exaspero porque no puedo entrar y empezar el diálogo con mis fantasmas. Pese a todo, bien visto, al final nada cambia, aunque todo parezca cambiar: desde su sabiduría de vampira de Sheridan Le Fanu, el Prado parece quieto porque nunca está detenido.

Ahora que la sala de los flamencos se ha llenado, me quedan, si acaso, los bodegones, tal vez porque la tradición los ha considerado un «género menor». El museo tiene, además, numerosos y extraordinarios bodegonistas, más allá de Peeters, Zurbarán o Heda, y hasta menos conocidos de lo que desearía: Tomás Yepes, el pintor de la luz; Juan Fernández, el Labrador, con sus racimos precisos y equilibrados, el gran descubrimiento de los últimos años; Sánchez Cotán, con sus verduras a punto de sobrepasar el marco y sus complejas propuestas especiales; el bodegón de invierno de Francisco Barrera, donado al museo por Plácido Arango junto con otras piezas extraordinarias de Morales, Zurbarán o Valdés Leal o su pieza favorita: *El sueño de San José* de Francisco de Herrera el Mozo. Su donación no ha tenido nunca una sala especial, ni una inauguración especial. Arango decidió que pasara de puntillas, que el visitante tuviera que fijarse en las cartelas para conocer el origen de la llegada.

Y luego quedan Adela Ginés y María Luisa de la Riva, las pintoras del XIX español que fueron olvidadas por mujeres y por bodegonistas. O Margarita Caffi, la deslumbrante pintora de flores del siglo XVII, uno de cuyos arreglos florales en la colección del museo está depositado en la embajada de España ante la Santa Sede, siguiendo la costumbre tan arraigada en el Prado de depositar obras de su colección en diferentes museos del Estado o en las dependencias españolas fuera del mismo. Es la manera que tiene el museo de compartir, de prodigarse, porque, al fin y al cabo, el Prado es la herencia que nos une como colectividad, nuestra historia común; la pasada, la presente y la futura; de todos y cada uno de nosotros.

Esta tarde, después de clase, me acerco hasta la sala de Luis Meléndez, un plus en mi paseo por el Prado cuando quiero separarme de las multitudes. No está lejos de los dibujos para los tapices de Goya, pero por alguna razón oculta no son muchos los que alcanzan estas salas. Ante mis ojos se despliegan los bodegones enciclopedistas que el artista diseña para el Príncipe de Asturias entre los años 1759 y 1774, una especie de historia natural de España que de pronto se transforma en un proyecto de la comida estacional –el aire y sus perdices, la tierra y sus frutos y el agua y sus pescados... Son un recuerdo del paso de las estaciones, salpicadas las pinturas de objetos refinados y corrientes –en esa inmediatez radica su belleza esencial– y tienen algo de película documental para una campaña turística de la «España vaciada», se me ocurre en un delirio de los que me asaltan mientras paseo, sola, por el Prado.

Mi fotograma predilecto exhibe unas frutas, una orza con miel y una caja abierta sobre la cual se posa una mariposa indiscreta que me hace pensar en los trabajos de los naturalistas del XVIII en América Latina y en la extraordinaria colección de mariposas que se quemó hace pocos años en el Museo de Río, el último gran proyecto de historia natural occidental ahora por completo destruido. Recuerdo que lo vi en directo en la televisión en el hotel de São Paulo, recién llegada del aeropuerto a las cuatro de la mañana, hora local, mientras preparaba la ducha para tratar de despejar la noche despierta en el avión. Miraba aquellas llamas sin acabar de entender la magnitud de la tragedia para los saberes en Occidente. Casi nadie habló de ello en la prensa fuera de Brasil. Notre Dame, en cambio, ha sido durante meses un llanto incesante. No sé aún si la diferencia radica entre Río y París –entre el Occidente «de segunda» y el «de primera»– o entre una catedral y la mejor colección jamás vista de ciencias naturales. Las jerarquías, sean cuales sean, siguen gobernando el mundo, parecería.

De modo que, frente a la mariposa en el bodegón de Luis Meléndez, mi imaginación se escapa hasta los dibujos de los viajeros y hacia la presencia ultramarina en el Prado, más que exigua en la colección permanente de este gran museo, después de que en su día fueran depositadas en el Museo de América obras extraordinarias de los «tiempos de la colonia», de los virreinatos: aquello debió de parecer poca cosa para un gran museo y sus grandes maestros. Sea como fuere, esa presencia americana, disimulada y con cuentagotas, se camufla en una cerámica mexicana, del tipo Tonalá –los también llamados «barros» porque estaban apenas cocidos–, que se apoya orgullosa sobre un plato de peltre en el cuadro y que habla de viajes y, más aún, sobre el uso cotidiano en la península de los objetos importados desde América, con los cuales se convivía de manera natural. Paso un buen rato frente a las pinturas de Meléndez, a solas. Después llega una pareja francesa que me saca de mis ensoñaciones americanas. Intercambiamos una mirada –quizás–, reconociéndonos mutuamente en la pasión hacia este género por muchos considerado irrelevante. Estaba equivocada: solo querían completar su paseo por Goya.

Y, pese a los recelos que despiertan, los bodegones son clave en la construcción de la historiografía del arte y sus categorizaciones de los géneros pictóricos –retratos, paisajes, naturalezas muertas... Otra imposición ilustrada, otra sistematización que desde el XVIII invade el XIX y salpica al XX, un siglo que, lo entiende Malraux, rebusca quizás entre los bodegones como territorio de la subversión y los coloca a la vez descarados y camuflados en los retratos y hasta en una escena de burdel –curioso el frutero en la parte baja, a la derecha del escenario, en *Las señoritas* de Picasso, que a su vez llega desde el harén de Ingres, a su modo otro espectáculo de vodevil. Quién lo hubiera dicho.

El siglo XVIII recoge la tiranía en el arte desde Italia, la que se enfrenta a Flandes; un arte entregado a los temas grandilocuentes que prefería desterrar el bodegón a los caballetes de las pintoras: el bodegón era cosa menor, le faltaba peso para representar el gran arte. Una vez más Caravaggio se desmarca –Caravaggio era poco convencional. A lo largo del XIX, un poco por costumbre, un poco por falta de formación, un poco por carencia de espacios físicos para pintar –la habitación propia de Woolf–, las artistas seguían alejadas de la «pintura de historia», el único género pictórico a través del cual se podía engrosar entonces el olimpo de los grandes artistas. Es más, dedicarse a la «naturaleza muerta» era el modo más certero de no entrar jamás en dicho olimpo.

La «pintura de historia» tan popular en el siglo XIX y de la cual estuvieron excluidas las pintoras por las razones citadas –salvo casos muy excepcionales como Elena Brockmann, presente con algunos cuadros en la colección del Prado– volvía a apelar a un lugar de exclusividad. De hecho, la pintura de historia se construye alrededor de una narrativa privilegiada, ya que narrar desde la Historia, con mayúscula, es contar lo que es único, las cosas singulares de cada individuo, y las naturalezas muertas son todo menos lo singular del individuo –o no lo son en apariencia. Además, un gran número de bodegones no suelen incluir la figura humana y, por tanto, los valores que esta impone al mundo. Las naturalezas muertas asaltan el prestigio de tal presencia; tachan lo excepcional que conforma la narrativa clásica.

El propio Diderot participa en la polémica cuando defiende los «bodegones» de Chardin en sus *Salones* del XVIII. Admira a Chardin, le fascina incluso con esas naturalezas muertas donde la figura humana está presente en su ausencia misma. No está físicamente ahí, pero podemos percibirla: acaba de salir, está a punto de entrar. En el fondo, parafraseando a Lacan, lo que miramos no es nunca lo que deseamos ver. Es más, lo que vemos no es lo que está ahí en realidad. Sin remedio andamos buscando el libro de al lado en las estanterías en el Warburg Institute. Y Diderot, tan elocuente, se queda sin palabras frente a Chardin, un pintor al que adora aunque pinte bodegones a veces, bodegones que Diderot adora también, mal que le pese como escritor del siglo XVIII. Pero se queda mirando lo que tiene delante y lo describe: solo eso. Basta, dice, con buscar un lugar, colocar los objetos y se ha visto el cuadro. Diderot sabe que no es cierto, claro, pero, al no saber cómo explicarlo, se limita a describirlo –incluso él.

Chardin es presentado en estas páginas de Diderot como lo antiheroico, lo antinarrativo. O todo lo contrario: Chardin es la habilidad milagrosa para crear historias donde no las había de partida. Se pudo comprobar en la exposición que presentó el Prado en 2011, una de las más exquisitas jamás vistas en el museo. El tiempo suspendido del pintor francés atrapó a los visitantes en cierta aparente falta de relato que terminaba por ser una narración extraordinaria, aquella que flota en el instante privilegiado que Chardin captura como pocos. Ahí residía la magia que no conseguía verbalizar Diderot, él que encontraba cada vez las palabras precisas.

Tiempo suspendido entre jarros de agua, cestas de frutas y vasos de cristal transparente, cristalerías sencillas que, frente a los lujosos objetos importados por los holandeses –de algún modo el referente histórico de Chardin–, no hablan de viajes lejanos ni de historias míticas, sino de existencias corrientes que transcurren entre fresas, melocotones y jarrones de loza blanca y azul. Igual que ocurriera en la Holanda del XVII, algo ha cambiado: la nueva clase en ascenso, moderna, eficaz y hasta discreta, sin interés hacia los alardes, necesita nuevas fórmulas para representar. De hecho, llama la atención en Chardin el interés por niños y jóvenes, impensado hasta ese momento al ser la adolescencia una invención del siglo XVIII francés; su tratamiento casi irónico de asuntos relativos a la cultura, como los monos pintores y anticuarios; o las imágenes de madres laboriosas que tan bien se ajustan a «las madres felices», figura retórica femenina que cultiva el XVIII francés como iconografía ejemplarizante, opuesta a la decadencia parisina. Proust fue un ferviente admirador del maestro Chardin y tuvo razón al preferir la poesía de lo sencillo frente al lujo demodé.

Quizás por eso me han interesado desde siempre los bodegones, por la paradoja implícita que me acompaña sin tregua en mis paseos por el Prado; por lo esencial que callan y lo expresivo de las descripciones a las cuales dan lugar. Ocurre con Clara Peeters, quien saltó a las primeras páginas de los periódicos cuando se hizo la exposición publicitada como la primera individual de una mujer en el museo. Muy cierto. Es más, la pintora fue durante años la única mujer artista colgada en las paredes de la sala de bodegones. Eran pocos los que reparaban en este hecho nada frecuente en aquella época: una mujer pintora y no pintada entre los viejos maestros. Seguramente, nadie estábamos entonces preparados para ver –para reconocer– a una mujer colgada en la pared de un gran museo. Las cosas se perciben ocurriendo cuando los imaginarios están listos para que ocurran.

Pese a mi incapacidad para discernir el acontecimiento de esa artista colgada –la consciencia del acontecimiento forma parte del acontecimiento, decía Sartre–, llegar a la sala de los bodegones era un momento de placer intenso en mis paseos infantiles, una especie de visita a un mercado exótico. Tenía algo de remedo de las mesas flamencas del XVII, donde alimentos y utensilios lujosos y modestos –modestos ahora y lujosos entonces o todo lo contrario– se agolpan en una peculiar construcción espacial, la que corresponde a este género pictórico. Pese a lo extraordinario del conjunto de bodegones conservados en la pinacoteca madrileña, la obra de Peeters sobresalía entre tantas maravillas de caza, pescados, dulces, cristales, metales brillantes, alcachofas –apenas descubiertas entonces como producto comestible y raro–, cestas o hasta flores y jarrones que hablaban de las diferentes maneras de entender el mundo en las distintas sociedades y épocas; flores que de niña distinguía sin esfuerzo y que, incongruentes en sus diferentes estaciones, convivían en el cuadro. No conocía el nombre del artista –una pintora mujer, sabría después–, pero me cautivaba el jarrón colorido con las flores, algunas familiares, que mi madre cuidaba con dedicación en su pequeño jardín.

Destacaba la composición exquisita, en la cual las peonías del jarrón, primorosamente pintadas, rivalizaban en destreza con la elegante copa de plata, la bandeja con los frutos secos y los dulces; el transparente vidrio al fondo y la jarra de peltre. El trabajo exhibía una habilidad poco común, minuciosa y precisa –ahora lo sé apreciar–, subrayada en los pétalos de cada flor también. El jarrón de Peeters tenía mucho de pericia botánica, aquella que cultivarían en los Países Bajos artistas como Maria Sibylla Merian o Rachel Ruysch. La primera, alemana de origen, sería la autora de *Metamorphosis Insectorum Surinamensium* –de 1719–, transformaciones de insectos que poco tenían que ver con *Systema Naturae,* el posterior catálogo seco y obsesivo de Carl Linnaeus, publicado cuarenta años más tarde. Las láminas de esta mujer que pintaba insectos y, más aún, los criaba y los observaba, eran vibrantes, llenas de vida, igual que las composiciones pictóricas de Rachel Ruysch, hija del conocido anatomista al cual, se cuenta, compró su colección médica el propio Pedro el Grande, zar de todas las Rusias.

Quizás fue la atmósfera particular en los Países Bajos durante el XVII –en especial en Amberes, donde Peeters desarrolla su actividad– la que posibilitó la consolidación de esos bodegones con mucho de la estrategia de representación adecuada a una clase en ascenso que nada tenía que ver con las aspiraciones italianas. Alrededor de esta aparente paradoja –modernidad y tradición– se desarrollaba un género pictórico con bastante de pintura de historia –a su modo–, al trazar un retrato social muy preciso. Las riquezas y rarezas naturales importadas y atesoradas delineaban, además, la fina frontera entre abundancia y exceso y apelaban a la caducidad del mundo y las cosas del mundo. Quién sabe si fue esa misma atmósfera de modernidad la que Maria Sibylla Merian encontró al trasladarse a los Países Bajos, un lugar más liberal para hacer su sueño realidad: llegar hasta la colonia holandesa de Surinam con cincuenta y dos años cumplidos para llevar a cabo sus investigaciones.

En cualquier caso, ser mujer pintora en el siglo XVII, incluso en una sociedad cuya clase en ascenso desafiaba algunas viejas costumbres, no era fácil. No lo era, entre otras cosas, porque las artistas encontraban grandes trabas para su formación, a menos que aprendieran con el padre –ocurrió con Artemisia Gentileschi–; o con un maestro particular, supervisada la estancia por la esposa del mismo –es el caso de Sofonisba Anguissola y sus hermanas. Las mujeres no podían frecuentar un taller, fórmula habitual para convertirse en artista, pues era impensable para las jóvenes compartir cotidianidad con los muchachos. Además, al salir serían demasiado viejas para casarse... Por si fuera poco, el acceso a las clases de desnudo, la manera de aprender a dibujar la figura humana y pasaporte para la «alta pintura» de escenas de batallas o religiosas, estuvo vetado a las artistas durante siglos. Dedicar los esfuerzos a los bodegones –incluso a finales del siglo XIX– era un modo respetable de llevar adelante la carrera para muchas artistas.

Esta particular situación de las artistas hace aún más intrigante el gesto reiterado en algunas obras de Clara Peeters, de la cual por otro lado se tienen pocas noticias fiables, salvo que fue una pintora precoz especializada en bodegones, que trabajó en Amberes y que su época de máxima creatividad se desarrolló en torno a 1611-1612. Reflejada en los metales brillantes de algunas de sus obras, Peeters se pinta. Se pinta incluso pintando. Su imagen es apenas perceptible –camuflada quizás por decoro, para no parecer descarada en cuanto que mujer artista–, si bien Peeters despliega un coraje infinito y una implacable seguridad en el oficio.

Porque esos autorretratos no son *selfis avant la lettre* –que reenvían a Cindy Sherman cuando camufla su rostro reflejado en unas gafas o el espejo de una polvera–, sino un alarde y una afirmación de su destreza pictórica: de su oficio, en suma. Pintar su efigie desde diferentes puntos de vista adaptados a la superficie de las copas o las jarras, descubre un absoluto control sobre los ángulos, la escala, la perspectiva, la minuciosidad... y el orgullo sobre una autoría que a veces rubrican también las pastas con la forma de la «P» de su apellido o el cuchillo, donde aparece su nombre y que puede ser mucho más que un modo de distinguirlo en casa ajena –en el siglo XVII ser dueño de un cuchillo era excepción y privilegio de clase y las personas llevaban su cuchillo personal cuando estaban invitadas a comer. ¿Después de estas reflexiones de verdad se atrevería alguien a llamar a estos bodegones «pinturas menores»? ¿Desde dónde se establecen los criterios de «calidad», el canon? ¿No son restricciones de un discurso que es necesario revisar?

Un caso paradigmático a propósito de la calidad es *El nacimiento de San Juan Bautista* de Artemisia Gentileschi, conservado –y desde hace poco expuesto– en las colecciones del Museo del Prado y sobre el cual alguien comentaba hace tiempo que era una pena tener en la colección un cuadro «no tan bueno» justo de la artista italiana hacia la cual parecían volverse todos los ojos en ese momento. Supuestamente no parecía tener la fuerza expresiva y hasta brutal de algunas de sus versiones más conocidas de *Judith y Holofernes,* aunque, pese a todo, ¿quién se atrevería a decir que es «peor», teniendo en cuenta la envergadura de la pintura, sus figuras y construcción del espacio?

Como es de todos sabido, eso que no tiene nombre ni conceptualización claros y de lo cual pese a todo los historiadores hablamos sin mesura, la «calidad» –discutida entre otros por Mieke Bal a partir de Gentileschi–, contrapone unas obras a otras y establece diferencias y jerarquías que al final cambian según el momento y el lugar. Ahora *El nacimiento de San Juan Bautista* está colgado en las salas del Prado, si bien hasta épocas recientes hubiera sido irrelevante incluso tener la «mejor» y más potente versión de *Judith y Holofernes:* por muy «bueno» que fuera un cuadro de Artemisia Gentileschi, nunca habría podido alcanzar el prestigio ni la calidad del resto de las obras expuestas en este extraordinario museo, habrían pensado muchos. Mejor dejarlo en los almacenes.

Es la primera cuestión que merece la pena repensar en el contexto actual, cuando es posible ver ese cuadro de Gentileschi antes considerado «no tan bueno» colgado entre las «obras maestras». Una obra maestra más. Si Linda Nochlin se preguntaba hace medio siglo largo por las «grandes maestras», y trataba de dar una respuesta relacionada con cuestiones sociológicas –entre ellas la educación o la falta de educación más bien, la falta de oportunidades, cómo la carrera de Picasso habría sido muy diferente de haber nacido Pablita en lugar de Pablito–, si confirmaba que estas grandes pintoras habían existido pese a haber permanecido ocultas, quizás ha llegado el momento de plantearse el lugar que corresponde a esas mujeres en el relato, que es tanto como decir en las salas de los museos. Parece imprescindible plantear la cuestión ahora que se han sumado a «la moda del género» tantos investigadores e investigadoras incluso no tan solventes en los estudios de género mismos, por cierto. Muchos se han sumado por contaminación, porque todos debemos ser Artemisia. Pero ¿cuántas de esas artistas estuvieron ahí y no fuimos capaces de «verlas» cuando habríamos debido hacerlo?

Un ejemplo claro a este respecto pertenece a la historia del propio Prado. Se trata de la exposición *Pintura napolitana. De Caravaggio a Giordano* –de 1985–, comisariada por el entonces director del museo, Alfonso Pérez Sánchez, preocupado desde muy temprano por las aportaciones de las mujeres a la historia del arte. Las obras de Artemisia Gentileschi –incluido *El nacimiento de San Juan Bautista*– resplandecieron para quienes se aventuraron al conocimiento más allá del reconocimiento. Era mágico observar la fuerza de esta artista durante el paseo incluso frente a Caravaggio y, pese a todo, ¿cuántos de los visitantes de aquella exposición reconocieron el talento de Gentileschi, a pesar de no ser Caravaggio, el «mejor» barroco en el relato impuesto de la historia del arte?

Entonces, ya sumergida en mi tesis doctoral sobre estudios de género, aprecié aquel gesto de Pérez Sánchez. Miré y me impresionó lo que veía; me impresionó ver colgada en las salas del Prado a la artista que había estudiado en los escasos libros de historia del arte desde la perspectiva de género en los primeros ochenta del XX –por ejemplo el de Parker y Pollock de 1981, un libro escrito en un lenguaje claro para no perder la eficacia política. Por el contrario, al tratar de recordar mi primer recuerdo consciente de Clara Peeters, una mujer artista más allá del recuerdo infantil del increíble bodegón, la memoria se diluye, de modo que estoy segura de no haber sabido entender, en mis visitas de juventud, el valor último de aquel cuadro colgado allí: una mujer en las salas del Museo del Prado.

Hoy, curtida en las trampas de las prácticas y hasta los relatos del arte, creo que estaba en la sala de los bodegones no porque fuera una bodegonista excepcional, sino porque, al ser la sala de un «género menor», una mujer artista podía encontrar su rincón. Igual que Gombrich y las obras fuera del canon, Pérez Sánchez tampoco tuvo miedo de mirar de frente los cuadros pintados por mujeres y de incluirlos en una muestra mucho antes de que el resto se planteara siquiera prestarles atención. Entonces nadie dio a su gesto el valor de premonición que tenía. Ni siquiera yo, aunque supiera apreciar la idea de una mujer entre los grandes pintores napolitanos.

Desde luego en el contexto actual sería mucho más complicado obtener el préstamo de *Judith y Holofernes* para una exposición de lo que lo debió de ser entonces, cuando pocos apreciaban el talento de Artemisia Gentileschi y menos aún desde puestos de responsabilidad como la dirección de un museo de la categoría del Prado. ¿Quién reparó en *El nacimiento de San Juan Bautista* en aquella exposición de mediados de la década de 1980? ¿Quiénes de los que vieron en *El nacimiento de San Juan Bautista* un cuadro «menor», comparado con otros en la exposición de los napolitanos, adivinaron que treinta años después ocuparía un lugar de honor en el museo? ¿Ha cambiado el gusto o se ha transformado la noción de «calidad» a partir de reflexiones antes impensadas, las que resumió Gombrich en esa separata de las instrucciones visuales de los aviones que no logro encontrar en mi biblioteca mientras escribo estas páginas?

Se trata de preguntas esenciales para entender cómo buena parte de las exclusiones de las mujeres artistas se deben a múltiples problemas de los cuales no se pueden disociar los de índole teórica, entre los que ocupa un lugar favorito el propio –y citado– concepto de «calidad». Estudiar a las «mujeres artistas» con una aproximación historiográfica clásica, como «historia de las mujeres», avanzado el siglo XXI, fuera de los estudios de género y su planteamiento de relecturas de la narrativa en el momento actual, parece inútil como reformulación de lo excluyente en el discurso, que es al fin el mayor problema cuando se habla de mujeres artistas –o de otras exclusiones. Artemisia Gentileschi, por seguir con la misma pintora, no debe llegar a las salas del Museo del Prado por presiones de «mostrar mujeres», sino por una reflexión global sobre el concepto mismo de «calidad» en el cual se cimenta nuestra historia del arte más arbitraria: la que se ha impuesto durante siglos, la que premiaba a Italia sobre Flandes; a la mitología sobre los bodegones.

Y esa reflexión global se puede hacer también desde los estudios de género: no se pueden abordar las cuestiones y la producción de las mujeres en la historia como una excepción o como quien estudia una catedral gótica. Es necesario un armazón teórico potente que sea capaz de revisar el discurso impuesto. No basta con hablar de mujeres ni con rescatar mujeres: hay que romper miradas. Queda claro al examinar un buen número de investigaciones que, a pesar de hablar de mujeres, no quiebran el *statu quo* ni el concepto de «calidad». Hacer crítica/historia de género ha implicado cada vez un compromiso intelectual –numerosos e incómodos compromisos– que no todos están dispuestos a asumir. Entre otros, es imprescindible comprometerse a no subestimar nunca las aportaciones anteriores, pese a parecer en muchos casos poco *aggiornate* –otra vez los pecados atribuidos a Gombrich. Dicho de otro modo: se trata de comprometerse a huir de las estrategias de ese discurso dominante que cree saberlo todo o acabar de inventarlo todo y que se reproduce travestido de nuevas aproximaciones de género o raza. No hay que dejarse engañar por la potencia de la costumbre. Ni solo por el presente, que cree saber más que el pasado.

Es necesario quedarse a la intemperie –se anunciaba–, enfrentarse al mundo con humildad, porque si estudiar a las artistas desde la «historia de los estilos» resulta desaconsejable como territorio de análisis –muchas de las pintoras se veían obligadas a trabajar apartadas de la corriente imperante en cada momento, debido a su mismo estatus de mujeres–, la «historia de los artistas», en principio menos restrictiva, acaba por centrar el interés en criterios dados como «grandes maestros» y «grandes obras». Tal vez este concepto de «calidad» al acecho explicaría por qué la tan celebrada primera exposición de una mujer en el Prado, la de Clara Peeters, acababa con la obra de un colega masculino, comparación en la cual, y habiendo aprendido a mirar de nuevo, quedaba mucho mejor parada la artista, por cierto y a mi modo de ver. Más moderna. Más radical, desde mi punto de vista. El comisario tendría sus razones para llevar a cabo ese gesto –que yo respeto–, pero no se traslucían para los espectadores y la pregunta martilleaba innecesaria: ¿era de verdad imprescindible aquella presencia? ¿Habría ocurrido en el caso contrario?, sospecho sin poder evitarlo.

No obstante, quizás este tipo de exclusiones –las más repetidas– no son tan relevantes. Ni siquiera lo son tampoco los problemas relativos a las ausencias de las artistas en los museos a causa de atribuciones equivocadas, como ocurrió con Anguissola: estar ahí solo que bajo otro nombre. Ya se sabe que el discurso dominante tiene una hoja de ruta precisa. Quizás lo peor es no llegar a ver lo que se tiene delante –ocurrió en la citada exposición de pintura napolitana en el Prado. Me ocurrió a mí con Peeters siendo una joven historiadora: vi el cuadro, pero se me pasó el nombre o, peor aún, no fui consciente del acontecimiento.

Pese a todo, aquellos esfuerzos, aquellos rescates, aquellos actos políticos incluso sin intención de ser tales, han dado sus frutos, muchos, hasta cuando la maldita excepcionalidad lo invade todo. Artemisia Gentileschi ha pasado de ser «la hija de Orazio Gentileschi», su padre y maestro, a ser «Orazio, el padre de Artemisia», porque la historia del arte sabe, ha aprendido, que su relato fundacional y sus categorizaciones son muy objetables y necesitan ser revisadas a cada paso. Nadie nos garantiza, sin embargo, que dejar de vigilar el discurso impuesto no acabe por imponer de nuevo algunos de los viejos valores de exclusión. O crear otros nuevos –está sucediendo tal vez.

No se pueden perder de vista los obstáculos, la mirada no puede relajarse, a pesar de que vayan apareciendo muestras de mujeres artistas en los museos y se vayan incorporando a la colección cuadros de mujeres –ni siquiera tantos al final porque no hay tantos en bastantes colecciones. Es una fantasía recurrente pensar que en los almacenes nos esperan muchas obras de «grandes maestras»: no hay tantos cuadros ocultos, pues, debido al concepto de «calidad», no muchas llegaron a engrosar las colecciones, ni muchas se conservaron quizás, a pesar de que la fortuna crítica de un buen número de mujeres fue a menudo contundente en sus épocas –es el caso de Sofonisba Anguissola, la segunda mujer expuesta en el Prado, esta vez junto con otra artista, Lavinia Fontana. Personalmente, habría preferido verla expuesta sola, pero lo importante es que se pudieron admirar sus trabajos precisos y extraordinarios.

Es posible enfrentar la historia desde un punto de vista alternativo, desde una fórmula que no implique cierto canon inamovible –las mujeres tenemos y hemos tenido una agenda distinta al modelo de poder establecido desde el territorio de lo masculino. O tal vez, a pesar de los impedimentos reales y mencionados, los objetivos y las preguntas de las mujeres artistas no hayan sido los prioritarios para el discurso impuesto. De cualquier manera, lo excitante de la cuestión es observar cómo «el problema de las mujeres» puede ser extrapolable a «artistas menores», periodos de supuesta decadencia –la Edad Media hasta hace muy poco– o países periféricos –el «Renacimiento» en España, que desde el canon no se puede comparar ni puede competir con el italiano. ¿Hay que compararlo o se trata de una búsqueda distinta? ¿Cuántas de esas artistas estuvieron ahí –incluso por casualidad– y no fuimos capaces de «verlas» en nuestros paseos?

Luego quedan, en las colecciones del Prado, las bodegonistas del siglo XIX, doblemente expulsadas por bodegonistas y por pintoras del XIX y queda esa cabeza de león de Rosa Bonheur que salió. Y volvió al almacén. Y salió de nuevo por aclamación popular. En realidad nadie supo muy bien dónde colocarla. Lo que no se ajusta a la historia consuetudinaria, lo que necesita un relato propio, es complicado de ubicar en el recorrido de las salas de cualquier museo. Ha pasado con este león de nombre extraordinario y lleno de rememoraciones: *El Cid*.

3. FUERA DEL RELATO

De repente, una tarde como hoy, un exquisito abril madrileño, que diría Eugenio d'Ors en *Tres horas en el Museo del Prado,* trato de recordar el lugar exacto donde está colgado actualmente *El Cid* de Rosa Bonheur, la majestuosa cabeza de león pintada y firmada en 1879, el mismo año en que el coleccionista Ernest Gambart la donaba al Prado. Pasaba después al Museo de Arte Moderno y más tarde, en la inauguración del edificio del Campus de la Complutense, en 1968, al MEAC (Museo Español de Arte Contemporáneo) y supongo que de allí de nuevo al Prado, tras alguno de los repartos de obras entre el mismo Prado y el entonces recién creado Museo Reina Sofía.

En aquellos primeros noventa, para la distribución de las colecciones se estableció la fecha del nacimiento de Picasso –1881– como punto de partida y llegada: lo anterior a esa fecha debería quedarse en las colecciones del Prado; lo posterior pasaría al Reina Sofía, aunque a lo largo de los años se ha revisado el acuerdo y el decreto. De hecho, los grabados de Goya, cedidos por el Prado, han estado años colgados en el Reina Sofía y entre las recientes adquisiciones del mismo museo figuran unas bellas esculturas de Medardo Rosso, un autor nacido bastantes años antes de 1881.

Sea como fuere, lo interesante de esta división burocrática es cómo, junto con Picasso, un grupo de artistas del XIX que también le han correspondido al Reina Sofía, en especial los últimos años, no acaban de encontrar su lugar en el relato del museo. Se trata en el fondo de las viejas exclusiones del XIX: hasta hace relativamente poco la historiografía española pensaba que no ha habido nada entre Goya y Picasso –o nada al menos por lo que merezca la pena pelearse. Las cosas en el Prado han cambiado desde que el XIX entró en el edificio principal, de modo que quizás ha llegado el momento de volver a plantearse esa cronología de un modo más orgánico, más acorde con los tiempos que exigen una visión dúctil y cambiante de la historia. Se están iniciando las transformaciones.

Quizás por esos cambios necesarios, se tiene la impresión de que el viaje de *El Cid* no ha acabado. La pieza dará mucho más que hablar, pero me exaspera que no consiga restablecer con nitidez la secuencia que la obra construye con el resto de los cuadros expuestos en la actual sala del Prado, un conjunto que –creo recordar– resulta a ratos algo ajeno a la propia obra de Bonheur. Debo ir al Prado a comprobarlo –no consigo visualizar el lugar exacto que ocupa.

Debo ir a ver la sala de nuevo. No puedo seguir escribiendo sobre ese relato, quebrado por *El Cid* de Bonheur, sin cerciorarme de la historia en la cual está inscrito en la lógica del recorrido. De pronto me doy cuenta: no puedo hacerlo. El museo está cerrado y yo estoy confinada. Llevo cuarenta días confinada en el momento justo en que escribo estas líneas, una exquisita tarde del abril madrileño de las que tanto amaba D'Ors. Sabía que estaba confinada –cómo no saberlo–, pero hasta este preciso instante no he sido consciente de la envergadura del acontecimiento, quizás porque, mientras escribo, el mundo exterior queda suspendido en una realidad paralela a la realidad misma.

No obstante, el abismo que me separa ahora de ese museo tan familiar y tan querido por mí –el museo de mi vida entera, diría– me ha catapultado hacia todas y cada una de las imposibilidades presentes. Si mientras escribía estaba recordando el Prado del pasado, me doy de pronto cuenta de que también ahora, incluso por motivos distintos, tendré que volver a hablar del Prado de mi presente desde la memoria. Corro un riesgo que me produce cierto vértigo y una sensación de cosquilleo: seguro que todos los Prados que he ido atesorando a lo largo de estos años, más de medio siglo desde mi primera vez, se cruzarán en el pensamiento –ocurre con los lugares que la memoria reconoce como la habitación propia, el sitio donde se puede ser exactamente quien se desea ser. Para mí, como para muchos madrileños supongo, el Prado es el lugar donde puedo ser yo misma sin caretas, donde soy todas las que soy. Es consuelo y es confort.

Para mí el Prado se parece a la escritura: un lugar a salvo, de libertad en el pensamiento. Por eso me ha venido a la imaginación Virginia Woolf y su habitación propia. Los museos y las bibliotecas son sitios donde volvemos a ser dueños de nuestras meditaciones. Y eso es casi lo único que no nos puede quitar nadie. Si somos dueños de nuestras reflexiones y vencemos los miedos, seguiremos siendo libres en medio de cualquier confinamiento. Es más: solo así seremos libres.

Es verdad que hace pocos días, en uno de los recorridos televisivos por el Madrid desierto que ha puesto de moda el confinamiento, la cámara se paraba en la fachada del Museo del Prado. Allí se anunciaba la exposición que hoy por hoy no ha llegado a abrirse: *Invitadas.* Iba a ser la muestra de la primavera de 2020 y en ella, antes del confinamiento, se iba a abordar el papel activo de las mujeres en el siglo XIX –pintadas y pintoras–; artistas que han pasado de puntillas por las salas de las instituciones, como invitadas –de ahí el título–, aunque hayan sido miembros de pleno derecho. La exposición se planteaba como un hito importante para un museo que, desde hace algunos años y como tantos otros, se está esforzando por sacar de los almacenes las obras de las mujeres artistas, esas que antes nadie se hubiera molestado en mirar siquiera.

En esta muestra programada para la primavera de 2020 –justo para el momento en que, confinada, escribo estas líneas– se van a rescatar las olvidadas entre los olvidados, las pintoras del siglo XIX y, más concretamente, las pintoras españolas del XIX, casi las únicas que siguen sin exponerse, «ocultas» para la mirada de los espectadores en la colección de mujeres artistas en el Prado. Si exceptuamos a las pintoras del XIX, ya no quedan tantos cuadros pintados por mujeres en los almacenes, se ha explicado –ojalá. Aunque sí deben de quedar bastantes falsas atribuciones que esperan la mirada de los expertos para que se restituyan a sus verdaderas autoras, igual que quedan cuadros que esperan ser restaurados para descubrir ese mundo infinito de posibilidades. Lo demostraba la «Gioconda del Prado», durante siglos recubierta de barnices groseros que pintaban de oscuro un fondo en origen riquísimo de matices.

Acabo de recordar también que hace días –o semanas, porque el tiempo se me agolpa desordenado en el recuerdo en medio de esta realidad inverosímil–, tratando de poner orden en mi mesa de trabajo, apareció la invitación para *Invitadas* entre una pila de pendientes que al final nunca han ocurrido, que la epidemia ha dejado paralizados en el universo de lo por venir. La noción del tiempo ha cambiado por completo su orden interno y tenemos la sensación de estar viviendo en una especie de *Blade Runner* serie B, ciencia ficción burda y terrible que ha acallado cualquier noticia al margen de la epidemia.

Pero lo extraño es que hasta hoy no había sido consciente de esta ausencia intensa en mi vida cotidiana: una exposición de mujeres pintoras y pintadas en el XIX en el Prado que no ha podido inaugurarse a tiempo. En pocas palabras, un evento que llevaba muchos años esperando –desde mis años de doctoranda– y que la terrible realidad cotidiana ha eclipsado. Aunque la envergadura de la noticia iba mucho más allá de la exposición suspendida y acabo de darme cuenta: el Prado está cerrado, ese Prado sobre el cual, paradójicamente, estoy escribiendo frente a mi ventana como otras tardes, como llevo haciéndolo desde antes del confinamiento, como lo seguiré haciendo cuando el confinamiento termine. Debe de ser la primera vez desde la Guerra Civil española que el Prado se cierra durante semanas. O la primera vez al menos desde que tengo uso de razón.

Regreso en la fantasía al paseo del Prado, un recuerdo vívido y preciso –tantas veces lo he recorrido. Y me parece que puedo oír el sonido de los coches durante la mañana; el sonido de mis pasos nocturnos caminando desde el Jardín Botánico a la calle Alfonso XII. Huelo las plantas que en esa zona llenan el aire de humedad y me acuerdo del inicio de la novela de Flaubert que me encanta y que he vuelto a leer estos días como terapia de desposesión: *Bouvard y Pécuchet.* El primer encuentro de los protagonistas tiene lugar en el Jardin des Plantes de París, creado en el XVII como jardín medicinal para Luis XIII. Es menos espectacular que los Jardines de Luxemburgo, pero sigue siendo mi favorito. Esta tarde, el Botánico madrileño está tan fuera de mi alcance como los jardines parisinos. Igual que el Prado.

Deseo poder recorrerlo de nuevo, volver al Prado deprisa. Me arrepiento de no haber saboreado cada visita y cada paseo a lo largo de mi vida. Era tan sencillo regresar... Al fin y al cabo, el Prado es el museo de mi ciudad: lo daba por hecho. El confinamiento me ha convertido en una extranjera –todos somos ahora extranjeros en nuestras pequeñas realidades. El Prado está lejos de mi cotidianidad, como el MoMA, el otro museo de mi vida. Igual que visitar el MoMA exigía un viaje, tener acceso al Prado es en este momento un don raro. A partir de la pandemia no daré –no daremos– nada por hecho y aceptaré –aceptaremos– cada cosa como un don –es la condición primera de todo extranjero.

Así que vuelvo al Prado en el recuerdo, identificando de memoria todas las puertas del museo y cada una me devuelve un relato de mi vida. Cada una convoca una narración en mi historia particular –imagino que en la de los asiduos a la pinacoteca–, sobre todo porque hubo un tiempo en que se pudo entrar por cualquiera, dependiendo del sitio por el que se decidía iniciar el recorrido. La de Goya alta era para los grandes acontecimientos; Goya baja para las visitas rápidas. La puerta de Murillo, discreta y enfrente del Jardín Botánico, para las citas de amor clandestinas; mientras que la puerta de Velázquez, la principal, era un sitio donde quedar con los amigos extranjeros para guiarles en su primera visita. Por aquellos años no era fácil tomarse un café en el Prado: la cafetería era destartalada y tenía un fuerte olor a comida que catapultaba abrupta a otro mundo, el de los bares populares de Atocha. Era un café muy diferente del actual, la parte más delicada de la ampliación de Moneo: con sus líneas negras y elegantes parece caligrafía japonesa. Justo debajo de la estatua conmemorativa de Velázquez –cada puerta tiene de hecho la efigie del artista que le da nombre– un amigo me hizo una fotografía con Maruja Mallo, hacia 1981: las dos llevamos un peinado que remeda el del autor de *Las Meninas.* También la foto, traspapelada en una mudanza, reapareció hace muy poco en un sobre del pasado. En él aparecía mi letra juvenil: «Maruja Mallo».

Ahora entro siempre por la puerta de los Jerónimos –me pregunto si se puede en realidad entrar por otra. La puerta se abrió al completarse la ampliación de Rafael Moneo y pasó a ser el acceso habitual; la entrada de ese Prado moderno que distribuía a los visitantes y conectaba los dos edificios. La puerta de los Jerónimos trataba de ordenar la circulación en un museo repleto que nada tiene que ver con el museo de mi infancia y mi adolescencia. Entonces, cuando empecé a visitarlo ya por mi cuenta, estaba a menudo casi sola y los cuadros parecían más majestuosos en una institución en realidad pequeña, donde todo lo expuesto es apabullante y los ojos corren ávidos de un lienzo a otro, sin cansarse nunca.

Arriba, al lado de la basílica, entrada de honor para la ampliación de Moneo, está el portón-paisaje de Cristina Iglesias que entre diez de la mañana y ocho de la tarde se va abriendo primero y cerrando después con parsimonia –una letanía. Es la tapa secreta de un cofre, una suerte de autómata del XVIII, que permite vislumbrar la belleza del edificio del XIX y descubre al público transitando por dentro del Prado. Fuera, la tarde se vacía suave en la noche a finales de abril.

Y luego queda, claro, la puerta del Casón. Las dos puertas, más bien, aunque la baja de la placita se usa hoy solo para las visitas, creo, y no para acceder a la biblioteca –por allí entraba para impartir mis clases. La puerta que da a la calle Alfonso XII, la que exige subir la escalinata como la Biblioteca Pública de Nueva York –especie de rito iniciático–, es la puerta por excelencia de mis años de estudiante; la puerta de las visitas con mis compañeras para preparar las asignaturas durante la carrera. La puerta del Casón se abre también a mi descubrimiento del arte español del XIX, un *coup de foudre* que me haría preguntarme por las artistas de ese momento –ausentes– y escribir después mi tesis doctoral sobre el tema.

En el Casón estuvo durante años el *Guernica* tras su vuelta a España y, aunque conceptualmente lo preferiría en el Prado y no en el Reina Sofía porque Picasso es un «viejo maestro» que debe estar más cerca de Goya que de Kosuth, cuando lo alojaba el Prado, el edificio principal –con Goya y

Velázquez– vivía de espaldas al cuadro. De hecho, se había arrumbado a Picasso junto al arte del XIX, que entonces, en la década de 1980, interesaba a pocos. Me iba cabizbaja porque los dibujos preparatorios del *Guernica,* expuestos durante años sin descanso, contradiciendo las reglas de conservación básicas, estaban invadidos por bolas de polvo. Pero también es cierto que en mis años de infancia –y hasta de juventud en el caso del *Guernica*– las condiciones de conservación –temperatura y humedad– no eran ni mucho menos tan ajustadas como hoy. Las mañanas de verano no era improbable ver un rayo de sol iluminando de lleno, desde una ventana diría que abierta, las caras de la familia Osuna. A mi madre le molestaban aquellos excesos en verano: tanto sol nublaba la superficie de las pinturas, decía. Además, el verano en un Madrid sin aires acondicionados era la estación de la penumbra, los postigos cerrados de *Las Meninas.* Pero esas condiciones poco adecuadas eran así en el Prado y en el resto de los museos internacionales. La museografía como se la conoce ahora es, al final, reciente.

Cuántas visitas a cada una de esas puertas todos estos años en los cuales mi vida ha estado entrelazada con la del Prado... Por eso me parece asombroso que no me haya dado cuenta antes de ese vacío que el museo cerrado ha dejado en la vida de Madrid. En nuestras vidas. Fuera, esta tarde de un abril lluvioso, con el cielo limpio y las nubes que se mueven deprisa, mis pensamientos corren irrefrenables tras ellas. No obstante, todo parece estar en orden en mi calle, aunque todo esté en realidad dislocado; fuera del relato como *El Cid* de Bonheur.

Otra vez trato obstinada de visualizar el cuadro en la sala y por mucho que me esfuerzo no lo consigo. Reconstruyo solo impresiones: el momento de descubrir el cuadro majestuoso –gracias a una lista que me facilitó el museo– al preparar la sesión sobre mujeres artistas para un seminario del Prado; el modo en el cual compartimos la imagen prodigiosa en clase; cómo nos fascinó y el descubrimiento que fue para algunos Rosa Bonheur y su homosexualidad, unida a la propia pintura –de ahí surgió tal vez la idea que algunos de los asistentes tuvieron de incluir *El Cid* en el recorrido del Prado para el World Gay Pride de Madrid en 2017. Desde el momento mismo de descubrir ese cuadro inadvertido durante años supe que tendría un futuro resplandeciente en las salas del museo.

Su autora, Rosa Bonheur, era una artista con una carrera brillante más allá de su lesbianismo, aunque –ocurre a menudo– su opción sexual parece haber eclipsado la fuerza de sus obras. Desde luego fue una «nueva mujer» –esas mujeres que desde finales del XIX luchaban por la libertad y por ocupar lugares de influencia en el entramado social– y compartió la vida con Anna Elizabeth Klumpke, a la muerte de Bonheur heredera de una enorme fortuna –la artista fue muy cotizada en su momento–, y quien luchó por dar a conocer la obra de la pareja tras su muerte. Fue una relación que duró años, presidida por la madre de Klumpke, motivo por el cual nadie sospechaba de las amantes, entre otras cosas por la ignorancia y el disimulo hacia el lesbianismo en el siglo XIX –a los maridos no les molestaba que las jóvenes tuvieran escarceos con las amigas para no llegar al matrimonio demasiado inexpertas. Era entonces «natural», además: qué mujer preferiría a otra mujer después de haber conocido a un hombre, se preguntaban los psicopatólogos sexuales.

Pese a todo, lo extraordinario de Bonheur fue su decisión de ganarse la vida con la pintura, de forma muy holgada como se ha explicado. Otras antes que ella lo habían hecho, por ejemplo la amiga de María Antonieta, Vigée-Lebrun, de quien se conservan tres exquisitos retratos de pequeño tamaño en el Prado, por cierto, entre ellos su autorretrato realizado en sanguina, cuya copia al óleo está en las colecciones de la National Gallery de Londres. Vigée-Lebrun mantuvo siempre a su familia, incluido el marido, un jugador recalcitrante con quien se había resistido a casarse –acabó haciéndolo obligada por la madre. Nunca entendió la razón para hacerlo, teniendo en cuenta su autosuficiencia económica.

Frente a la carrera de retratista de Vigée-Lebrun –un género en principio aceptado entre las señoras en el XVIII y XIX–, Bonheur se especializó en cuadros de animales copiados del natural. Por primera vez una mujer se atrevía a ir a una feria de caballos para verlos y dibujarlos de manera directa y explícita y por esta razón se vistió de hombre, escudada en aparentes motivos de salud, si bien lo más importante es su ruptura con los moldes sociales, la inversión clara de papeles que, a pesar de todo, nunca fue negativa para su éxito profesional, sino que resultó más bien un acicate a la hora de vender sus cuadros a unos precios desorbitados que tras su muerte no volverían a alcanzar.

Cuando le preguntaban por qué no se había casado, contestaba impasible que no quería cambiar de apellido, y la autoexclusión y reclusión de las mujeres en la sociedad eran impensables para ella. Salía libre, frecuentaba los lugares disfrazada de caballero y aspiraba a llegar al fondo de las cosas. Tras su muerte, más que las relaciones al margen de la norma, nunca le perdonaron que fuera una mujer artista a la manera en que lo era, que pintara caballos y leones. Las mujeres artistas podían aceptarse siempre y cuando se adaptaran al modelo de lo femenino; siempre y cuando pintaran bodegones –o hasta retratos– y fueran mujeres burguesas, educadas en el adorno o, a lo más, artistas profesionales si la situación familiar lo exigía por una mala pasada del destino, obligadas a ganarse el sustento. Sin embargo, el hecho de adaptarse a la norma y ser bodegonistas o pintoras de género, considerados temas «menores» en suma, las excluía a su vez de la «gran pintura de historia». Por eso es tan elocuente

El Cid, la extraña pintura de un león africano, a medio camino entre retrato y pintura de historia, cuya ubicación precisa en el Prado se desvanece en mi recuerdo esta tarde.

El hecho de que este cuadro maravilloso haya estado largamente escondido en los almacenes hasta que ha encontrado su sitio por la puerta de atrás, un poco a través de la homosexualidad de su autora, habla de la subversión en las imágenes de la artista francesa. Hay en este Cid algo de grito y de camuflaje, pero no sé si es demasiado arriesgada cierta aproximación actual que lo «lee» como el autorretrato de su autora –al fin y al cabo, no era el primer león que pintaba Bonheur. Quizás la historia es más previsible, aunque no por eso menos fascinante: en agradecimiento por los honores recibidos del Estado español, el marchante londinense de origen belga Ernest Gambart –convertido en cónsul– donaba a la institución más importante del país, el Prado, algunas obras de artistas clave en su carrera profesional en Londres.

Entre estas obras estaba el león pintado por Bonheur, cuestión que arroja luz también sobre la importancia de la pintora en su momento, teniendo en cuenta que era una de las artistas elegidas para homenajear a sus muy insignes anfitriones –según recuerda Carlos Navarro, conservador del Museo del Prado del siglo XIX y comisario de la exposición *Invitadas.* Fue Navarro el primero que habló del cuadro en un *Boletín del Museo del Prado,* en 2009, pero entonces a todos nos pasó desapercibida la obra en el contexto en el cual se situaba: los eventos en la vida de un marchante. Las pinturas se visibilizan dependiendo de los relatos en los cuales se insertan: es importante pensar desde el pasado además del presente.

El mismo año en que está firmado el cuadro, Gambart conocía al rey Alfonso XII en La Granja y, según aclara Navarro, la propia Bonheur bautizaba al león *El Cid,* sabiendo que su destino era el lugar donde se habían desarrollado las gestas del personaje legendario. Sin embargo, dudo que conociera el popular episodio del león narrado en el *Cantar de mio Cid* y que desencadena la furia de los esposos de las hijas de Rodrigo Díaz de Vivar, al poner en cuestión la presencia misma del animal el valor de los gentilhombres frente al suegro.

El león que representa Bonheur es un león del Atlas, recuerda Carlos Navarro en el citado artículo: la cadena montañosa pintada al fondo no deja lugar a dudas. Tal vez por eso lo recuerdo ahora en una sala de paisajes del XIX en el museo, a pesar de no acabar de recordar su ubicación precisa o el diálogo que se establece entre las pinturas. Debe de estar junto a Carlos de Haes y Muñoz Degrain. Y me parece recordar también que fue el lugar donde colocaron a *El Cid* en la exposición con motivo del World Gay Pride sus comisarios, el propio Navarro y Álvaro Perdices, uno de los colegas con quien compartí el seminario en el museo. La muestra proponía un recorrido por el homoerotismo camuflado en las salas del museo y era interesante ver cómo las pinturas cambian su significado con las revisiones del pensamiento, incluso en su misma sala de siempre, y aparecen significaciones que antes ni se hubieran intuido.

Entro en la página web del Prado en busca de una respuesta a mis dudas tratando de cerciorarme de la ubicación del cuadro. Para mi asombro, descubro que allí también, en la página web, está todo en orden –o casi. Un anuncio escueto me confirma que el museo está cerrado a causa de la epidemia y siento la misma sensación que en mi visita al tanatorio tras la muerte de una persona querida: más que su presencia o incluso su ausencia, me impresiona ver el nombre escrito en la pantalla de la entrada. Su nombre allí, en la asepsia de la pantalla, con una sala asignada para el cuerpo, deja claro que no hay vuelta atrás. Qué absurdo teniendo en cuenta que no la había desde mucho antes de ver el nombre escrito. Pero lo escrito propicia cierta solemnidad donde no queda lugar para la duda. De modo que también allí, en la página web del Prado, la normalidad es aparente igual que en mi calle.

¿Qué hará el retrato de un león en la sala con paisajes donde ha pasado algún tiempo, pienso de repente, incluso a pesar de la importancia que tiene la cordillera del Atlas a la hora de interpretar la propia obra? ¿Se estará tratando de dignificar el retrato de un animal, puede que incluso en un escalón más bajo que los bodegones en las jerarquías de los géneros pictóricos diseñadas por la Ilustración? ¿Se querrá salvar a la artista y su obra al dar visibilidad al hábitat del animal por encima del animal mismo? ¿Le importa en realidad a alguien «salvar» a una artista olvidada durante siglos? Tal vez en ese juego infinito de camuflajes que imponen las jerarquías de los géneros pictóricos, igual que el bodegón se ensalza con la figura humana y el paisaje se ennoblece con la presencia humana –en los paisajes de Carlos de Haes a menudo hay personajes–, el animal pintado adquiere solvencia a través del paisaje al fondo. Mejor pintar un paisaje que la cabeza de un león.

Los significados se travisten en las pinturas, porque en cada momento acabamos por ver lo que la experiencia acumulada nos invita a ver. A menudo la actual interpretación de este retrato del león majestuoso es a partir de la opción sexual de su autora. En ella el león es un héroe africano que se convierte en una suerte de autorretrato sentimental de Bonheur: su representación al margen, libre, fuera de la ley; subversiva. Y es una propuesta muy excitante, no cabe duda, si bien pintar animales del natural fuera ya suficientemente subversivo en la década de 1870 para una mujer: no era necesario camuflarse en este león que parece más bien una ilustración para un atlas de ciencias naturales, tan en boga en aquel momento –de ahí la cordillera al fondo. También es posible que los paisajes sean a menudo la escenografía necesaria para enmarcar la esencia de la escena: es importante saber que se trata de un león del Atlas, entonces una especie en extinción, por lo tanto un ejemplar especial, rareza de coleccionista de las que gustaban a Gambart, enfatiza Navarro.

En la otra escena referida al Cid expuesta en el Prado –*Las hijas del Cid* de Teófilo de la Puebla, de 1871, casi coetáneo, pues, de *El Cid* de Bonheur– el paisaje es también una excusa de ambientación: a un lado se vislumbra un bosque a través del cual huyen los esposos perversos de las hijas del Cid después de ultrajarlas. Vuelvo a la página web del Prado para cerciorarme del número exacto de su ubicación y pienso de pronto que *El Cid* tampoco habría tenido un mejor destino al lado de Teófilo de la Puebla, a pesar de sus numerosas afinidades electivas –la historia del Cid con el león y la cobardía de sus yernos, de donde surge el dilema para el posterior ultraje; el paisaje como escenografía; el valor de la mujer que queda en pie, superando la afrenta, con la dignidad de un león a punto de extinguirse; la *gravitas* compartida por ambos, la hija del Cid y el león de Bonheur...

Quizás *El Cid* de Bonheur no acaba de encontrar un lugar claro en el relato actual del siglo XIX en el Prado. Ni siquiera en el Prado imaginario, sin paredes, que se me ofrece con descaro en el confinamiento, un Prado solo mío donde puedo mover las obras a mi antojo sin permisos, reglas ni miramientos, encuentro el lugar idóneo para este cuadro especial, quizás porque hay obras que no acaban de encontrar su lugar en los recorridos al uso de los museos. Ese podría ser el caso de *El Cid* en las salas del XIX del museo, que plantean un recorrido privilegiado por la historia de España, si por historia entendemos incluso la historia literaria de España, tal y como sucede con la contada por Teófilo de la Puebla.

Recuerdo bien esta pintura en mi primera visita al Casón. Aunque no fuera tan impresionante como el cuadro de *Juana la Loca* de Pradilla, pintado por esos mismos años.

Frente a la obra de Pradilla los ojos me transportaron aquella mañana al olor de troncos quemados y al frío que me sorprendía durante las visitas a la casa de campo de mis padres, en invierno, siendo niña. Era mi primera vez en el Casón y estaba oliendo con la retina. Entendía por fin el concepto de «sinestesia» del que a veces se hablaba en clase. Es más, cada vez que voy al Prado, incluso hoy, me sitúo frente a la pintura y dejo que mi memoria recorra el tiempo hacia atrás. Para mí tiene algo de magdalena de Proust: la presente ubicación del cuadro me lleva hasta el Casón –la primera vez en el Casón– y de allí a la casa de campo de la infancia. Es una sensación tan física que puedo tocarla con los dedos.

En todo caso, ambas pinturas, *Las hijas del Cid* y *Juana la Loca,* estaban colocadas en un lugar «secundario» de las salas en el Casón, un lugar de difícil acceso visual en el caso de *Juana la Loca.* Si no me falla la memoria, estaba en una de las paredes de las escaleras, aunque no era tan malo el sitio, teniendo en cuenta que Alma-Tadema estaba colgado en el pasillo que llevaba a los baños. Eran los lugares de paso donde uno no suele detenerse. Tampoco *Las hijas del Cid* se podían contemplar en una de las mejores paredes –creo recordar– y ahora, al pensarlo, presiento que los mejores sitios en las salas principales eran para los héroes neoclásicos –por ejemplo, Viriato en la versión que de su muerte hace Madrazo en 1807. Las mujeres conflictivas –locas y ultrajadas– debían quedarse en los pasillos, en las paredes menos visibles, lejos de los próceres de la patria para no tambalear la narración épica exigida.

Un día, de repente, el Casón se cerró, coincidiendo con la ampliación del museo, y la colección del XIX se invisibilizó más si cabe –ya no estaba el *Guernica,* trasladado al Reina Sofía, de modo que nadie echaba de menos la visita. Supongo que algunos añoramos la presencia de las «fuera de la ley», pero poco a poco pasaron a formar parte de una protesta minoritaria y el recuerdo dulce de otro tiempo. Solo en 2009 en nuestro gran Prado, lleno de pinturas deslumbrantes de las que raptan la retina y la inteligencia, se suturaba el vacío, ese hueco desconcertante que a veces imponía su presencia como ocurre en el duelo, porque no estaba, pese a su presencia imborrable.

El siglo XIX español, durante años expulsado del edificio principal, montado en el Casón entre desconchones y desidia como si de la hermana pobre se tratara, regresaba después de una desaparición prolongada que era física porque era conceptual. El origen primero de esa borradura se debía a una impresión falsa y manipuladora, la escenificación de los ignorantes, los funcionarios que en tiempos de Franco daban por cierta una mentira repetida, una historia deshilachada que pasaba de Goya a Picasso, sin cesuras; la que ha reinado, a su manera, en la ordenación de los fondos entre el Prado y el Reina. O mejor aún, se subrayaba una idea peligrosa: la historia que merecía la pena contar terminaba en Goya y volvía a empezar en Picasso –era la narrativa que se impuso en las bienales y los eventos internacionales durante los años de la dictadura. ¿Quién querría ver nuestro aburrido XIX al lado de los «grandes maestros»? A menudo pienso que el siglo XX, comparado con el XIX, está sobrevalorado.

La emoción fue doble para mí –lo sigue siendo– al pasear por las salas del XIX en esa vuelta al edificio principal del Prado, donde no solo se había roto el maleficio dejando que la historia fluyera, sino que se había terminado con el falso y tedioso lugar común de que nuestro siglo XIX no vale la pena. Al pasear por las nuevas salas en ese año 2009, el visitante sagaz se sintió atrapado por una sensación extraña, de deuda saldada. Era mucho más que eso, claro. Mucho más incluso que volver a ver a los viejos amigos de la juventud tanto tiempo secuestrados. En el paseo, iban apareciendo los cuadros que muestran la fuerza de la producción del XIX español: retratos «neoclasicistas» de Vicente López, la espectacular *Muerte de Viriato* de José de Madrazo, los especialísimos paisajes que en un conjunto sorprendían a más de uno; Fortuny, Sorolla. Y otra vez las viejas amigas que en su nuevo emplazamiento adquirían una fuerza inusitada: recuperaban su enorme poder. Por fin ocupaban el lugar que les correspondía, incluso siendo unas «fuera de la ley» igual que *El Cid* de Bonheur en su lucha por encontrar un sitio en el relato.

De modo que la emoción de pasear por el XIX en el edificio de Villanueva surgía al contemplar las pinturas de una forma que ni ellas se hubieran atrevido a soñar durante su estancia en el Casón. Por fin estaban al lado de los «grandes maestros», siguiendo esa línea de relato que no termina en Goya. La emoción surgía sutil y profunda: rebosaba de los cuadros mismos que, tras haber recuperado el lugar en la narración y entre las paredes del museo, imponían su auténtica fuerza, pictórica también. Y el visitante se conmovía en las salas del XIX del Prado, el museo refulgente, quizás por la sensación del merecido regreso. O porque sus ojos se paseaban ávidos por la superficie de los lienzos en medio de un placer antiguo que los cuadros les reintegraban. Desde aquel momento del regreso del XIX al edificio principal ninguna narración podría hacernos creer que la historia acababa en Goya y volvía a comenzar con Picasso –otra trampa a propósito de la citada «calidad». Por fin las pinturas del XIX estaban de vuelta en casa.

Esta tarde, en mi recorrido mágico del Prado –hoy mi particular museo sin paredes–, los dos cuadros que me vienen a la mente desde aquellas primeras visitas al Casón son los lienzos enormes que descubrí en mis aventuras en solitario y me impactaron al hacerme comprender que la historia de la pintura española no terminaba, en efecto, con Goya. Y me hicieron preguntarme por esas mujeres del XIX que, además de pintadas, debieron ser pintoras, las que me harían buscar otra historia del arte que entonces, en 1980, no se enseñaba en la universidad. Volví al Casón como investigadora para tratar de ubicar los cuadros de las artistas cuando trabajaba en mi tesis doctoral sobre pintoras madrileñas en el siglo XIX, bajo la dirección de Antonio Bonet –el maestro generoso que ha apoyado a sus discípulos incluso cuando buscaban temas en ese momento extravagantes, el hombre moderno que a menudo me acompaña en mis paseos por el Prado desde el recuerdo.

En el Casón me recibió su entonces director, Joaquín de la Puente, gracias a los buenos oficios de María Elena Gómez Moreno, una mujer menuda y despierta, con un pelo canoso recogido en un moño. En aquel momento dirigía el Museo Romántico, cuya biblioteca fue durante meses mi hogar. Pocos estudiaban el XIX entonces. A nuestra manera éramos unos «fuera de la ley». Nunca he sido más feliz que en la biblioteca del Museo Romántico, con su jardín al fondo, tarde tras tarde, leyendo a Lavater y el resto de los teóricos decimonónicos.

Los archivos del Casón eran unas fichas amarillentas que la persona encargada de ayudarme en la consulta iba sacando al nombrar a la pintora, un privilegio reservado para muy pocos en aquella época y que había obtenido gracias a la ayuda de la insigne historiadora, que tan amablemente avaló desde el principio mi investigación. Ninguna artista aparecía entre las fichas –se las había tragado la tierra–, hasta que llegamos a Adela Ginés, muy premiada en su momento –aún recuerdo mi excitación. La alegría de localizar una obra duró poco: estaba depositada en el Ministerio de Instrucción Pública y era por lo tanto casi imposible desentrañar su paradero en 1983.

A buscar las obras traspapeladas dedicaría los esfuerzos uno de los grandes proyectos del que fuera su director durante años, el citado Alfonso Pérez Sánchez. «El Prado disperso» se propuso localizar cada pieza perdida, cada obra desplazada. Es una de las tareas más relevantes que el museo ha llevado jamás a cabo en la protección del patrimonio, aunque en aquel momento, supongo, localizar las obras de las mujeres no era una prioridad. O más bien ubicar las obras de las mujeres del XIX, pues Pérez Sánchez tuvo muy presentes en su imaginario a artistas como Gentileschi, ya se contaba. He vuelto a buscar aquella obra de Ginés en los archivos del Prado y sigo sin encontrarla entre los fondos, a pesar de que hay cuatro obras salidas de sus pinceles. Aquel cuadro depositado en el Ministerio de Instrucción Pública forma parte de las innumerables tachaduras en el tiempo, imagino. Quizás salga algún día de algún sótano, incluso del Reina Sofía. Pienso en cómo esa idea de la paciencia –las mujeres acabarán saliendo a la luz– la he aprendido en el Prado también. O quizás se trata de una mala pasada de mi memoria que, el cabo de los años, ha establecido otra historia imaginaria sobre el cuadro de Ginés que nunca fue así en realidad.

Creo que mucho de lo que he aprendido a lo largo de mi vida, lo he aprendido a través el Museo del Prado y me pregunto cómo sería mi mirada hoy –quién sería yo hoy– sin haber tenido el privilegio de un museo prodigioso tan cerca de casa, aunque nadie me llevara jamás a ver pinturas del XIX siendo niña. De hecho, si por mi educación escolar la *Divina Commedia, I promessi sposi* o *La Gerusalemme liberata* ocuparon el lugar de *El Quijote* o el *Poema de mio Cid,* fue el cuadro de Teófilo de la Puebla el que me llevó hasta esta última obra, rebuscando en las estanterías de la casa familiar, para leerlo con la atención que el cuadro me exigía. Lo leí tarde, pensando ya en el papel de las mujeres en la historia, y me sirvió para reflexionar sobre esas versiones culturales de las que habla Borges en mi admirado –y citado– Quijote de Menard: si es cierto que cada momento ofrece una lectura diferente de las obras, también es verdad que ninguna lectura –presente o del pasado– tiene garantizada la «verdad» última. El Prado me lleva hasta el escritor argentino y este de vuelta al Prado. Como el tigre de Borges –cómodo en el zoo y los anaqueles–, en ambos lugares –en los textos del porteño y en el Prado– me he sentido en casa; han sido para mí, igual que la escritura, un lugar a salvo, de libertad en el pensamiento.

En todo caso, leer el *Cantar de mio Cid* a partir de Teófilo de la Puebla fue otro acontecimiento en mi investigación, pues antes de leerlo con cuidado, de primera mano, con mi joven feminismo a flor de piel, estaba convencida de la violación de aquellas dos mujeres cada vez que me asomaba al cuadro en el Casón. Es más, todos damos por hecho que las hijas del Cid han sido violadas por sus maridos, pero no sé si en los matrimonios de conveniencia del siglo XII había algún tipo de relación sexual consentida por parte de las mujeres, al menos en su gran mayoría. ¿Y si este cuadro fuera mucho más complejo? ¿Y si no hubieran sido violadas –se pensaría desde un discurso feminista que quizás no se ha leído del *Cantar de mio Cid*–, sino ultrajadas? Dicho de otro modo, ¿y si esas mujeres no contaban en realidad nada para su padre ni para sus maridos? ¿Y si eran la moneda de cambio para una venganza entre hombres? Bien visto, sigue ocurriendo en demasiadas ocasiones: los maridos ultrajan a las hijas del Cid para ofender al padre. Los maltratadores asesinan a los hijos para vengarse de las mujeres.

Sea como fuere, es curioso que en la década de 1870 el pintor decida elegir ese instante para hablar de las hazañas del Cid –la elección en un cuadro de una parte u otra de la narración es fundamental para las posibles interpretaciones. Se trata del segmento menos heroico de la historia si la comparamos, por ejemplo, con otra pintura en la colección del museo y depositada en la Universidad de Barcelona, *Primera hazaña del Cid,* de Juan Vicens Cots, pintado en 1864.

También ahí se habla de una afrenta a la familia cuando el Cid, en señal de venganza, ofrece la cabeza de quien ha ofendido a la familia. La representación de los actos heroicos, de las hazañas, de la victoria de la mesnada, hubiera sido una elección más lógica que la escena en el cuadro de Teófilo de la Puebla. Aquí se destaca el instante inmediatamente posterior al ultraje, cuando los maridos huyen y abandonan a las esposas en el bosque.

Si fuera cierto que cada momento histórico decide optar por uno u otro instante del relato –y lo es–, parece probable que *Las hijas del Cid* sea, al fin, el fragmento privilegiado de una narración que poco o nada tiene que ver con las hazañas de Rodrigo Díaz de Vivar. Es posible que esas mujeres sean, sencillamente, dos contemporáneas de Puebla, transposición de un relato que estaba teniendo lugar en la España del último tercio del siglo XIX y que habla sobre los gustos y el imaginario del momento. La historia del Cid parece, así, la excusa perfecta para hablar de una cuestión que, aun siendo un tema recurrente en la sociedad de esos años, no puede enfrentarse en España de forma directa, usando un tipo de pintura «realista». Tal vez el pintor se vale de este género pictórico para referirse a un problema que a primera vista los cuerpos sensuales de estas dos mujeres esconden como el más preciado secreto, una máscara eficaz: la del «pintor de historia» –o de «literatura histórica», que es lo mismo. Quién sabe si esa máscara era en aquellos años el único camino factible de credibilidad, la tarjeta de presentación única para ser escuchado, respetado.

Pensemos por un momento, como hipótesis de pensamiento, que Puebla ha elegido este episodio del *Cantar de mio Cid* como camuflaje para acercarse a cierta cuestión en boga en Europa desde los años sesenta del XIX: la cuestión femenina y, más concretamente, las distintas opciones de representarla a través del único género respetable, la pintura de historia, a través de la cual se podía triunfar en la España de los años setenta del XIX. La pintura de historia alcanzó una enorme popularidad entre los años cincuenta y ochenta del XIX español y barrió cualquier otro intento de éxito fuera del propio género, apostando por un mensaje ideológico con enorme carga emocional y enfatizando la identificación del espectador con los protagonistas, a menudo figuras heroicas de España –Colón, Isabel y Fernando, Pelayo o, como en la obra analizada, el Cid Campeador.

Las cosas en Londres eran diferentes durante las décadas de los cincuenta a los setenta del XIX. La suya era una apuesta por cierto tipo de pintura que primaba las escenas cotidianas, la narración particular, subvirtiendo los supuestos consensos de la Historia con mayúscula. Eran las escenas de los artistas del círculo de los prerrafaelitas –Hunt, Rossetti...– en sus representaciones de lo que Linda Nochlin llama las «mujeres caídas», esas mujeres que han perdido la honra, que no han sabido escuchar las advertencias y se han «resbalado». Han llevado la deshonra a la familia, igual que las hijas del Cid pero de manera diferente.

Puebla habla, quizás, también de las «mujeres caídas» camufladas tras la retórica de una excusa perfecta para desvelar la desnudez del cuerpo femenino. Una de las dos mujeres está en el suelo, atada y caída. Apenas cubiertos la mitad de su vientre y sus muslos por las lujosas vestimentas desgarradas, recuerda un poco a las odaliscas de Ingres, esas mujeres que, no sabiéndose miradas, viven sin la preocupación de unos hipotéticos ojos –los del espectador– que las acechan. Se trata de un cuerpo a un tiempo abandonado y rígido que reconduce a la tradición de la cual también se nutre Ingres: las representaciones de Venus. Es una mujer «orientalista», deseada y a disposición de los ojos que la miran, al estilo de las hijas del Cid que años más tarde, a finales de los ochenta, pinta Pinazo.

La otra, púdica como Susana, es la mujer casta que se cubre para no ser descubierta o que trata de cubrirse para guardar lo poco que le queda. Y entre lo que le queda está desde luego la fuerza que le permite mantenerse en pie tras el ultraje de los maridos, el ultraje a ambas, además. Bajo su apariencia avergonzada, esta mujer es una «fuera de la ley», igual que el león de Bonheur, una rebelde inesperada que, al mantenerse erguida, sostiene la honra de la familia. Pero la escena de abandono y ofensa de los infantes de Carrión a sus esposas, las hijas del Cid, con los cuales el padre las ha casado creyendo hacer una buena boda, trunca cualquier deseo de ascenso social. Lo absurdo –desde el punto de vista contemporáneo– es que la venganza a través de las mujeres se desencadene por un episodio en apariencia irrelevante –el citado episodio del león escapado y frente al cual los hermanos se esconden en un acto de cobardía–, escena que hubiera debido conocer Bonheur para poner nombre a su cuadro y que parece poco probable que conociera. El Cid lo enfrenta tranquilo dejando a los Carrión en ridículo y después, a solas con ellas, los maridos les advierten del ultraje que están a punto de sufrir: las apartan de ellos, de sus tierras. De su estatus, en suma.

Doña Sol los increpa –la afrenta no hará más que envilecerlos, explica el poema–, pero los infantes no la escuchan y empiezan a golpearlas con los cinchos y a espolearlas donde más les duele. Ya corre la sangre de las hijas del Cid, prosigue el poema. Los ruegos de doña Sol, en el cuadro también la más valiente, la que ha permanecido en pie, enfrentando su destino, no sirven de nada. Tanto las han maltratado que yacen desfallecidas, las dan por muertas, sin los mantos y las pieles de armiño. Luego, al hallarlas un primo se salvarán, pero esa parte de la historia no interesa para el cuadro de Puebla. El ultraje y, más aún, el abandono, la soledad terrible, es la parte del poema que ha decidido abordar en la pintura.

El episodio de la afrenta de Corpes es uno de los más populares del texto, releído, comentado a menudo por los especialistas en el *Cantar de mio Cid,* quienes han ido determinando los elementos que componen la secuencia escénica. Los infantes de Carrión hacen el amor a sus mujeres antes de arrancarles la ropa. Luego las ultrajan y no les dan muerte. Les impiden, pues, haber fallecido como mártires. Es la venganza como ritual. Todo el que pase por allí, todo el que las vea, observará su degradación, la que describe Puebla en el tratamiento cuidadoso de las lujosas telas desgarradas, recuerdo de una dignidad que han perdido a manos de los maridos. Las mujeres, aun así, han sido ofendidas; igual que la castidad de Susana era solo el vehículo para el placer de los viejos, el ultraje a Elvira y a Sol es el modo eficaz de vengar la afrenta del Cid, se advertía.

Está, pues, claro que el tema esencial en esta secuencia alude al concepto de honor, en sí mismo complejo, y que se usa en el *Cantar de mio Cid* de manera muy diferente a ese honor calderoniano, seguramente más unido al concepto de honra, insistiendo en cuestiones de índole sexualizante que en el texto medieval no han aparecido todavía de forma clara, estando el primero indiferenciado del segundo. En este caso concreto, el honor se refiere a la persona colectiva de la mesnada y está unido a la noción de justicia. Las abandonan porque no son de su clase, y en la memoria colectiva del grupo al cual pertenecen –el del Cid– sobrevivirán las cicatrices de esa ignominia que ha afectado sentimental y legalmente a los miembros de determinado grupo social.

Quizás para entender mejor el concepto de honor indiferenciado entonces de honra resulte útil observar la reacción del Cid frente al episodio. Cuando se entera de lo ocurrido no llora, pese a hacerlo otras veces por motivos menos graves, sino que jura venganza y piensa que este episodio podrá jugar a su favor: el rey se pondrá del lado del Cid para hacer justicia –otro concepto esencial del poema– y logrará mejores matrimonios para sus hijas. Claro que el ultraje al padre, a la patria potestad, al jefe del grupo en otras palabras, se hace también aquí a través de las mujeres, pero la ofensa al honor se desarrolla en un territorio sobre todo legal –no sentimental. Por eso puede entenderse como un modo de ganar favores, algo inconcebible en Calderón, por ejemplo, para quien la pérdida del honor a través de los miembros femeninos de las familias, de los grupos, por ser honra, no tiene remedio.

De la Puebla elige el *Cantar de mio Cid* porque conjuga dos de las pasiones de la época: por una parte, la historia literaria, y por otra una historia que para algunos conforma la Historia con mayúsculas, la vida de un héroe de la España medieval que sobrelleva y vence las adversidades. El Cid es, de hecho, el personaje perfecto para el imaginario del siglo XIX –y lo será también para el imaginario franquista en su pervivencia anacrónica. Si la pintura de historia, de historias, trata de describir lo excepcional, nada tan excepcional como el Cid Campeador, personaje histórico literaturizado o personaje de la literatura convertido en hombre de carne y hueso. El Cid simboliza los principios de España –una España casi exclusivamente castellana, claro–, esa historia clásica que los pintores usan para huir de la decadencia. Por eso el XIX, tan amigo de las historias y obligado por la etiqueta del momento a pintar la historia, encuentra en el personaje lo que anda buscando, la perfecta unión entre historia e historias.

No en vano, por los mismos años en que se pinta el cuadro proliferan las versiones, ediciones, revisiones... de la obra literaria. Puebla se está ajustando a una moda, la que se interesa por las mujeres «caídas» justo cuando las jóvenes empezaban a salir al mundo. Se trata de un tema que sobrevivirá incluso en los primeros años del XX –lo prueba la obra de Marquina del mismo título, estrenada hacia el año 1908– y hasta tiempo después en ese regreso a la moral decimonónica que ejemplifica el franquismo. Cuando una joven «caía» era la «caída» de toda la familia, uniendo en un destino oscuro honra y honor igual que en tiempos de Puebla. El ultraje y maltrato a las mujeres, incluso por parte de sus maridos, la venganza de los familiares, es algo que hasta hoy sigue desdichadamente vigente, se recordaba. El propio concepto de vergüenza por parte de las mujeres maltratadas –qué absurdo–, cuando se sienten abochornadas por una culpa que no es ni mucho menos suya, también pervive hoy, igual que en el XIX. La sociedad tiene la capacidad de hacer que las mujeres nos sintamos culpables de los errores de los otros –lo demuestra la bien conocida historia de la citada Artemisia Gentileschi, juzgada y sometida a torturas por haber sido violada.

La restauradora y artista Kathleen Gilje reflexiona sobre las culpas que no son tales y propone una historia diferente para el famoso cuadro de Artemisia Gentileschi, donde se rememora el relato de *Susana y los viejos.* Gentileschi está hablando en realidad de su violación por el artista Tassi, el socio del padre, pintores ambos. El padre, Orazio Gentileschi, que había consentido la relación sexual, denuncia al amigo solo cuando se pelean por un asunto de dinero y permite que hagan un juicio a la hija. Allí también la ultrajan –algo habría hecho para ser violada. Pese a todo, Kathleen Gilje, quien conoce bien las trampas que se esconden debajo de los cuadros, cómo hay historias ocultas que ponen de manifiesto los rayos X –no en vano es restauradora además de artista–, decide que, al menos por una vez, el relato de Artemisia –y con ella el de las demás mujeres ultrajadas en la historia de la pintura– acabará bien. Esta vez los rayos X remedarán –en la reconstrucción imaginaria de Gilje, claro– un fabuloso *pentimento,* una versión que nunca llegó a ocurrir, pero que debería haber custodiado el cuadro, su secreto más luminoso: la

Susana acosada por los viejos se desdobla en otra protagonista con los brazos extendidos y la boca abierta. Casi se oye su grito o, mejor aún, se trata del grito mudo en *El acorazado Potemkin* porque la angustia no dejar salir el sonido de la garganta. Pese a todo, en una mano lleva una daga. Esta vez, aunque sea solo esta vez en la historia de la pintura, aunque sea en una historia ficticia, la acosada va a plantar cara a los agresores, se va a defender.

Igual que en su ubicación en los museos, en la historia de la pintura las mujeres se han llevado la peor parte. Es más, ya se ha advertido que en las paredes del Casón durante mis años de estudiante, las mujeres fuertes se quedaban fuera del relato –igual que los pintores extranjeros, incluso tan conocidos como Alma-Tadema. Se trataba de invisibilizarlas, *pentimenti* escondidos tras la narración importante: la de los héroes. Aun así, las hijas del Cid y Juana la Loca llamaron mi atención y seguro que lo mismo ocurrió con tantos visitantes. En algún margen sobrevivían las locas y las ultrajadas, quienes pese a todo se sobreponían a los ultrajes y las desdichas y mantenían su dignidad y hasta su poder.

Como las hijas del Cid, la reina doña Juana, de Pradilla, en la impresionante versión colgada en el museo –el resto de las versiones del propio Prado son más acomodaticias, presentan a una reina recluida en Tordesillas, ejerciendo sobre todo de madre–, es una mujer que mantiene su estatus y su libertad, recorriendo las tierras castellanas con el marido muerto en el ataúd, desplazando a la corte y sus protocolos en este viaje sin sentido; con un sentido particular que no se espera de una mujer, de una reina; un viaje que la presenta decidida y que defiende por encima de todo. Sus acompañantes le siguen en ese periplo imposible, presidido por el féretro. Tan enamorada ha estado de él, tanto le han corroído los celos, que se resiste a dejarle ir de su lado, incluso muerto –cuenta la historia que más circula.

Pero no deja de asombrar la necrofilia de Juana, el paseo impuesto al cadáver en este espectacular cuadro. En la película sobre el Cid de 1961, el héroe también se pasea muerto, convenientemente colocado sobre su caballo, para reinar después de morir, pero él es un héroe, no una mujer loca de amor. A los héroes les estén permitidos este tipo de excesos. De modo que a Juana se la ha llamado hereje, esquizofrénica, enamorada... Y ha fascinado al Romanticismo por motivos obvios, porque amor y muerte –a su modo un poco Ofelia– son una combinación irresistible para las historias literarias. Y ha fascinado en el XX, psicoanalizada por la historia de las mentalidades. La han abordado críticamente, rompiendo el maleficio en España y fuera de España, desde puntos de vista muy diferentes. En el fondo –reflexiona Bethany Aram–, su único pecado fue anteponer el deseo hacia el marido a su patria y sus obligaciones con el padre: su pecado fue ser una mujer más moderna de lo que la circunstancia esperaría. Ahí radica su tragedia: las mujeres del siglo XV –y XIX– no debían sentir deseos irrefrenables hacia los hombres.

En el cuadro de Pradilla Juana parece casi una niña, encantadora y perpleja, anhelante mientras mira el ataúd. La ropa se mueve con el frío viento castellano y vuelve el olor a leña en el confinamiento de mi casa mientras rememoro el cuadro. Otra vez huelo con los ojos sin siquiera ver el cuadro, solo con recordarlo, tan intensa fue la experiencia. El cortejo reza, espera las decisiones de su señora. Aquí no hay ni atisbo de la desesperación teatralizada del cuadro de Gabriel Maureta, de 1858, depositado en el Ministerio de Justicia, cuando doña Juana hace un gesto de abrazo hacia el féretro. En la pintura de Pradilla, la reina se asombra frente a su destino y se impone al mismo, aspira a reescribir el relato; es un poco la daga de Susana que desvelan los falsos rayos X del *remake* de Kathleen Gilje.

Por qué se va a separar del marido si, al fin y al cabo, es doña Juana I de Castilla, la reina, y quienes la siguen le deben pleitesía. La argumentación no funciona ni para una reina enamorada: sin marido pasa de nuevo a la patria potestad y su padre, el rey, termina con el supuesto sueño de amor que podría ser sobre todo una ilusión de poder, sometimiento de las realidades como hacen los hombres autoritarios. De lo que ocurre en el cuadro de Pradilla –que a su vez describe la crónica de la época con un detalle exquisito–, la representación romántica de la reina enamorada y mucho más, habla Ramón Gómez de la Serna cuando en 1949 escribe su texto sobre Juana: «Era la única reina que había amado, y la encerraban por eso. No era una loca, era una enamorada y la insultaban ruinmente.» Loca de amor, o decidida a ejercer su poder, me conmueve en el cuadro de Pradilla la determinación del traslado necrófilo y obstinado que plasma el lienzo.

Quién sabe si es eso lo que no se perdona a doña Juana y se decide cambiar el significado del relato: mejor loca de amor que dispuesta a ejercer su poder legítimo, arrastrando a todos en su decisión. Orduña, en pleno franquismo, el año 1948, la convierte en el epítome histriónico de la perfecta histérica de Freud. *Locura de amor* llama a esta película protagonizada por una joven y exagerada Aurora Bautista. «Su cadáver es mío», proclama en la escena de la muerte, cuando abrazada al cuerpo de Felipe el Hermoso –Fernando Rey– decide negar la evidencia de su muerte.

Años más tarde, en la comentada escena de la película *El Cid,* protagonizada por Charlton Heston y Sophia Loren, el cadáver del Cid se pasea entre infieles. Aquí la necrofilia no es problema ni locura, sino una estrategia de Estado: es el valor del Cid frente al amor de Juana. A decir verdad, ninguna de las dos películas estuvo ni está entre mis favoritas –creo recordar que al Cid lo vi en el cine con mi abuela y *Locura de amor* fue una adquisición tardía a la cual llegué a través de la pintura del XIX. Incluso de niña prefería las grandes producciones «de romanos», puestos a ver cine pseudohistórico. Las sigo prefiriendo –supongo que es una estratagema para volver a la infancia feliz. Cuando leí *Mitologías* de Barthes me hizo gracia que hablara de aquellos flequillos que me siguen divirtiendo como signo de «romanidad». Tampoco en estas películas se tomó a las mujeres muy en serio –casi ni siquiera a la Cleopatra que enamoró a Warhol encarnada por Elizabeth Taylor y sus ojos color violeta.

Releo ahora estas historias de mi infancia, de mi adolescencia, de mi juventud... desde la mirada de género que he ido adquiriendo con el paso de los años y me siento agradecida al destino por haber puesto en mi camino *Las hijas del Cid* y *Doña Juana* en el Casón, por haberme regalado esta forma de mirar que es esclarecedora si se decide escucharla con atención, apartados de dogmatizaciones. Es una mirada que, bien entendida, le hace a uno dudar. Al final, las cosas nunca son como se imaginan, ni siquiera como críticamente se releen desde el feminismo en el fondo más acrítico. Son más ricas, nunca estáticas. Si algo enseña esa mirada feminista –o debería enseñar– son las dudas incluso a propósito de la mirada feminista. Es su lección más valiosa, de modo que quien se sirve de esta mirada para cerrar filas inamovibles como ocurre hoy a ratos, se equivoca tanto como quien se queda aparcado en la llamada «mirada hegemónica».

Es más, quien cierra filas inamovibles desde la mirada feminista se convierte a su vez en mirada hegemónica, porque luego regresa al *Cantar de mio Cid* y allí va descubriendo lo que se contó en su momento, lo que se entendió entonces; lo que entendieron luego y entendemos ahora. Y queda siempre abierto a lo que entenderán después, cuando nosotros ya no estemos y nuestro presente sea el pasado de los que nos sigan. Es de nuevo el malabarismo de Menard. Todo son versiones; historias que se reescriben, relatos abandonados en cualquier pasillo que me llevan de Borges al Prado y del Prado a Borges y vuelta a empezar. He dejado de creer en las teorías inamovibles si alguna vez llegué realmente a creer en ellas. Si les di credibilidad en algún momento, las veo hoy como otra forma de urdir un relato que, lo queramos o no, será solo una verdad a medias, una versión pasajera.

La realidad es tan inesperada –el confinamiento lo ha refrendado– que la única posibilidad es contar historias que tendrán valor solo como tales, relatos sin aspiración a verdades absolutas; narraciones que surgen en los paseos, aunque sea desde la mesa de escribir. Esta tarde de encierro cruzo con el pensamiento desde el Prado, camino de la Academia de San Fernando a mi sesión semanal pasando por el Palace, y me encuentro con esa tienda recargada donde nunca he entrado, pero que supongo plagada de reproducciones, premios de consolación, de *Las Meninas* –turrones, jarrones, cosas imposibles que no consigo siquiera imaginar...

Son tiendas para turistas y me intriga la relación que los visitantes primerizos tendrán con el Prado después de su visita, si el encuentro con alguna obra se convertirá en un tesoro en su memoria, como me ocurrió a mí en mi primera visita al Museo Real de Bellas Artes de Bruselas cuando me encontré por primera vez con *La caída de Ícaro* de Brueghel. Si se parecerá a mi emoción cuando conocí personalmente al Marat del cuadro de David. Pasaron años hasta que volví, pero subiendo en cuesta hacia el museo el corazón me latía fuerte. Sucede con los encuentros amorosos.

Ahora que el Casón de mis años de estudiante se ha convertido en la biblioteca y Centro de Estudios del Prado, las mujeres fuera de la ley de Puebla y Pradilla ocupan el lugar que les corresponde en las salas del siglo XIX en el museo si el montaje lo requiere. Todo está en orden, igual que en la página web del museo en medio de este confinamiento –o casi.

Sin embargo, nunca estamos del todo a salvo, siempre queda alguien fuera del relato, colgado en un pasillo o en una sala que no le acaba de corresponder por un motivo u otro, de modo que *El Cid* de Rosa Bonheur okupa mi cerebro como un jeroglífico irresoluble.

Sobre esta cuestión reflexionaba John Yau a finales de 1988 en *Arts Magazine.* En el artículo «Por favor, esperen al lado del guardarropa» hablaba sobre uno de los hoy considerados cuadros estrella del MoMA y pintura emblemática del cubano Wifredo Lam. *La jungla* –de 1943– estaba entonces colgada en un pasillo cercano al guardarropa del museo neoyorquino. Dicho de otro modo, fuera del relato fundacional de la institución. Sin embargo, leído treinta años después, el texto de Yau no habla solo de la hegemonía cultural y las diferentes expulsiones que esta ha impuesto en el relato a lo largo de la historia. La lectura que puede hacerse del incisivo artículo del poeta y escritor norteamericano de origen chino es que *La jungla* estaba en un pasillo porque en realidad nadie sabía dónde colocarla, con quién ponerla a dialogar en las salas tal y como estaban concebidas a finales de la década de 1980.

La jungla estaba fuera de contexto –Yau lo discute– en el relato escrito por el influyente director del MoMA William Rubin, de alguna manera preservado en lo básico hasta la última instalación de la cual se hablaba para acercarse al nuevo relato sobre *Las señoritas de Aviñón* al lado de la artista afrodescendiente. En el fondo, Lam quedaba excluido de cierta narración hegemónica a la cual el museo aspiraba. Era una especie de personaje «exótico», «el primer surrealista» que había tomado las fuentes étnicas y primitivas como parte central de su producción, se diría parafraseando al historiador y tantos años director del MoMA William Rubin. Lam, igual que las mujeres artistas a lo largo de la historia, era una excepción, lo que surge en los márgenes y por lo tanto de «menor calidad» y, sobre todo, imposible de categorizar. En el MoMA de 1988, Lam era también un «fuera de la ley».

De hecho, en sus comentarios William Rubin describía a Lam como aquello que luego se llamaría un «artista de la periferia» y de este modo condenado a una narrativa sojuzgada a la influencia del «gran Picasso», para ese discurso hegemónico el primer pintor en usar las fuentes primitivas en *Las señoritas.* Lam y Picasso se habían conocido en París y se da por hecha la enorme influencia que el segundo tuvo en el primero. No obstante, es probable que, como ocurre en el caso de las mujeres artistas y sus mentores, la contaminación fuera mutua –ahora sabemos, por ejemplo, que Dora Maar radicalizó el pensamiento y la mirada de Picasso. Desde que lo leí no he vuelto a mirar el *Guernica* con los mismos ojos: las fotografías de Maar, tratadas en el Museo Reina Sofía como un simple documento del gran maestro, han adquirido un valor nuevo para mí.

El discurso hegemónico no reconoce jamás los intercambios de influencias sin establecer unas jerarquías que se dan por inamovibles y nunca en dos direcciones. Por esa influencia no reconocida habían colocado a Lam en un pasillo del MoMA y, sobre todo –y como se advertía–, por tratarse de un cuadro demasiado ambiguo, difícil de clasificar, no perteneciente a ninguna tradición preestablecida o familiar. Lam era demasiado evasivo; juego de identidades líquidas, cambiantes, performáticas, a las cuales las mujeres –y todo lo que queda fuera del discurso compacto– nos hemos visto abocadas a lo largo de la historia; habitantes de los diferentes pasillos donde hemos esperado –han esperado– a encontrar la oportunidad y el hueco para entrar en el relato, a menudo por la puerta de atrás.

Quizás se exigía a Lam, como a las mujeres artistas a lo largo de la historia, una «pureza» que no tenía, la que siempre se espera de los «productos exotizantes» y «periféricos». Y se quedaba relegado y sin lugar propio en la narración. Tal vez todos entendieron que se trataba de un cuadro importante, el «primer surrealista» en convertir las fuentes primitivas y étnicas en algo esencial para su arte. Pese a todo, el cuadro era tan extraño que no se podía incluir con holgura en ninguna de las categorías reinantes en el museo; era escurridizo porque tenía a la vez algo abstracto y figurativo. ¿Dónde colocar un «problema» semejante? ¿Dónde sino en el pasillo, al margen por tanto de la narración, no debido a su origen o no solo –un artista de América Latina–, sino debido al resultado final que ponía en un aprieto a la historia del arte tradicional donde, al menos en teoría, la abstracción no puede convivir con la figuración?

Las cosas han cambiado desde 1988 en el MoMA: la ampliación ha sido la excusa perfecta para abordar un modelo diferente que revisa su propio discurso y se tiñe y se feminiza incluso, dejando a un lado el clásico eje Matisse-Picasso-Pollock. La decisión no ha sido sencilla, supongo, y, durante meses, los conservadores y la dirección del museo han dado vueltas a su pregunta genuina: ¿cuáles son las «grandes» obras irrenunciables, aquellas que deben estar ahí para recibir a los visitantes? Curiosamente, al parecer no han resultado ser tantas y los espacios se han llenado de piezas inesperadas que, pese a todo, formaban parte de sus deslumbrantes fondos. En la nueva instalación Lam está expuesto en la sala *Out of War,* al lado de Henri Michaux, Maya Deren, Calder o Tanguy. Junto a ellos, otra latinoamericana, Maria Martins, quien donó el cuadro más popular de Mondrian al museo, por cierto, desvela su propia contundencia. Es la justicia histórica y hasta poética de un regreso del sur a casa igual que ocurría con el XIX en el Prado, aunque me pregunto si ese es en realidad el lugar de Lam o sigue sin encontrarse cómodo en su nueva ubicación.

Aquí radica la absurda paradoja que atrapa también en

un sinsentido a las artistas del XIX, excluidas del discurso de esa gran historia del arte por varios motivos a la vez. Nos encontramos de nuevo con el viejo problema de los bodegones y las pinturas «peores», un problema que no es otro sino «la calidad», y con aquellas que se excluyen porque no encajan en el hilo narrativo, porque se quedan fuera del sistema –de nuevo la cabeza de león de Bonheur en el Museo del Prado. Por eso es importante cambiar el discurso y no tanto las obras y poner en un aprieto a la historia del arte tradicional donde, al menos en teoría, esta soberbia cabeza sigue sin tener un lugar claro dentro de la narración que el museo cuenta. Pese a todo, esta tarde de un abril exquisito y confinado no quisiera seguir quejándome de las obras que siguen fuera de lugar. Me bastaría con poder recorrer las salas del Prado, el museo de mi vida, algo que, tontamente, había dado por hecho. Ahora sé que poder pasear entre sus cuadros –mis recuerdos– es un don. Así tiene que ser el privilegio de todo extranjero: no dar nada por hecho. Jamás.

4. EL REENCUENTRO –A MODO DE INTERLUDIO EN EL PASEO

He llegado de nuevo a la entrada del Prado esta tarde de junio que tiene algo de mayo, con un sol suave aún y un aire limpio después del abril lluvioso. Se huelen entre líneas las plantas del Botánico y Madrid resplandece como solo lo sabe hacer esta ciudad en sus anuncios de cambios de estación –olor a primavera en febrero, presagio de verano en mayo, regusto otoñal en las luces de mitad de agosto... Es mi primera salida lejos de las cuatro calles de mi manzana –o casi–; la primera vez que recorro el paseo del Prado desde el confinamiento y me parece lógico que mi primera salida oficial en la ciudad sea al Prado.

He llegado hasta sus puertas como una extranjera, sin dar ya nada por hecho –de esta manera vivo ahora–, y me ha sorprendido mi sentimiento de gratitud al poder estar de vuelta; mi sentimiento de sorpresa y de familiaridad –ambas cosas van de la mano en los reencuentros de las grandes historias de amor. Durante la separación, la distancia se hace insoportable y estremece la sola posibilidad de no volverse a ver. Después, al hallarse frente a frente, la proximidad cómplice invade el cruce de miradas y diluye la angustia: todo en orden. No ha transcurrido el tiempo. Es más, una línea invisible parece unir los transcursos sin cesuras, sin huecos.

Ayer es hoy. Hoy se parece a mañana. Así son los reencuentros.

Quizás por ese motivo la muestra con la cual el Museo del Prado ha vuelto a abrir sus puertas tras el confinamiento se llama *Reencuentro.* La exposición ocupa un espacio reducido del edificio, esencialmente en la galería central –me han contado. Es una especie de resumen, la reunión de algunas de las mejores obras, me dicen. No ha debido de ser fácil elegir tampoco aquí. De pronto, antes de decidirme a subir la escalinata para acceder al museo y volver a ver los cuadros, tan amados, dudo frente a la idea de un Prado diezmado, un Prado de guerra, en guerra, en medio de una guerra. Y me doy cuenta de cómo mi historia de amor con el Prado es una historia de amor compartida con tantos otros, aunque lejos de despertar la posesión que encienden los celos, este pensamiento desvela generosidades inesperadas en cada uno de los que amamos el museo como a nuestra vida. Haríamos cualquier cosa por él.

De hecho, el Prado es una historia de amor colectiva, la que habla de las vidas de todos los que vivimos en la ciudad y nos sentimos parte de su transcurso; incluso de los que lo aman desde lejos –siempre que llega a Madrid desde Buenos Aires para cualquier diligencia, una amiga argentina, Diana Wechsler, se pasa un momento por el Prado para saludar a alguna de sus obras favoritas, viejos amigos. En el fondo, es lo mismo que hago en la National Gallery de Londres cuando me encuentro con Vermeer; o cuando en Viena visito el Museo de Bellas Artes para ver a Brueghel; o el *Ícaro* de Brueghel en Bruselas; Xul Solar en Buenos Aires; o Tarsila en la Pinacoteca de São Paulo; Helene Schjerfbeck en el Ateneum de Helsinki. En el MoMA *Las señoritas* me esperan en cada viaje a Nueva York. Cada viaje las encuentro más seductoras. Me enamoro como una tonta. Las deseo como el primer día.

El Prado es, además, el museo que dibuja la desdichada historia de nuestra democracia, a trompicones y con sobresaltos. La delinea en sus inicios, cuando la colección real se comparte por primera vez –qué ironía– en tiempos de Fernando VII, para ser luego integrada sin fisuras al patrimonio de los españoles. Más tarde, en plena Guerra Civil, el Prado se empaqueta y las obras viajan a Suiza, país neutral, síntoma inequívoco de un profundo deseo colectivo de protección del patrimonio frente a los bombardeos. Por eso cubren la Cibeles con ladrillos. Madrid es la ciudad resistente y sitiada: la guerra acaba cuando por fin sucumbe.

Sin embargo, por encima del resto de los museos en la ciudad, el Prado es el museo de la democracia restablecida. Llegado el momento, en 1981, acoge al *Guernica* y al resto de las obras que vienen con él. Once años después, con enorme generosidad –la que a su modo y pese a todo demostró también el MoMA en una maniobra diplomática de buena voluntad más allá de la jurisprudencia–, decidió ceder ese símbolo de la democracia recuperada –rúbrica del final de la dictadura– al nuevo museo, el Reina Sofía, con el fin de apuntalar una colección que, entonces como ahora, estaba demasiado llena de huecos a causa de la larga dictadura y lo disfuncional de la modernidad en España. Entregarle el *Guernica* era el modo, incluso hoy en día porque las colecciones no se improvisan, de dar contenido a ese museo, de inventarle el «pedigrí» del cual carece a causa de la historia reciente del país.

De pie, sin acabar de subir las escaleras de la puerta de Goya Alta, me emociono al pensar cómo será mi llegada hasta la sala 12, donde se concentran algunos de los retratos más notables de Velázquez –entre otros las propias *Las Meninas.* Tal vez al regresar después de los largos meses de confinamiento con el museo cerrado, lejos de sentir la esperada emoción intensa, me invadirán sensaciones cálidas de cotidianidad, de vuelta a la casa que mi memoria reconoce como propia –ocurre en las verdaderas historias de amor tras las separaciones prolongadas. Como decíamos ayer.

Sin embargo, regresar esta tarde al Prado no es otro regreso sin más: es un acto trascendente. El de hoy es el regreso de quien durante los meses de separación forzosa ha recompuesto en la memoria la sala que acoge su cuadro favorito o, al menos, el que concita en su recuerdo las partes fundamentales y más preciadas en el propio relato. A punto de volver a ver la obra de Velázquez he creído entender –qué bobería– lo que une en mi fascinación a *Las Meninas* y *Las señoritas:* ambas apelan a un escenario, a cierto espacio para exhibirse, a la construcción de cierta teatralidad, el espacio de la representación del que habla Foucault. Quizás, al volver al museo tras la separación del confinamiento, *Las Meninas* parecerán más grandes o más pequeñas de lo que se imaginaron. O tal vez serán las de siempre; las que, con el paso de los años, desde la infancia, se han ido modulando a la vez que mi propia estatura. Fueron muy grandes en el cuarto de los espejos, durante la infancia; cambiaron poco a poco de tamaño hasta poder mirarlas hoy de tú a tú, viejos conocidos que nos observan desde el fondo del cuarto y del tiempo, con curiosidad inextinguible en cada visita, curiosidad mutua en tantas visitas ya que la memoria no acierta a reconstruirlas.

Es un asombro que no termina nunca y que saboreo sin decidirme a entrar de una vez, dilatando el reencuentro, paladeando la emoción de volver a tener los cuadros cerca. Se me viene a la mente, sin saber por qué, aquel otro asombro tan poderoso que aparecía en los reencuentros de hace años, en Islandia, con la tía abuela de mis amigos, en su casa cerca de Akureyri, al norte de la isla. Cada tarde, cuando iba a visitarla para merendar, preparaba un banquete digno de ocasiones especiales y me apretaba fuerte la mano, con esa mirada empañada que tienen a veces las personas mayores: «Venir de España», insistía cada tarde en un sueco tan rudimentario como el mío. «De tan lejos.»

De joven se había mudado para trabajar en Reikiavik, me contaron, pero tras la muerte de su madre regresó a la granja a cuidar de los hermanos. No pudo volver a salir, se quedó atrapada en una vida que no deseaba. Otra historia cualquiera de una mujer que es expulsada del relato imaginado para sí misma. Esperando el reencuentro con el Prado, con *Las Meninas* superpuestas en mi mirada a la cara amable de aquella mujer de rostro cansado, la visualizo joven, acudiendo a su trabajo en Reikiavik, y se convierte, indómita, en un bello león del Atlas, una de las historias que hubieran podido ser y no llegaron a ocurrir jamás. Sucede a menudo con las mujeres.

Rosa Bonheur y *El Cid* invaden cierta premonición de cambio. Imagino el león colgado en la sala 12, al lado de Velázquez –qué inesperado– y el paisaje del Atlas se convierte en Eldhraun –topónimo para «desierto de lava»–, la llanura al sur de Islandia que uno debe atravesar en coche para llegar a Akureyri, si decide no subir por los fiordos. No sé por qué, a través de mi anciana amiga islandesa, a través de ese asombro y ese valor, encuentro en mi Prado imaginario el lugar para *El Cid* de Bonheur en la sala de *Las Meninas.* Nada une a los dos cuadros –ni estilo, ni tema, ni época, ni personajes o paisajes–, pero todo los asocia. Bonheur era una rebelde en sus cuadros de animales, igual que Velázquez al plantearse esta obra impresionante, donde el propio modo de construir el espacio es inesperado: causa asombro porque describe un prodigio.

Aquellas tardes islandesas tuvieron también algo de prodigio. Parecía tan bella por reiterada la perplejidad de la mujer, tan genuina –en efecto, era extraño que alguien llegado de tan lejos, de España, viviera una temporada en Islandia, en medio de un lugar agreste–, que hoy, al evocar por enésima vez el asombro de los personajes en *Las Meninas* ante la llegada de los reyes reflejados en el espejo –nosotros avanzando hacia el cuadro en la lógica visual de Velázquez–, he revivido esta otra historia de hace años. Es importante no perder nunca la capacidad para el asombro.

Se mezclan en la imaginación y se agolpan mis visitas a esa sala y ese cuadro. Se intercalan. Se cancelan. Se mezclan porque la familiaridad emborrona las diferentes ubicaciones y los distintos compañeros de sala que ha ido teniendo la obra. Vuelvo a estar ante *Las Meninas* y esta tarde se parece a ayer y debería parecerse a mañana. «Al Museo del Prado, al cual adeudo muchas horas de felicidad», escribe Mujica Lainez en la dedicatoria de su libro sobre el Prado. No me parece un libro tan especial como *Bomarzo:* nunca me han convencido los personajes de los cuadros adquiriendo vida propia por la noche, amparados por la oscuridad.

Casi prefiero a los fantasmas en los museos, como *Belfegor, el fantasma del Louvre.* Era mi serie favorita en aquellos tiempos de televisores en blanco y negro y programaciones monocromas. Se emitió en España en 1966 –en Francia se estrenaba un año antes– y mis padres me dejaban verla porque en mi casa se trasnochaba bastante, incluidos los niños. La historia era de suspense, con asesinatos, robos e intriga, pues el fantasma era en realidad un villano en busca de cierto tesoro valioso y oculto. La protagonista, Juliette Gréco, subrayaba cierto toque intelectual que los franceses dominan como nadie en cualquier faceta de la vida: en ese terreno son imbatibles. Entonces, claro, aún no lo sabía.

De modo que la serie se iba convirtiendo en una excusa para pasear por el Louvre desde el sillón de casa en un momento en que, sin saberlo aún y gracias a mis visitas al Prado, sentía una enorme fascinación y respeto hacia las obras de arte. Verlas me ofrecía ese asombro que observaba cada tarde en Islandia en los ojos claros y acuosos de mi anfitriona; el que busco en la expresión de la princesa Margarita y el pintor, atentos a la entrada de los monarcas, la que por muchas veces que ocurra no deja de asombrar; aquella que va a cambiar por completo su tiempo privado y la noción de espacio en la historia de la pintura.

Me acabo de acordar: de niña me impresionaba mucho la fragilidad de las obras de arte. Me impresionó la noticia de la lluvia que se precipitaba sin tregua sobre Florencia enfureciendo al Arno, que en su crecida superaba los once metros. Era el mismo año de la presentación de *Belfegor* en la televisión española: 1966. En la madrugada del 4 de noviembre, el barro insidioso inundaba los edificios bellísimos en unas imágenes apocalípticas que, vistas hoy, tienen mucho de las actuales simulaciones sobre los efectos del cambio climático en las grandes ciudades, desaparecidas bajo el agua. Las obras maestras y los edificios emblemáticos se vieron de repente sumergidos en una tormenta atroz que arrasaba las joyas de la cultura a su paso. Voluntarios venidos del mundo entero –estudiantes de Bellas Artes o Historia del Arte– luchaban contra la adversidad atmosférica haciendo una cadena humana para poner a salvo los tesoros. Las imágenes de los Uffizi eran devastadoras y en mi colegio, el Liceo Italiano, nos hablaban del suceso, propiciando ese sofisticado sentimiento hacia el patrimonio que cultivan los italianos en su exquisita educación a los niños y los jóvenes. Quizás soñé con ser uno de los «ángeles del barro», como llamaron entonces a los voluntarios, no sé.

Otra cuestión me afectó más que la imagen idílica de los voluntarios trabajando. En Santa Croce, uno de los puntos más devastados de la ciudad, el Cristo de Cimabue parecía desaparecer bajo la tempestad, borrado casi por el agua: la obra monumental se caía a capas al tratar de ponerla a salvo y tras pasar horas sepultada. Cómo echo de menos una obra de Cimabue en el Museo del Prado. No estaría mal poder contemplar la *Majestad de la Virgen* de los Uffizi, ordenada y bizantina, con ese derroche de dorados que heredan Simone Martini primero y Fra Angelico después, en las dos *Anunciaciones* que hablan de dos gestualidades diferentes de la Madonna, dos formas diferentes de negociar el asombro frente a la presencia del ángel y las extrañas noticias de las cuales es portador.

La proliferación de dorados se convertiría más tarde, ya en época de Fra Angelico y junto al azul de ultramar –cuenta Baxandall en su precioso libro sobre el Renacimiento–, en un signo de distinción por el alto precio de los materiales mismos, igual que ocurría con los cofres y las copas en los siglos XI, XII, XIII... Un cuadro era casi como un cofre de piedras preciosas: las esmeraldas subirían el precio frente a las aguamarinas por el puro valor material en el mercado. El valor inmaterial de los cuadros, el valor simbólico de las piezas más allá de los materiales usados, es una adquisición moderna que se establece de manera definitiva en el siglo XIX con los impresionistas. Son ellos los que barren el decoro –decoro respecto al espectador en las formas de representar codificado por Leonardo– y el amor hacia la tradición; los que imponen la falta de canon y el aire libre, y los colores retinianos y la vida cotidiana..., aunque desde el siglo XXI nos parezcan anticuados.

Pese a no tener a Cimabue, en el Museo del Prado hay unas maravillosas muestras de pintura gótica y románica. *La Virgen de Tobed con los donantes* de Jaume Serra, que sorprenden sin tregua por esa modernidad recalcitrante, cierto gusto por la sorpresa visual que recuerda a algunas muestras expresionistas del XX, es uno de mis ejemplos favoritos. Y luego está *Milagros de los santos médicos Cosme y Damián,* de Fernando del Rincón, que, aunque está fechado a muy primeros del XVI, sigue manteniendo su esencia gotizante, quizás porque el «Renacimiento» en España tuvo su propia idiosincrasia, construida sobre las relaciones políticas también, como todo en la vida, a mitad de camino entre Italia –la parte superior con las arquitecturas y los bustos– y Flandes –la perspectiva plana y los ricos tejidos–. En este cuadro increíble –uno de los más inquietantes del Prado– se está trasplantando la pierna de un cuerpo «negro» –supuestamente muerto– a un cuerpo «blanco» con el miembro inferior gangrenado. Un hito en la historia de la medicina y tema para una excepcional discusión racializante de las que en este momento apremian –pero aún es pronto para desvelar el secreto.

Cuando, antes de la epidemia, las salas de Goya estaban intransitables por la gente acumulada, solía irme a visitar a los «góticos» e incluso más a menudo los maravillosos frescos románicos. Mi favorito, claro, es San Baudelio de Berlanga, un conjunto de veintitrés fragmentos que adornaban los muros de la ermita mozárabe del siglo XI y fueron traspasados a lienzo en 1926 para ser llevados a Estados Unidos, entre otros museos a The Cloisters, en Nueva York. Eran trasvases complicados, milagros de la ingeniería. Los claustros del románico español –y no solo sus frescos– eran traspasados, piedra a piedra, hasta los Estados Unidos: he aquí otra muestra de la desidia cultural de nuestro país y un buen ejemplo a estudiar a propósito de las restituciones, incluso tratándose de una compra y no de un expolio, igual que en tantos casos. El vídeo justificativo de la operación, relatado desde el Metropolitan Museum y colgado en internet, deja claro que los excesos de poder no solo han ocurrido a partir de las exclusiones raciales, sino de clases, de centros y periferias.

En otro acto de buena voluntad, en 1957, en el momento dorado de las relaciones bilaterales, desde el Metropolitan Museum, al cual está adscrito The Cloisters, llegaban al Prado los seis fragmentos que se pueden contemplar hoy de San Baudelio de Berlanga como depósito indefinido. Lo que más me gusta de San Baudelio es la representación de los animales: ciervos, liebres, un elefante, el oso... El conjunto posee una increíble belleza esquemática y un movimiento poderoso que en mi Prado imaginario haría una increíble pareja con el propio *Guernica.*

Confieso que he tardado mucho en apreciar el arte gótico y románico. O debería decir más bien que en mis años de estudiante lo detestaba por el método anticuado con el cual lo presentaban en clase: interminables memorizaciones técnicas de plantas de iglesias y catedrales. Ni filosofía ni espiritualidad, ni luz, ni siquiera mucha iconografía... Mi sentimiento de rechazo era tal que en cuarto año de carrera estuve a punto de desertar. Cuando libre de prejuicios llegué un buen día hasta la catedral de Girona –y entré–, rememoré mis visitas infantiles a Toledo; me olvidé de las clases; me di cuenta de que me hallaba ante un arte espiritual y ordenado, a su manera una propuesta al estilo de Mondrian en su armonía o Brancusi en busca de las llamas inextinguibles. En la catedral se concentraba aquello de lo cual nadie me había hablado más allá de los tecnicismos aburridos y las memorizaciones que se imponían en el aula. Admiraba el llamado *Tapiz de la Creación,* la bella estatua de Ermesenda –Steiner la compara con un Brancusi y tiene razón– o las miniaturas de la pintora Ende, una de las primeras de las que se tiene noticia. Tras la visita leí algunas de las obras teóricas de Viollet-le-Duc para rehabilitar mi interés hacia el gótico y en Estrasburgo unas colegas me hicieron entrar en un nicho que hay enfrente de la catedral: allí se determinaba quién cabría entre los huecos de las finas agujas para poder trabajar en esa filigrana. Las enseñanzas del aula pasaron a ser un mal sueño.

Y luego queda Zamora, cuyo cimborrio resume esas preguntas desde «Oriente» que se despliegan frente a San Basilio de Moscú, las que, decía Gertrude Stein en su texto sobre

Picasso de 1938, aluden a España –el islam– y a Rusia –Bizancio–, ambas ligadas, pues, a cierto «Oriente». Desde el momento mismo de empezar a apreciar esa belleza, a su modo fuera de la norma –porque el gótico y el románico son un poco estilos fuera de la ley respecto al canon clasicista que lo gobierna todo–, surgió un nuevo *coup de foudre* que desde entonces me ha acompañado. Apreciar los diferentes tipos de belleza tiene mucho que ver con el aprendizaje de los sabores nuevos: requiere entrenamiento y paciencia.

Debido la pasión occidental hacia el clasicismo renacentista, las inundaciones de la Toscana fueron noticia repetida. Al fin y al cabo el agua había atacado al modelo del arte por antonomasia hasta épocas recientes: Italia. En mí se grabó a fuego la imagen de Cimabue y, aunque no había cumplido ni diez años, recuerdo que pensaba, al mirar las imágenes y escuchar a los profesores, al ver el telediario o leer las revistas extranjeras de mis padres –*Life, Paris Match* o la italiana *Epoca*–, lo irrecuperable de aquellas pérdidas artísticas, tan graves como las humanas, porque no hablaban de lo particular, sino de lo colectivo, de la memoria. Eran nosotros: más que nosotros incluso. Fue la primera vez que oí hablar de la restauración de las obras de arte y supongo que me tranquilizó saber que había remedio para los daños atroces.

Más tarde aprendería que no hay nada peor que una mala restauración, sobre todo al intervenir cuadros complejos como *Las Meninas,* de modo que cuando llegó el momento, en 1984, el cuadro se retiró de las salas unos meses y fue devuelvo a la vivacidad de sus colores por un equipo de profesionales. Se comentaba entonces, en voz baja como quien cuenta un secreto valioso, que habían venido a «guiar» la restauración los profesionales del Metropolitan. Ahora los restauradores del Prado son uno de los equipos más reputados en el mundo y el taller de restauración una de sus joyas de la corona, acorde con los tesoros que el museo custodia.

Su equipo es el que «guía» a otros y no es raro ver restauradores de diferentes instituciones aprendiendo de estos colegas excepcionales cómo devolver los fondos a los cuadros, los colores, la estabilidad de las tablas cuya nueva técnica de restauración es «patente» del museo.

La última gran inundación, mucho más reciente, me pillaba en la Costa Este de los Estados Unidos en forma de alerta de noticia en el móvil: el Louvre había tenido que evacuar algunas obras y cerraba las puertas, junto al Quay d'Orsay, por una increíble crecida del Sena. Seguramente esta vez no habría tantos daños –nuestra destreza frente a las catástrofes ha mejorado, al menos frente a las climáticas, que las víricas son otra cuestión. Además, los medios no hablaban de solidaridad, sino de pérdidas económicas por el cierre de los museos: poca afluencia de turistas. A primeros de junio de 2020 parece una atroz premonición de la epidemia y desde luego un lugar para la reflexión colectiva.

Pese a todo, no puedo dejar de pensar, como la niña de entonces, en la fragilidad de las obras de arte, en lo que preservan de nosotros, en todo lo que se pierde cuando se destruyen. Son las reflexiones de Freud en su conocido pasaje del texto clásico de 1916 «La transitoriedad». En él plantea su resistencia a admitir la posibilidad de desaparición de todo lo bello del mundo exterior. No obstante, coleccionista y conocedor de las civilizaciones extinguidas, Freud sabía que nada duraba para siempre, por lo cual era preciso aprender a vivir con la constante amenaza de ser despojado por los acontecimientos. Hay que aprender a gozar de las cosas mientras están ahí, reflexiono con el cambio climático pisándonos los talones, con la epidemia diezmando los espacios culturales. «Si hay una flor que se abre una única noche, no por eso su florescencia nos parece menos resplandeciente», constataba Freud. Aunque tratar de conservar el planeta no parece tampoco mala opción.

También aquel Louvre descrito en *Belfegor* era un Louvre que traía a la memoria cierto sabor a evacuación tras un desastre. Era, sobre todo, un Louvre de pacotilla, como fueron de pacotilla *Los troyanos en Cartago* de Berlioz, pensaban sus contemporáneos más críticos. Era un museo reconstruido para la ocasión, pues todos los escenarios parecían decorados en un estudio. Tenía poco que ver con el reciente videoclip de Beyoncé rodado en el auténtico Louvre, aunque dicen los expertos en audiovisual que algunos planos como el de la *Gioconda* son un montaje aquí también. Muchos han criticado el modo en que el museo se ha vendido con fines recaudatorios. No obstante, más allá de la crudeza de la situación –los museos se ven a veces obligados a buscar nuevas formas de financiación y tal vez será peor en el futuro–, desde el punto de vista solo visual, hay planos interesantes como el de la escalinata de la Victoria de Samotracia. La imagino vaciada mientras subo las escalinatas de Goya Alto –en el Louvre las visitas también están restringidas y con pocos turistas en París– y noto un vértigo extraño, el que debió de sentir el equipo de rodaje de Beyoncé, en el museo vacío. El Louvre no volverá a ser el mismo después de este vídeo. Ni de esta epidemia.

Y tampoco lo fue después de *Belfegor, el fantasma del Louvre,* a pesar de las numerosas licencias poéticas de la serie, que en el momento no llegué a captar, como es lógico: junto a la grandiosa estatuaria egipcia, adjudicaron a las colecciones del Louvre incluso el *David* de Miguel Ángel, creo recordar. No está mal. Si uno se pone a imaginar un museo, ¿por qué no hacerlo a lo grande? Además, es casi lo único que le falta a un museo tan enciclopédico como el Louvre. La serie dejó en mi imaginación una huella profunda, tal vez por su insistencia en un mundo que me fascinaba y me aterrorizaba: Egipto. Siempre he tratado de reconstruir el dulce horror de las salas egipcias –¿a nadie le parecen mal, por cierto, las momias expuestas si son al fin y al cabo personas muertas? Desde siempre me han intrigado las «civilizaciones extinguidas» con fantasmas incluidos, sobre todo Mesopotamia. Mi padre, muy aficionado a Poirot en su juventud, me quiso inocular su pasión hacia los enredos de Agatha Christie y las novelas de misterio. No lo consiguió, si bien a través de la escritora inglesa empecé a interesarme por Sir Leonard Wolley y sus campañas en Ur –el marido de Agatha Christie era arqueólogo y ella usaba su crema de noche para proteger las estatuillas de marfil que salían de las excavaciones. A veces pensé incluso en ser arqueóloga, pero el destino prefirió poner el Prado en mi camino. Además, me falta paciencia, seguro.

Quizás por esa evocación del *Belfegor* de Arthur Bernède y el libro del mismo nombre aparecido en 1927, en mis sucesivos regresos al Louvre he tratado de volver a visitar las salas de Egipto: imposible. Están llenas. En medio del grupo de visitantes –un domingo, como solía ocurrir en la sala de Goya del Prado– se distinguía a los asiáticos por sus mascarillas. Ahora que todos en todas partes llevaremos mascarilla no habrá modo de distinguirnos a unos de otros, tampoco en las atestadas salas de Egipto. Salvo el Templo de Debod, belleza maltrecha, Egipto no está muy presente en Madrid, pero en cambio tenemos a dos damas muy bellas en el Museo arqueológico: la de Baza –que tanto recuerda al retrato de Picasso de Stein– y la de Elche –puro Klimt con sus aderezos elegantes.

Supongo que esa ausencia –o presencia– de uno u otro tipo de arte en la propia ciudad –para los que tenemos el privilegio de vivir cerca de un museo– es esencial a la hora de modelar los gustos. Porque *Las Meninas* aparecieron muy pronto en mi relato de vida me interesa el arte contemporáneo: este cuadro no es barroco, es una fotografía. Mi museo de referencia ha sido el Prado y *Las Meninas* son mi primer recuerdo del museo y desde allí he construido cada uno de mis sucesivos paseos –por el tiempo también. A veces quisiera, como Eugenio d'Ors, tener como cuadro favorito el pequeño Mantegna que se podría llevar debajo del brazo en caso de incendio. Y quisiera ser sofisticada y tener de favoritos a los venecianos y sus paisajes de música de cámara o de grandes orquestas. Pero, a pesar de querer a todas las obras del museo casi por igual, hay algunas que me han acompañado la vida entera y por eso ocupan un lugar especial en mi biografía.

Y amo en ellas su poder de rememoración –un amante, el poeta que estaba leyendo, el libro que subrayaba para un examen en el autobús urbano por el paseo del Prado, las visitas con mis amigas para un examen, las visitas con mi madre, mis reflexiones solitarias... Es lo que cuenta Proust en *Sobre la lectura,* el pequeño libro que se me traspapela cada vez entre los anaqueles y el recuerdo, como el tigre de Borges: a menudo cuesta rememorar el contenido de los libros que más nos han gustado, escribe Proust. En cambio seguro que recordamos lo que estábamos haciendo en el momento de leerlos.

Nos llaman a comer y nos fastidia el modo en el cual esa llamada nos interrumpe la lectura –me pasaba los veranos, cuando no había colegio y tenía todo el tiempo para mí. Me comentaba un amigo cómo solía leer antes de salir hacia el colegio y un día se ensimismó tanto en la lectura que se le pasó la hora de incorporarse a clase. Nunca le dije, en los paseos por el Prado, cuántas cosas me había enseñado, cuánto me había permitido crecer con nuestras lecturas compartidas y nuestros poetas favoritos... Es curioso la de cosas que damos por hechas también con las personas a las cuales queremos o admiramos; cuántos agradecimientos y sentimientos se quedan sin verbalizar con la absurda certeza de que ya habrá tiempo mañana. Vivir es aprender a no dar nada por hecho.

Y es un aprendizaje tortuoso, pues representa aceptar la caducidad misma de la vida.

La ausencia definitiva de aquel tan querido amigo me saca abruptamente de mi ensoñación y decido subir las escaleras de Goya Alta. Cruzo el umbral sin dar nada por hecho. Ya estoy dentro y me siento, quién iba a decirlo, como los privilegiados cortesanos europeos delante de la maravilla: se abren las delicias del *Jardín* del Bosco, se hace visible el prodigio en este nuevo montaje del Prado. No está *El Jardín de las Delicias* –aclara el director del museo, más adelante en el paseo. Su extrema fragilidad ha desaconsejado el traslado, incluso de un piso a otro. Quizás hubiera sido redundante verlo allí, reflexiono a medida que voy avanzando en el recorrido, porque el nuevo montaje del Prado es en sí mismo un prodigio semejante al del cuadro mismo; puertas que se abren y muestran una narración inesperada. Hubiera sido esa noche que, escribe Foucault, sobra por redundante en *Las mil y una noches*. Pero aún no he llegado en mi paseo a ese momento del recorrido.

Al entrar en la galería central, se vislumbran de lejos las dos figuras imponentes de *Adán* y *Eva* pintadas por Durero –se me aparece Berenson. Los pinta como una pareja de nobles, siguiendo la costumbre de la época: cada uno en su espacio, separados. Alargados y elegantes, tienen en su majestuosidad mucho de Italia, si bien al tiempo apelan al norte en los colores, el dibujo perfecto, el placer del detalle, cierta austeridad, la que se refleja en el suelo y los guijarros que lo habitan. Cuántas cosas relatan los suelos de los cuadros, aunque pasen con frecuencia desapercibidos... Yo misma había reparado poco en ellos hasta escuchar, en una de las sesiones de seminario en el propio museo, a Peter Sacks –su mirada contiene los ojos del pintor y la elocuencia del poeta. Empezó la sesión con el suelo de la estampa de Goya *Aún aprendo*. Hablaba de la posibilidad de empezar el relato desde el suelo y siguió luego la sesión en la sala, frente a *El 3 de mayo en Madrid o «Los fusilamientos»* de Goya, partiendo de nuevo del suelo que en este cuadro, con los cuerpos acumulados, se contrapone al fondo de una forma extraordinaria. Está delante del cuadro, mueve los brazos y las manos sobre la pintura, un toque invisible, caricias de aire. Y todos escuchándole con la respiración contenida mientras fluye su visualidad poética, radical como los mejores versos, que se funde con los fondos de Goya. En esos suelos persuasivos y no en los temas, los colores, los fondos... radica la increíble modernidad del pintor aragonés.

De hecho, empezar el relato desde el suelo, ir subiendo desde el suelo de los cuadros hacia arriba, fijarse en esa porción a menudo ignorada –los guijarros en los cuadros del *Adán* y *Eva* de Durero–, es un gesto radical porque rompe con los obligados consensos de la perspectiva italiana, la que la historia del arte ha impuesto como fórmula predilecta de la mirada. En Italia todo lleva hacia el fondo –asomarse a la ventana que configura el mundo a su imagen y semejanza. Incluso Venecia nos obliga a mirar hacia el fondo –y es extraño que la clase magistral de Peter Sacks frente a Goya se haya impuesto en mi memoria al mirar los suelos de Durero. Los pensamientos viven agazapados esperando salir animados por las alianzas visuales, auditivas, olfativas, táctiles, del gusto... –la magdalena de Proust, otra vez.

Pero hay que estar dispuesto a perder la posición de control que ofrece la perspectiva del Quattrocento. Hay que estar listo para hacerse frágil en el papel de espectadores en las revisiones del espacio tradicional; dejar ir a la posición aventajada del espectador respecto al espacio a lo largo de la historia. Es lo que en su brillante análisis sobre la «invención» del sistema perspectivo en la pintura europea renacentista John Berger denomina «reciprocidad visual». «La convención perspectiva, característica específica del arte occidental establecido en el Renacimiento», escribe Berger, «centra todo en el ojo del que mira... Las convenciones llaman a estas apariencias «realidad». La perspectiva convierte al ojo en el centro de ese mundo visible.»

O, como reflexionan a propósito de este planteamiento Gamman y Makinen: «El argumento de que la perspectiva niega la reciprocidad y al tiempo otorga al artista la habilidad de jugar el papel de dios se hace posible a partir de una comparación: "No hay necesidad para dios de situarse en relación con los otros: él es la situación."» A lo que Berger se refiere aquí es al hecho de que el espectador de la pintura al óleo europea está posicionado como omnipotente por las convenciones del realismo. Berger sugiere que los códigos y convenciones que gobiernan la pintura al óleo europea como una fórmula específica históricamente hablando gobiernan también lo que el espectador puede y no puede ver. La lectura de Berger rastrea, por tanto, los orígenes del poder implícito en el espectador, siempre masculino y de ahí la importancia del escritor inglés para lecturas asociadas a la teoría de género: «una forma de ver el mundo, determinada al fin por nuestras nuevas actitudes respecto a la propiedad y el intercambio, encontró su expresión visual en la pintura al óleo».

Leída bajo esta óptica, que otros autores como Baudry comparten y que termina por ser el punto de arranque para tantas lecturas posteriores que se cuestionan la inocencia y las implicaciones no solo visuales de la gran invención del Quattrocento italiano, la perspectiva aparece como un inequívoco método de control, ya que se basa en unas convenciones a las cuales denomina «realidad». A partir de esta primera manipulación, deposita todo el poder en el ojo del que mira, quien terminará por aproximarse al mundo entero a través de la fórmula. Vemos el mundo como si de un cuadro se tratara, lo reducimos a las convenciones que cinco siglos de imposición visual nos han enseñado.

Y es que a poco que nos detengamos a pensarlo, está claro que buena parte de nuestra imagen mental del mundo deriva de la manera y de las formas a través de las cuales dicho mundo se presenta ante nuestros ojos espacialmente hablando. Occidente concede una enorme importancia a ese espacio representado que debe atenerse a unas reglas muy concretas relacionadas con la invención de la perspectiva. Está claro que la invención de la perspectiva, pese a cristalizarse en apenas unos pocos años del Quattrocento italiano, parece mucho más que el establecimiento de un sistema visual. Al ser una estrategia de representación de la realidad, termina por asociarse a cuestiones ideológicas y, más en concreto, a una fórmula de control que la clase dominante establece sobre el resto. Se trata de un sistema unitario que conforma la mirada de ese sujeto único –y con ella todo lo demás– y que siglos más tarde la Ilustración perfecciona e impone a través de sus sofisticadas políticas coloniales; a través de su descripción y dibujo del mundo; de la geografía. El espacio como lo entendemos en Occidente, como lo impone el Quattrocento italiano, es masculino por antonomasia, un discurso impuesto y no natural como algunos se esfuerzan en hacernos creer.

La puesta en duda de algunas de estas cuestiones a propósito del Quattrocento y la perspectiva se plantean a la misma entrada de la exposición *Reencuentro.* A los lados de *Adán* y *Eva* de Durero, enfrentados, dialogan *El Descendimiento* de Van der Weyden y *La Anunciación* de Fra Angelico. Son dos tablas –óleo la primera y témpera y oro la segunda– casi coetáneas, pintado *El Descendimiento* –una de las piezas de cabecera de Felipe II– en 1443 y hacia 1425-1428 *La Anunciación.* Justo enfrente de Durero, a la derecha de Van der Weyden, han colgado otra *Anunciación,* el óleo sobre tabla de pequeño formato del flamenco Robert Campin, ejecutado en 1420-1425 y también una de las obras favoritas de Felipe II. A la izquierda de Fra Angelico aparece *El Trán-*

sito de la Virgen de Mantegna, la pequeña tabla de 1462 que fue la pasión de Eugenio d'Ors. Al otro lado, la tabla de 1475-1476 de Antonello da Messina, donde se representa a *Cristo muerto sostenido por un ángel.*

La combinación de las piezas no podría ser más extraordinaria, una enmienda contundente al Prado de mi infancia y hasta al Prado anterior a esta muestra, en los cuales pervivía y gobernaba la noción de «escuela» –italiana, flamenca, española... No había posibilidad de saltarse las normas, nunca se confrontaban los grandes adversarios, Flandes e Italia. En cambio se hace en este fabuloso jeroglífico que es *Reencuentro.* Solo con observar las dos tablas es obvio que los libros de historia del arte y sus categorizaciones férreas engañan sin remedio. Al recorrer la sala con los ojos se tiene la impresión de que el Prado ha decidido ofrecer un regalo generoso para el ansiado regreso: un museo asombroso cuando creíamos que nada en esta deslumbrante pinacoteca podría sorprendernos ya. En el museo han seguido trabajando concienzudamente, mientras los demás soñábamos con el reencuentro. Es una mirada tan libre de prejuicios que obliga a replantear los lugares comunes que creíamos «verdades» inamovibles.

Porque esta sala es mucho más que la reunión de algunos cuadros esenciales del Prado, aquellos que el visitante novel –diría D'Ors– mira extasiado en su paseo. No hay obra en la sala que no establezca un diálogo impresionante con las demás, desde diálogos temáticos hasta los que para mí resumen la valentía de esos modos de ver –que es tanto como decir de representar– que ha adoptado el Prado en esta exposición sobre el Prado mismo. De hecho, los diferentes cuadros se relacionan en los relatos que narran. Durero se entreteje con la aparición de los *Adán* y *Eva* en el Paraíso, al lado izquierdo de la obra de Fra Angelico, que a su vez reenvía al pecado universal y la muerte a Cristo y entrelazan a Messina y Van der Weyden. De igual modo, las dos *Anunciaciones* de Campin y Fra Angelico se contraponen al tránsito de Mantegna, un resumen de la vida de la Virgen desde que recibe la noticia de la inmaculada concepción de su hijo, Jesús, hasta su tránsito por mediación del hijo mismo. Son, en el fondo, los dos instantes menos terrenales de María –antes de ser madre de Cristo y en el momento de regresar a su lado– que a la vez se unen al momento más terrenal: la tristeza de la madre ante la muerte del hijo que cuenta la obra de Van der Weyden.

De cualquier manera, en ese fabuloso enredo de relatos, hasta el visitante novel es consciente del sin par cruce de historias y, sobre todo, de las diferentes maneras de representarlas. En la escenografía de catedral gótica en Campin –colores contenidos, salvo el manto bermellón del ángel y el toque del mismo color del cojín y el vestido de la Virgen–, está la joven María ensimismada en la lectura, ignorando la llegada del mensajero. Es el modelo de la Virgen intelectual, confirmado por un mueble a su lado, donde se guardan bajo llave el resto de los gruesos volúmenes. Es un cuadro de precisiones y la Virgen laboriosa –la laboriosidad que exige el protocolo flamenco por otro lado, el que exigen los burgueses– se sumerge en el mundo de las arquitecturas gotizantes, de agujas, cruceros atisbados y decoraciones excesivas, mientras en el suelo se apoya el jarrón de cerámica pintada que sostiene la flor, símbolo de la pureza de la mujer.

Al otro lado, los colores brillantes de Fra Angelico capturan la mirada y desvelan a los protagonistas de la tabla: los comentados Adán y Eva a la izquierda y el ángel y la Virgen a la derecha. Estos se enmarcan sobre un fondo de arcos de medio punto y columnas jónicas, anhelo más que realidad de un incipiente clasicismo que todavía no ha ocurrido en una Florencia que sueña con la arquitectura renacentista. La atmósfera está envuelta en colores rosas, dorados para las alas del ángel, la cortina, las cenefas... Y azul de ultramar en el manto de la Virgen y las bóvedas donde se remeda el firmamento. La Virgen enfrenta al bello ángel, establece el diálogo con él y se la representa en el momento mismo en el cual tiene lugar el acontecimiento –ya se decía lo elocuente que resulta la elección del momento para las representaciones. La joven María ha dejado caer su breviario sobre el regazo, un pequeño libro de oraciones, y todo su ser se diluye en la noticia que está a punto de recibir, en la perplejidad que le genera. Frente a la Virgen intelectual de Campin, la de Fra Angelico estaba simplemente rezando. Es la mujer entregada a su destino incluso antes de conocerlo; sin el destino propio que se adivina en la protagonista de Campin.

Solo con lo exquisito de las obras elegidas hubiese bastado para cautivar las miradas en este *Reencuentro.* Solo con estos fabulosos relatos y asociaciones hubiese bastado. Hubiera sido suficiente con las divergencias visuales que se van descubriendo, con el modo en que se subrayan y se cancelan unas a otras. Sin embargo, el juego que propone el *ars combinatoria* de la sala es más complejo, pues no parece sino una convincente lección sobre esa perspectiva de la cual se hablaba antes, la perspectiva italiana que impone su mirada sobre la historia del arte y el mundo y que acaba por presentar a Van der Weyden más gótico que renacentista, sin el punto de fuga indiscutible de los italianos. Lo ensaya Fra Angelico en sus arquitecturas soñadas, lo perfecciona Mantegna con la ventana abierta hacia el agua al fondo, las orillas de Mantua. Lo pespuntea Antonello da Messina en su retrato de *Cristo muerto,* donde la noción de la perspectiva sigue gobernando la escena con la ciudad moderna de escenario.

La confrontación dialéctica está servida solo con mirar hacia Flandes y sus propuestas espaciales. No es cierto que Italia haya construido una representación del mundo más verosímil: se ha hecho más verosímil porque Italia ha sabido imponerla. Confrontados unos con otros, saboreando cada solución, los comentados planos de profundidad, tan cinematográficos, en Van der Weyden rompen el hechizo de Florencia, de Italia. Vuelvo a los suelos. Frente al suelo impoluto de mármol de Fra Angelico, Van der Weyden llena el suyo de plantas y piedrecillas. Hay, además un hueso y una calavera: miremos hacia donde miremos, todo en Flandes, incluso la muerte, es una *vanitas,* un recordatorio de la caducidad, un cuidado extremo hacia los detalles en el lugar más inesperado del cuadro –el suelo mismo–, aunque no por eso el más irrelevante.

Pese a todo, la perspectiva italiana ha sido desde su invención la fórmula de privilegio a la hora de representar el espacio: no conocer la perspectiva inventada en Florencia era el modo más rápido para situarse fuera de la moda. Incluso cuando el cubismo quiere descuartizar el artefacto visual del Quattrocento, en el fondo se limita a darle la vuelta: no «inventa» una propuesta nueva. Sin embargo, pintar fuera de la norma no es necesariamente negativo: muy al contrario. La perfecta perspectiva italiana puede resultar empalagosa. Ocurre con *La escuela de Atenas* de Rafael: el cuadro es tan medido, tan ordenado, de volúmenes y escenografía tan controlados, que si se invierte de izquierda a derecha no ocurre nada, todo se queda como estaba. Probemos a hacer lo mismo con la tabla de *La Crucifixión* de Van der Weyden y nos daremos de bruces con un cuadro desbaratado que se desploma –se «cae»– hacia la derecha. Hago a veces el juego con mis estudiantes más jóvenes en clase y miran asombrados: casi un prodigio, igual que la tabla del Bosco y los *gadgets* del XIX.

Estas impresiones están relacionadas con la propia formulación visual en Occidente: leemos las imágenes como un libro de izquierda a derecha y de arriba abajo, de modo que nuestra «orientación visual» debe seguir esas reglas a la hora de distribuir las formas y los colores. El mayor peso de formas y colores suele acumularse en la izquierda, igual que el arranque de un texto es una parte esencial del mismo. No ocurre con Rafael en *La escuela de Atenas* debido a un exagerado control perspectivo, espacial. Quizás por ese motivo, Parmigianino y el resto de los manieristas, entre otros nuestro Divino Morales, decidieron distorsionar las figuras: no querían quedarse atrapados en tanta fastidiosa perfección. De verdad que dominar la perspectiva italiana con el absoluto control de Rafael no siempre es una buena noticia.

El propio Velázquez, formado en Sevilla con un pintor mediocre –su suegro–, no tuvo jamás un buen entrenamiento en la perspectiva italiana –que pocos conocían en España entonces, por cierto– y eso fue lo que, en opinión de Jonathan Brown, le obligó a inventar una representación espacial única, la de *Las Meninas.* Había que inventar si se quería conseguir el efecto deseado. Frente al punto de fuga y el espectador a salvo típicos de Italia, *Las Meninas* rompe el consenso a través de la puerta del fondo que se abre al pasillo iluminado y que tambalea el espacio impuesto. No es ese el consenso clásico para el punto de fuga y el espectador se tambalea dentro del espacio inusitado. Es más, en el juego de espejos con unos reyes a punto de entrar en el cuarto y que la lógica visual identifica con el espectador, el espacio sale insidioso del lienzo, invade el territorio del visitante, nos atrapa como la lengua de fuego en un volcán. Trato de quedarme fuera de la escena y es imposible. Frente a *Las Meninas* nadie está a salvo. Se ha dinamitado la posición de privilegio del espectador. Este espacio apenas da tregua.

No está mal. Prefiero que se dinamite mi posición de poder, que me vea obligada a reflexionar sobre mi papel ante el lienzo y en el lienzo; que me quiebre mirando. Y me rompa. Que lo que tengo delante enfatice la fragilidad de mi mirada. De la mirada en general. Siento punzante el deseo de volver a ver *Las Meninas,* encontrarme frente a frente con mi biografía en el Prado y camino deprisa por la galería central entre obras maravillosas que me raptan los ojos –Rubens, los venecianos, Patinir, el Bosco, los autorretratos de Durero y Ticiano, Rafael, Annibale Carracci... Me detengo fascinada, un instante, ante *Hipómenes y Atalanta* de Guido Reni que había olvidado por completo –en cada visita a los museos familiares se tienden a visitar los mismos cuadros– y que hoy me recuerda a un hermoso cuadro simbolista de finales del XIX por la delicadeza y los cuerpos estilizados.

Al lado derecho de la galería central hay una reproducción fotográfica gigante de una parte del recorrido visual del grafoscopio, cuyo único ejemplar de este tipo concreto se conserva en el Prado. Desvela parte de la distribución de las pinturas en esta misma galería el año 1882, en el cual Alfonso Roswag, yerno del fotógrafo Jean Laurent, presentó en el registro de patentes la solicitud para la invención de un aparato que llamó «grafoscopio o cuadro de rotación». El *gadget* visual con aspecto de cajón –en la línea de otros inventos del siglo XIX que cultivaba la visualidad como ocio– permitía el movimiento continuo por medio de una manivela. Igual que los cuadros-cofre del Bosco, el portento aparecía ante los ojos de los curiosos: ¡la galería central del Museo del Prado tan a mano en un panorama horizontal!

Había sido fotografiada por el estudio de Laurent, dueño de la empresa fotográfica más importante de España que tuvo la exclusiva de las imágenes del Prado entre 1879 y 1890, aunque su presencia en el país se puede documentar ya desde 1862. La distribución que aquí se mostraba en esta especie de panorama se basaba, casi íntegramente, en la reordenación de Federico de Madrazo en 1864: 415 cuadros agrupados en la galería de las escuelas española e italiana, dato que vuelve a poner en evidencia el gusto de la época. Flandes no ocupaba lugares tan relevantes en el museo. El trabajo de los fotógrafos fue cuidadoso y riguroso, incluso difícil por el tamaño de las obras –muy divergente– y la colocación de algunas piezas, por ejemplo *El 2 de mayo* de Goya, demasiado arriba para poder mostrarlo de manera adecuada.

Al final, el grafoscopio es un documento imprescindible sobre la visualidad, entre otras cosas, porque descubre cómo han ido cambiando las fórmulas de montaje en el Museo del Prado y en los museos en general: en los años ochenta del siglo XIX de manera hacinada y un siglo más tarde –hacia 1980, a raíz de las grandes transformaciones museográficas y museológicas– buscando espacios despejados con obras más separadas, obras que no suelen colocarse unas encima de otras –salvo en el caso de los bodegones. Es la fórmula de los museos de arte actual que poco a poco se ha ido imponiendo en los museos clásicos también. De hecho, uno de los pocos museos en mantener la vieja disposición fue la Tate de Londres, en la cual hasta hace algunos años se podía acceder a las acumulaciones de pintura inglesa del XIX. Las nuevas fórmulas de montaje eran un modo de distinguir la casa del museo; lo privado de lo público, al tiempo que se imponían las exigencias de Rothko, Bacon o los minimalistas a artistas y propuestas que nada tienen que ver con dichas exigencias. Es la eterna tiranía del minimalismo que ha roto la instalación expositiva del Museo Stedelijk –se comentaba hace unas páginas.

Esta higienización del montaje justifica el asombro y hasta la inquietud inicial frente a la nueva situación de *Las Meninas* en *Reencuentro,* una sala tan repleta en su montaje que tambalea la mirada al entrar. Pese a todo, no se está en realidad inventando nada: de alguna forma sigue las directrices de Madrazo, una propuesta de montaje que siglo y medio después causa una enorme perplejidad en los visitantes –o en mí al menos. Es, hasta cierto punto, la historia de la visibilidad de la colección del Prado en 1872 –antes de que

Las Meninas pasara a ocupar el lugar de privilegio, «obra guía» del museo– que ha quedado anotada en el propio grafoscopio, conservado junto con otros excepcionales tesoros en el gabinete de estampas del museo, donde se custodian fotos, estampas y dibujos y a veces eclipsado por las pinturas de la colección –otra vez las categorías de las artes, la supremacía de la pintura frente a las obras múltiples o «menores». Va corriendo el grafoscopio y observamos asombrados cómo las cosas no siempre fueron como se las recuerda: hubo un tiempo en el cual *Las Meninas* eran, sencillamente, una obra más y Velázquez un pintor más entre los maestros de la colección.

La sala 12 remeda en *Reencuentro* algunos de los principios de montaje que desvela el grafoscopio. Junto a *Las Meninas* aparecen luchando por ocupar el protagonismo del espacio *Las hilanderas o Los borrachos.* Los retratados ecuestres deben seguir ahí, pero en un primer momento se tiene la impresión de que han desaparecido: la sala tiene un aire tan diferente... Pese a seguir ocupando el lugar central, *Las Meninas* parece ahora más pequeña, incluso un poco eclipsada por el resto de las «obras maestras» de Velázquez y, sobre todo, por los cuadros de los bufones, con *Pablo de Valladolid* en el centro del grupo a la izquierda, retando con su espacio construido sin referentes espaciales –con el simple gesto de los brazos y un atisbo de sombra– a la compleja espacialidad de *Las Meninas.* Acumuladas, las «gentes de placer» –así se llamaban en la corte del XVII porque entretenían a los poderosos– roban a *Las Meninas* su estatus de obra única por alguna razón complicada de determinar.

Los «bufones» y la familia de Felipe IV estuvieron cerca en otro tiempo –lo prueban las fotografías del grafoscopio–, pero esta nueva instalación rompe con el consenso de «gran maestro» y «obras maestras», quizás porque cuando las «obras maestras» son tan abundantes, se cancelan y se excluyen unas a otras. O quizás porque siendo *Las Meninas* un cuadro excepcional, el que rige los destinos del museo, rodeado por otros cuadros excepcionales como *Pablo de Valladolid,* pierde pie –y mi relato personal en el Prado junto con él. Pienso cómo esta nueva –antigua– instalación tiene algo de trasera del museo, lo inadvertido, lo que descubre aquello que solo estaba permitido a los privilegiados y que se ha hecho público de pronto.

La misma impresión ante la abundancia y la mezcla de «obras maestras», sin jerarquías, se vuelve a experimentar en la sala del Greco. Los contundentes cuadros que ocupan toda una pared se eclipsan frente a la inquietante serie de seis retratos de pequeño tamaño entre los cuales se camufla *El caballero de la mano en el pecho.* En esta inesperada instalación, al caballero le flaquea el halo; lo pierde porque lo gana, rodeado por otros admirables caballeros; parece más único porque ha dejado de serlo en estas paradojas cruzadas que plantea la exposición. Es curioso el juego de paradojas que se va estableciendo en el recorrido de *Reencuentro,* a veces incluso paradojas radicales. Es la sensación que se tiene frente al *Saturno* de Goya confrontado con el de Rubens, diálogo que sin embargo no llega a sorprender del todo, porque se tiene la impresión de que se han pertenecido uno a otro desde siempre.

Otras veces son paradojas poéticas. Los bodegones trazan una secuencia de gran intensidad: secuestran la mirada enfatizando cómo este género está lleno de «obras maestras», si bien al entrar en la pequeña sala la noción misma de «obra maestra» se ha diluido en una especie de síndrome de Stendhal. ¿Hacia dónde mirar? La pared comienza con dos bodegones de Clara Peeters, entre ellos mi bodegón favorito, el de mi infancia, que ha adquirido aquí una fuerza inusitada, de gran cuadro a la altura de los ojos en vez de aquel desafortunado montaje –de no hace tanto– que lo situaba encima de un cuadro de menor calidad, pero de un autor más conocido. Imposible contemplar a Peeters en sus milagrosos detalles tan «mal colgada».

En la misma pared se presenta Juan van der Hamen, pura geometría, puro trampantojo flamenco. Le siguen Sánchez Cotán, la vitalidad encerrada en la ventana, y dos delicadas piezas de Zurbarán: el *Bodegón con cacharros* –al lado del exceso de Flandes, el despojamiento total, la belleza de la austeridad más absoluta que contrasta con el cuadro de Peeters abundante en flores, objetos, riquezas– y el *Agnus Dei,* a su modo otra fórmula de despojamiento. Esta última obra fue fruto de un intercambio con la colección del Banco de la República de Bogotá: después del viaje al Prado de una de las más extraordinarias y ricas custodias de principio del XVIII –«La lechuga», así llamada por lo prolijo de sus esmeraldas–, el *Agnus Dei* de Zurbarán viajaba hasta Colombia. Fueron viajes memorables para un museo, el Prado, que, tristemente, ha vivido demasiados años de espaldas a América y sus raíces compartidas. He aquí otras traseras que merece la pena explorar.

En la misma sala, en la pared de al lado, un conjunto de cuadros –desde el *David vencedor de Goliat* de Caravaggio, hasta *Cristo abrazando a San Bernardo* de Ribalta– invocan a los cuerpos; recogen, atacan, salvan, aman..., unos cuerpos que provocan en el paseo otra inesperada paradoja: enfundados en los geles y mascarillas que ha dejado en nuestras vidas la epidemia –presiento que para un buen rato–, los cuerpos no han estado nunca unos más lejos de otros. *Noli me tangere.* La pared de tangibilidades adquiere una dimensión diferente en esta época de renuncias a la corporalidad. Es una de las salas más poéticas, seguramente junto con las de Goya habitadas por melancólicos y melancólicas.

La primera sala de Goya, espectacular, ha concentrado tres obras maestras: *La familia de Carlos IV*, *El 2 de mayo* y

El 3 de mayo, subrayando la idea misma de hasta qué punto el exceso de «obras maestras» tambalea de manera lúcida la idea misma de «obra maestra»; hasta qué punto remueve el discurso establecido cuando unas cancelan a otras, hasta eclipsan a otras. Y surge la pregunta insidiosa: ¿hacia dónde mirar?

En la sala contigua, anunciada por los Osuna –en su lugar habitual–, se acumulan los melancólicos y durmientes: majas, Jovellanos, Leocadia Zorrilla... Y luego, un par de salas más allá, las ilustradas: la marquesa de Villafranca pintando a su marido, la duquesa a Abrantes con una partitura y la marquesa de Santa Cruz –doña Joaquina Téllez-Girón, hija menor de los duques de Osuna– con una lira. A pocos metros, en la sala a la derecha que en este paseo de *Reencuentro* permanece cerrada, debe estar la misma joven pintada años atrás en el retrato de Agustín Esteve. En ese retrato tiene el brazo apoyado en un globo terráqueo y simboliza una moda entonces arraigada: la pasión por la geografía que pasaba a convertirse en una de las más populares ramas del saber, también en la educación de las jóvenes ilustradas. En esta visita se ha quedado fuera del recorrido. Aparece únicamente en mi relato, en mi imaginación, como estuvo colgada en un tiempo.

Pero no solo están representadas en *Reencuentro* las mujeres pintadas, las que se dedican a la pintura o la música o a la geografía como parte de la educación de las jóvenes de la Ilustración. Las mujeres pintoras se van salpicando por las salas. No falta ninguna de las grandes figuras del museo, esas que a lo largo de los años, con mucho esfuerzo, han ido tomando los espacios de la institución y que, se ha explicado, no son tantas. En una muestra que expone lo mejor del museo es emocionante verlas convertidas en «grandes maestras», pintoras de «obras maestras». Además de Peeters, está el cuadro Artemisia Gentileschi –quién lo hubiera dicho desde el rescate de Pérez Sánchez– y el retrato de Isabel de Valois de

Sofonisba Anguissola –impresionante, con ese estilo inconfundible que a ratos recuerda un poco al Grupo de Bloomsbury, las mejillas encendidas, una mujer segura de sí misma... Hasta hace poco había sido atribuido a Sánchez Coello y supongo que para hacer visibles las enormes diferencias, para que nadie ponga en tela de juicio la nueva autoría, al lado de Anguissola hay un retrato del mismo Sánchez Coello que representa a Isabel Clara Eugenia con su confidente, Magdalena Ruiz.

Solo con mirar a las nobles damas parece obvio lo que cada uno, Anguissola y Sánchez Coello, van buscando –y son cosas muy diferentes. Isabel de Valois tiene cierta distancia sobre las cosas que no es protocolo sino ensimismamiento –por eso la comparaba con el grupo Bloomsbury. Es, además, una de las retratadas más bellas de la muestra, junto con la Santa Isabel de Zurbarán, otro cuadro excepcional. Siempre que veo la riqueza de sus ropajes –en texturas más que en colores– me vienen a la mente los diseños de Balenciaga, cómo sacó sus infinitas tonalidades de negro de algunos de estos vestidos que de niño vio reproducidos en blanco y negro en los libros de arte de la marquesa clienta de su madre, costurera, a quien acompañaba en sus visitas de trabajo y a la cual esperaba hojeando los libros de los grandes maestros.

Luego quedan Rosa Bonheur y *El Cid,* cómo no, casi al final del recorrido. Me emociona ver que este cuadro tantas veces escondido, recluido, obviado... forma parte de esas pocas obras seleccionadas para la ocasión. No lo acabo de ver ahí. Y sin esperarlo encuentro el lugar exacto para *El Cid* dentro de la colección, el que llevo buscando sin éxito: debería estar al lado de la *Cabeza de venado* de Velázquez, aunque no porque se trate en ambos casos de cuadros de animales, sino porque los dos han pintado el «retrato» de un animal. Vuelvo a pensarlo: tampoco me convence.

Desde luego, Rosa Bonheur y el resto de las mujeres artistas expuestas en *Reencuentro* no han llegado hasta las salas del Prado en un momento tan excepcional, cuando es preciso elegir con cuidado lo que se muestra, sin un enorme esfuerzo por parte de tantos. Muchos llevan años llamando la atención sobre la necesidad de incluirlas a ellas, a las mujeres artistas –y al resto de los excluidos, por cierto– en el relato. Llevamos años reprochándonos a nosotros mismos lo que nos pasó desapercibido, aunque estuviera ahí de partida. De modo que ahora, con Rosa Bonheur al fin reconocida como una «gran maestra», colocada cerca de Sorolla en la sala del XIX, pienso en el texto de Nochlin, el artículo pionero de 1971 en el cual se hacía la pregunta incómoda y necesaria para la historia del arte: *¿Por qué no ha habido grandes mujeres artistas?*

Pienso en las primeras exposiciones de mujeres artistas por esos mismos años; en el libro de Parker y Pollock de 1981, *Old Mistresses,* con un título polisémico: viejas maestras y viejas amantes. Pienso incluso en mí misma, investigando para mi tesis en 1981, apenas una década después de la aparición del texto de Nochlin. Hace casi cuarenta años que algunos llevamos repensando el mundo desde los estudios de género y a veces el precio que hemos pagado ha sido alto. Por ejemplo, alcanzar las metas profesionales ha costado diez veces más. Hasta hace relativamente poco los «estudios de género» eran un descrédito que se ocupaba solo de las «obras menores» o de los «artistas menores». En este momento no se entendería el mundo sin esas diferencias necesarias que se han ido manifestando desde las mujeres, los afrodescendientes, la comunidad LGTBI+ o las personas con diversidad funcional, Mari Bárbola y Nicolasito Pertusato en *Las Meninas,* o algunos de los «bufones» que en la instalación de *Reencuentro* replican orgullosos al cuadro «guía», desde su izquierda, que se tambalea un poco igual que *Las señoritas* al lado de Faith Ringgold en el MoMA.

Sin embargo, Nochlin no estaba sola en ese año 1971; no solo se ponía en cuestión el sistema del arte desde las «filas feministas». El sistema completo como se conocía, el sujeto occidental jerarquizado y de mirada única, aquel que se había heredado de la Ilustración y que desde entonces gobernaba los destinos de Occidente y su pensamiento colonial, era puesto en tela de juicio por un nuevo acercamiento a la realidad desde posiciones radicales entre los intelectuales franceses, eso que se ha dado en llamar «posestructuralismo», teniendo en cuenta que se trataba de un acercamiento que revisaba el estructuralismo de Lévi-Strauss. Frente a un sistema cerrado, de estructuras, se configuraba una propuesta quebrada y sin jerarquías de pensadores cuya influencia también en la historia del arte ha sido esencial: Hélène Cixous, Jacques Derrida, Michel Foucault, Roland Barthes, Jacques Lacan...

Hélène Cixous planteaba –y plantea– otra forma de escritura donde lo esencial no es el texto unitario, sino el placer mismo de leer leyendo, el gerundio como el tiempo de la negociación. También el texto como lugar de conformación de significados se halla en Derrida, cuya «deconstrucción» ponía en tela de juicio un discurso único y jerarquizado, dejando al descubierto lo que damos por «verdad» en un consenso que leemos como tal dependiendo del formato en el cual se presenta. Michel Foucault proponía la revisión del propio sistema con una nueva forma de acción política que buscaba las fracturas del sistema mismo, que no puede revocar frontalmente, sino a través de las grietas. La mirada era para él una fórmula de control en la dominación occidental, a menudo construida a partir de metáforas visuales. A su vez, Roland Barthes revisaba la idea de la alta y baja cultura en sus *Mitologías* y la cuestión del texto como un posible lugar vulnerable de no autoridad.

Todos ellos –y algunos más– constataban desde mediados de los sesenta del siglo XX –o promovían– la clausura de los grandes relatos o, dicho de otro modo, revisaban el relato único, aquel en el cual se conforma la historia canónica y lo confrontaban con algo que se podría llamar «relatos particulares», los que priorizaban la entrada del «otro», entendiendo por tal lo que está fuera o en los bordes del sistema establecido; los que reinan hoy. En este sentido parece esencial recordar un encuentro mítico, la invitación de Louis Althusser –padre de la revisión del marxismo– a Jacques Lacan –codificador de las relecturas de Freud– al Colegio de Francia en París a primeros de los sesenta. En ese momento se encuentran los dos personajes que van a comenzar una nueva narración a partir de las teorías de los dos grandes pensadores de finales del XIX. Será el principio de una visión del mundo esencial también para la historia del arte que desde muchos puntos de vista bebe de Lacan en sus planteamientos teóricos, muy relacionados con la visualidad.

Las teorías de Lacan serán, de hecho, fundamentales en la codificación de ese «otro» contrapuesto al «yo», ambas posiciones móviles, que basan sus estrategias de presentación y representación en la mirada y la visión. Esa idea misma de la otredad fue punto de partida para las revisiones poscoloniales –Said en 1978 y hasta la subalternidad de Spivak algún tiempo después. Lo esencial no es solo poder hablar, sino que el discurso hegemónico no ha llegado en realidad a oír la voz del subalterno, ni la llega siquiera a entender, quizás tampoco hoy del todo pese a todo.

Porque cuando pensábamos que todos y todas estaban dentro, nos damos cuenta de que siempre hay alguien fuera, hay cada vez otra pregunta más que es posible hacer sin responderla, otro lugar por donde fracturar el discurso. De modo que la colonialidad y la poscolonialidad fueron contestadas desde América Latina y tomaron la forma de la decolonialidad: buscar nuevas categorías y más aún nuevos textos fuera de los impuestos por el discurso al uso –Yuderkys Espinosa o los redescubiertos Silvia Rivera Cusicanqui y Aníbal Quijano. Sin embargo, una duda me asalta impertinente al hacer este brevísimo recorrido por algunas de las propuestas teóricas que han influido tanto en las lecturas de la visualidad: dudo si ha sido solamente positiva esta abundante teoría o si ha sido también la causa de una ausencia del placer de mirar. Si se ha limitado a ser *French Theory,* título de libro de Cusset. Y es necesario volver a mirar. Para qué tanta teoría, reflexiono de pronto. Me rebelo contra mis propios textos. Igual bastaba con «el Quijote de Pierre Menard».

Luego llegaron los estudios visuales y los estudios culturales, o la pasión por lo vernáculo que animaron, entre otras cosas, las transversalidades entre momentos históricos, las que se propusieron en la exposición permanente en el Banco de la República de Bogotá hace unos diez años, la que se puso en pie hace pocos años; la que trataba de respetar el planteamiento de un experimento único en sus salas que, desde muchos puntos de vista, se puede decir que funcionó como laboratorio de la transversalidad, hoy parte de la rutina de otras muchas instituciones. En el mismo lugar, en 2010, se inauguraba *Habeas Corpus «que tengas* [*un*] *cuerpo* [*para exponer*]». La muestra organizaba un recorrido en el cual las diferentes representaciones del cuerpo –expuesto, oculto, fragmentado, mortificado...– subrayaban ese curioso viaje por el tiempo y por el espacio que se relaciona con ciertos discursos subversivos, los que habían dejado de respetar las normas dadas.

Las distintas épocas se cruzaban y entrecruzaban, estableciendo unas relaciones poderosas entre los cuerpos del arte virreinal y los contemporáneos, pasando por el XIX –«academias» fotográficas de Dionisio Cortés, modelos para sus óleos– o por cuadros como el emblemático *Violencia* de Alejandro Obregón, realizado en 1962, un cuadro que para Colombia es lo que el *Guernica* para España y resume de un modo escalofriante la barbarie de la que es capaz el ser humano, esa situación de violencia extrema que comienza mucho antes de la década de 1980. En la versión final, el cuerpo de una mujer encinta está sumergido en las sombras: la sangre explícita en el estudio preparatorio del mismo año se ha convertido en luto y, sobre todo, en silencio. Otra vez las omisiones.

A lo largo del recorrido de la exposición *Habeas Corpus* se iba pespunteando una red de afinidades que propiciaba, además, el juego entre alta y baja cultura, subrayado en el catálogo irónicamente por la foto de un brazo de reina –el dulce llamado brazo de gitano en España, un apelativo nada políticamente correcto, por cierto–, cuerpo comestible salido de una pastelería: «sin fecha». Era la subversión de cada pliegue del discurso establecido al incorporar junto a las representaciones de la «alta cultura» y el «brazo de gitano» algunas muestras de arte popular como las ánimas del Purgatorio o las figurillas de Adán y Eva, inscritas en la recurrencia irónica a los iconos del catolicismo tan presentes en otras obras como *Sagrado Corazón de Jesús* de Juan Camilo Uribe, realizada en 1973. Después, en un gesto brillante, las interferencias temporales de *Habeas Corpus* se abrían hacia la época «precolonial»: el catálogo estaba unido al de otra exhibición en el Museo del Oro, *Cuerpos amerindios. Arte y cultura de las modificaciones culturales,* que se presentaba como una publicación independiente por abrirse del lado opuesto, fórmula de diseño originalísima.

Alta cultura, baja cultura, arte vernáculo... Todo el esfuerzo por teorizar se dinamitaba con una imagen aparecida en las redes sociales. Me la enviaba desde Bogotá mi amiga Ángela Pérez, subgerente cultural del banco. Una joven gótica de pelo rosa, gorrito negro y medias negras rotas mostraba orgullosa una copia del catálogo de la exposición *Muerte barroca,* de 2006, en el mismo banco. En esta muestra se había presentado la fórmula más original del arte producido en la Nueva Granada, donde las monjas coronadas, pintadas muertas y rodeadas de flores, variando la presencia vegetal según sus atributos de santidad, destacan como aportación única del país a la tradición virreinal. Se trata de unas pinturas que son, además, un documento extraordinario, en América igual que en Europa, para el mejor conocimiento de la vida conventual femenina, a menudo espacios sociales privilegiados, el único lugar donde las mujeres cultas podían desarrollar algo semejante a una vida intelectual y de reflexión.

Pero ese gesto de la joven gótica, esa apropiación de la muerte como icono de lo popular, planteaba la pregunta incómoda que me asalta cada vez que releo la lucidez del Quijote de Borges: quizás nuestro exceso de teoría nos ha hecho olvidar las imágenes, si bien las imágenes –y la joven gótica sosteniendo el catálogo de las monjas coronadas lo prueba, cambiando por completo y radicalmente la significación de la exposición misma– ganan siempre. Nos ganan siempre. Por mucho que tratemos de escondernos detrás de las teorías que nos amparan como un nuevo y confortable pensamiento único, nuestra particular *French Theory,* nos encuentran sin remedio en nuestro escondrijo. No hay lugar donde esconderse de las imágenes.

Me ha ocurrido algo semejante en mi visita al «nuevo» Prado. El recorrido pone en entredicho la historia del arte al uso junto con mi propio punto de vista, pero me pregunto si es la teoría lo que ha conseguido este logro, esta visión crítica. Si ha conseguido desbaratar el discurso más allá de que entren en él las mujeres –ahora en las salas con los «grandes maestros» elegidos, además, para la ocasión entre innumerables piezas maravillosas– o si la teoría es ahora esa nueva ortodoxia que ha perdido su energía por completo; si la teoría no es más que un nuevo discurso hegemónico que sustituye el viejo discurso hegemónico. ¿Para qué todos estos años de discusión, todas esas lecturas y conjeturas sobre lo relativo... si todo estaba de partida en Borges, un simple cuento hasta que fue convertido en teoría por la teoría norteamericana? ¿Para qué tanta teoría o solo teoría, si debajo de las cosas habita esa pregunta genuina que, casi seguro, no hemos sido siquiera capaces de enunciar? A esto lo llamaría la trasera de los discursos.

En todo caso, después de esta visita a *Reencuentro,* humilde como una extranjera, ya nada volverá a ser como antes, aun cuando ni siquiera consiga dirimir si el cambio radical del relato se debe al cambio en el discurso o todo lo contrario. Se superponen las sorpresas y se propician nuevas conversaciones en la prodigalidad de una propuesta, donde se quiebra la vieja noción de «obras maestras» de «grandes maestros». En el nuevo Prado se trastocan las categorías establecidas; se desestabiliza el discurso hegemónico sin tantas alharacas. De modo que queda claro que hay muchas formas de ser político y hasta subversivo; de ser radical a partir de las obras maestras que se pensaba formaban parte del problema cuando tal vez eran parte de la solución; a partir de ellas se puede dar la vuelta en la narrativa; propiciar ese Prado que es cada vez personal y único, querido e inventado, lleno de asociaciones libres que no necesitan de los discursos teóricos al uso. Definitivamente, el arte político tan a la moda está sobrevalorado –pienso de pronto. La política, desde su significado etimológico de lo comunitario, está donde menos se la espera y, sobre todo, donde la comunidad se encuentra. Y este Prado dado la vuelta es el verdadero acto político porque dinamita por completo el consenso, lo consuetudinario. Me acaba de dinamitar mientras bajo parsimoniosa los escalones de la puerta de Goya Alta tras la visita.

Salgo del Prado sumergida en mis pensamientos y regresa el gerundio de Cixous: la escritora francesa me exige leer sus textos leyéndolos. No hay otro modo posible de hacerlo, igual que no hay otra forma de mirar sino mirando. Si se aspira a ser político frente a las obras de arte –frente a los artefactos visuales en general– no hay más remedio que mirarlas y escucharlas. El resto es teoría. Cixous reconoce a *El perro* de Goya como su obra favorita, un cuadro que en *Reencuentro* aparece casi al final de recorrido, lejos del resto de las pinturas del maestro aragonés. No es tan grande pero es un cuadro fabuloso, y anuda los pensamientos de un modo preciosista, igual que el Rembrandt dorador del que habla Cixous en uno de sus textos. Como cualquier don, este perro es un despliegue de humildad. El *Perro semihundido* aparece a un tiempo desvelado y cubierto por el velo de aquellos primeros recuerdos, cuando mi-yo-niña al mirar no miraba, sino que dejaba correr los ojos hacia los pensamientos –otra forma de ser extranjera, si bien en aquellos años ni lo imaginaba. Mirar para llamar a la escritura. Para que llegara –diría Cixous. Que llegara –el tiempo que fuera a tomarse daba lo mismo.

Son los cuadros que nos atrapan sin que sepamos por qué y en ese instante privilegiado el pensamiento empieza el camino hacia la escritura, reflexiona Cixous. Es el deseo de narrar no lo visto sino lo experimentado, que, ahí vive la paradoja, es justo lo que el lenguaje convencional no termina de poder decir. Hay que inventar nuevas formas de contar lo que se escabulle entre las palabras –en esa fragilidad es maestra Cixous. Y por esta razón llego humilde al museo, orgullosa en mi desaprendizaje; dejando fuera de la entrada de los Jerónimos a la historiadora del arte que, al final, va a serme de muy poca utilidad para repensar con Cixous todo lo portentoso que ha ocurrido ante mis ojos antes de tropezarme con el perro de Goya, también uno de mis cuadros favoritos del museo. Miro *El perro* de Goya y su voz, la de Cixous, se une a las de mi maestro de dibujo, mis padres, mi-yo-niña y todos los que me habitan desde entonces y desde ahora en el Museo del Prado o en cualquier otro lugar en el cual el recuerdo del cuadro abra camino a la escritura.

Hay que buscar cierto territorio del entremedias que se aproxime a nombrar lo que no tiene un único nombre. Hay que indagar sobre unas fórmulas de relato forasteras; hay que proseguir el camino de la extranjería que Cixous emprende al escribir sobre arte –también–; aquel que *se aparece* en mi camino hacia la escritura delante del cuadro; el que Cixous me había enseñado en la infancia, antes de leer a Cixous, sin sospechar que ocurriría, que estaríamos un día sentadas en París hablando del perro de Goya. Empieza de este modo un diálogo intenso con los que no están ya –Goya– o los que no han llegado aún –los textos de Cixous en mis visitas de infancia, cuando esperaba ávida a que el lenguaje *se apareciera,* sin saber siquiera que lo estaba esperando. Es el don que nos es entregado cuando llegamos hasta la puerta del museo humildemente: mi *Perro semihundido* de Goya es ya el de Cixous. Es más, lo fue incluso antes de leerla y por eso Cixous resuena en mi memoria infantil dialogando con el resto de los personajes de entonces, presagio de lo por venir.

He recordado, saliendo de este nuevo Prado el día de mi regreso a la pinacoteca durante el confinamiento, la historia que cuenta Proust cuando describe su encuentro con el viejo Ruskin, un anciano, casi un espectro; encuentro que Proust, seguro, inventa –cuesta creer que ocurriera en realidad. Sucede en Ámsterdam, en una muestra del pintor a la cual Ruskin acude «cubierto como un Rembrandt por la sombra del crepúsculo, por la pátina del tiempo».

Y se siente de pronto Proust conmovido al observar al anciano Ruskin frente a los pensamientos: observando. Se siente conmovido en una especie de casi paradoja, la del espectador supino –el que mira al que mira– que parece impelido sin embargo a enfrentarse a esas obras de un modo vulnerable por inesperado: «parecía de repente como si los lienzos de Rembrandt se hubieran convertido en algo más digno de ser visitado, después de que Ruskin, venido de tan lejos, hubiese entrado en la sala».

Es otra vez el asombro reiterado frente al que viene de lejos, frente al extranjero, esos que, al mirar, consiguen que valga más la pena mirar algo porque ellos lo ven, lo vieron –otros lo llamarían el fantasma de la historia. Mirar, al fin, lo que creíamos haber visto, y hasta haber conocido, un acontecimiento que trasciende el hecho de estar mirando. El ojo de Ruskin o el de Cixous –el ojo que mira más, el que mira cada cosa alerta, repleto de la capacidad de asombrarse, cada vez, asombro que nunca se termina de extinguir– no solo refrenda la esencia del acontecimiento y obliga a ser conscientes de su magnitud. Ese ojo atento de Ruskin que viene de lejos, nos tambalea en nuestra posición cómoda de espectadores supinos y nos regala la vulnerabilidad de lo inestable, pues si el papel de espectador tradicional se somete a las reglas del espacio, el ojo inquieto de Ruskin ha traspasado el espacio y nos coloca ante el transcurso incierto, que es lo mismo que decir frente al tiempo, que es lo mismo que decir en la existencia.

Este Prado de mi memoria me catapulta a mi infancia y mi juventud y me despido con la imagen del perro de Goya. Pienso en Cixous, en todo lo que me ha regalado, enseñado –a ser libre más allá de la teoría y el lenguaje mismo. Me fijo, de pronto, en una mujer en silla de ruedas que he visto llorando en un momento del recorrido. Quizás como yo, igual que pensaba Gombrich en su última visita a Madrid, había creído que no volvería a ver jamás sus obras favoritas en el Museo del Prado. Se me mezclan los recuerdos sin jerarquías al ir terminando la visita –Flandes con Italia, las obras maestras que, de tan abundantes, se cancelan irreverentes las unas a las otras... *Las Meninas* han perdido su papel de privilegio en la sala, en el relato del museo, en mi propio relato sobre el museo. Acaso también ellas se acercan hoy humildes a los espectadores. Extranjeras. Acaso es necesario volver a nombrar el mundo completo. Volver a nombrarse con el mundo.

5. TRASPLANTES

Abajo, tumbado en la parte inferior del óleo sobre tabla de gran tamaño –casi dos metros por metro y medio–, llama la atención del visitante curioso un hombre afrodescendiente. Debe de estar muerto porque va cubierto con un sudario blanco salpicado con adornos dorados, los ojos cerrados y las manos cruzadas sobre el regazo. El cadáver exhibe una pierna lacerada que captura los ojos. Qué extraño trasplante: la pierna es blanca. Esa tarde, en el paseo por el Prado, la historiadora ha cambiado el propósito de su búsqueda –no podía ser de otra manera. La historiadora, sobre todo en este momento en que la perspectiva de género se ha convertido en moda –todos hablan de mujeres artistas, incluso sin saber bien por qué ni cómo–, reconoce que siempre queda algo fuera, alguien fuera, que debe ser rescatado y devuelto a la diversidad.

Por eso reniega –a ratos– de la teoría que antes la ayudaba en sus búsquedas: esa teoría ha terminado por construir un mundo previsible, atrapado en un lenguaje de lugares comunes, en el fondo y pese a las apariencias, un mundo de nuevas exclusiones, carente de eficacia política, polarizado y solipsista. Parece que hemos olvidado mirar y cada una de las piernas inesperadas en un cuadro en apariencia inocente se pasan por alto, cuando la pregunta genuina las habita. De modo que es imprescindible volver a mirar sin prejuicios, atentamente, para que los lugares comunes de la teoría aprendida y repetida no priven a la que mira –a los que miran– del privilegio del asombro. Esa práctica de mirar –traspapelada tras una teoría demoledora que dirige la visualidad hoy– da demasiadas cosas por hechas. Una cuestión es que las obras tengan lecturas nuevas –e inesperadas– en el presente, en cada presente. Otra muy distinta que esa sea la única lectura posible, que olvidemos el resto de las lecturas, las que han ido conformando la historia de su historia, las capas. El presente no debe jamás borrar el pasado –ni el futuro. Privilegiarlo es perder posibilidades en el relato: crear un nuevo tipo de exclusión. Es dar las cosas por hechas –se advertía.

Y dar las cosas por hechas es la actitud contraria a la del extranjero, el que trae y lleva preguntas; la que se sabe frágil y se acepta frágil. Sin embargo, en esa nueva visualidad impuesta, se han dejado de plantear preguntas –me parece. Solo hay crecientes certezas que vuelven a dejar asuntos fuera. Muchos. O mejor dicho: no se renuevan las preguntas, se enquistan, y la esencia de toda pregunta es quedar abierta a la discusión sin tregua, incluso para poner en duda la pregunta misma. En cualquier caso, la historiadora sigue su camino en las salas del museo: sabe que queda mucho por decir y sin mirar. No hay que darse nunca por satisfecho ni por vencido. Quién le hubiera dicho, hace algunos años, que llegaría el momento de rescatar la vieja historia del arte; rescatarla de otro modo, claro, pero rescatarla al fin, frente a la visualidad que trata desesperada de borrarla, de justificar un mundo sin Meninas, apenas unas fotos arrancadas de cualquier periódico. Se pasea por el Prado en gerundio –el tiempo de la negociación.

Porque después de puestos en valor los bodegones, que han ocupado toda una pared primorosa en *Reencuentro,* y rescatado el siglo XIX en la exposición *Invitadas* –por fin abierta tras el confinamiento–, mujeres pintadas y pintoras, excluidas de los premios nacionales y por lo tanto de la colección del Prado, aún queda tanto por hacer. Es necesario reflexionar sobre otros olvidos en las salas del museo. De hecho, en *Invitadas* no se han descubierto solo algunas mujeres pintoras asombrosas, sino tantas mujeres pintadas oscurecidas por el discurso oficial de las instituciones, del gran relato del arte. Y, con esas mujeres pintadas, se pone en evidencia una parte esencial del XIX español también: la pintura social, arrumbada en los almacenes que debe salir a la luz. Que sale.

Ha sido emocionante, durante el paseo por la exposición *Invitadas,* encontrarse con obras de artistas que jamás se habían visto frente a frente. La historiadora las conocía apenas por malas reproducciones en las fichas amarillentas del Casón, en aquellos tiempos en los cuales imperaba entre los funcionarios de las instituciones públicas una peligrosa noción patrimonialista respecto a la información custodiada y hoy abierta para quien la precise. A veces había visto incluso esos cuadros reproducidos en algunos de los escasamente ilustrados catálogos de las Exposiciones Nacionales –lo que da también idea de la importancia de esas artistas en su momento, cómo se las tenía en cuenta y se decidía ilustrar sus cuadros cuando las reproducciones podían considerarse entonces un privilegio para grandes ocasiones.

Ha sido conmovedor encontrarse con pinturas tanto tiempo invisibilizadas –de las mujeres y de los pintores del XIX, que ambos han sido a menudo olvidados–, en parte también porque, al tratarse en bastantes casos de depósitos en otras instituciones –el Prado es generoso con sus depósitos–, al ser, además, obras de pintoras o pintura social del XIX –el siglo de los pocos genios y muchos ingenios–, textos pictóricos alejados pues de los grandes cuadros de historia, no se han cuidado como habría sido deseable. Eso explicaría también el mal estado de conservación de tantos de esos cuadros –cuentan en el propio museo– y el episodio rocambolesco con la obra mal atribuida a través de la cual se iniciaba el relato y que fue retirada a los pocos días de la inauguración.

Una pena –si bien comprensible la decisión–, porque era un golpe de efecto muy potente que animaba a una reflexión profunda sobre la conservación de las obras de arte en los museos en general, un tema básico para todas las instituciones y que vuelve a ser un termómetro de la escala de valores que se establece entre las obras. Era un lienzo enorme, en tan mal estado que era imposible restaurarlo y que, para ser justos, venía mal atribuido del Museo Reina Sofía. El Prado hubiera debido comprobar esa atribución, pero no parecía necesario, supongo, al llegar desde otra de las grandes instituciones de la ciudad. Al fin y al cabo, el cuadro venía atribuido a una mujer y el Museo Reina Sofía dice tener entre sus grandes prioridades y líneas de investigación a las artistas mujeres. Por eso, supongo, todos dieron por hecho que la atribución estaba contrastada. Sin embargo, la cuestión significativa es otra: ¿se debió el abandono llamativo de esta obra a su supuesta autoría femenina o, igual de elocuente, a que el autor era un artista poco conocido del XIX que no estaba en el radio de interés del Museo Reina Sofía ni tampoco del Prado? ¿Se hubiera conservado en cualquier museo el cuadro en mejores condiciones, en caso de haber sido obra de Picasso o de Goya?

Desde luego no se trata de un asunto baladí: los descuidos con las obras de las mujeres se pueden extrapolar a los artistas «menores». O, para ser más precisos, menos reconocidos. Estas preguntas cruciales nos enfrentan con las numerosas contradicciones del discurso de la historia del arte en el territorio de la recuperación de las mujeres y hasta de esos artistas «menores» –los géneros «menores» o los periodos considerados «menores»–, que terminan por instalarse en un territorio de nadie y acaban arrumbados en cualquier almacén, destruidos o mal atribuidos, algo que no ocurre con las obras de Picasso, por citar a un «autor estrella».

Es importante rellenar los huecos y tejer una historia nueva en la cual vayan entrando los expulsados. Es imprescindible escribir una historia del arte completa donde no falten los que han entrado en los museos como simples invitados, de puntillas; espectros; las muertas vivas en el caso de las mujeres, ya que muchas de ellas fueron populares en su tiempo y luego se olvidaron. En los últimos años, las artistas han poblado las salas como miembros de pleno derecho. No obstante, cada meta lograda conlleva la responsabilidad sobre lo que no se ha logrado aún. Hay que seguir recopilando diferentes formas de diversidad en el recorrido, las que, seguro, han estado ahí, a pesar de que se subrayen únicamente frente a la mirada cuando el ojo se vuelve atento, inquisitivo y las busca. Trata de verlas, en suma.

La pierna lacerada y blanca en el cuerpo negro del cuadro de Fernando del Rincón, *Milagros de los santos médicos Cosme y Damián,* ha atrapado la mirada de la historiadora. El cuadro está rodeado por los dorados y las arquerías del resto de las obras pintadas en torno a 1500 en España, con aspecto muy gotizante –incluso flamenco– en sus juegos perspectivos y las ricas materialidades, a ratos casi excesivas. Contrasta con el misterio de esa pierna blanca en ese cuerpo negro y la pregunta surge impertinente: dónde está África en el Prado más allá de las escenas de la visita de los Reyes Magos al recién nacido Niño –ya se sabe que en una parte de la tradición occidental uno de los reyes representados procede, igual que el cadáver de la pierna blanca, del continente africano.

De pronto, los ojos se hacen inquisitivos frente al trasplante distópico –las preguntas genuinas suelen llegar a través de los ojos. Y, como la historiadora del arte sabe –ha aprendido– que la búsqueda de las exclusiones y los olvidos no acaba jamás, decide perseguir África más allá de las montañas del Atlas al fondo del majestuoso león Cid, el bello león a punto de extinguirse que resuena en la retina como un jeroglífico abierto.

Es imprescindible seguir desvelando las traseras de un museo que creíamos conocer como la propia casa. Un lugar que habla a nuestras emociones y apela a nuestros recuerdos, a lo que se ha mirado y vuelto a mirar tan a menudo que se borra en la memoria. Mis ojos nunca se han saciado del Prado: en cada visita he querido más. He rebuscado en las salas igual que quien persigue a sus fantasmas en la vieja casa familiar y, así, mirando, se han renovado mis preguntas y he aprendido que no hay una sola lectura del mundo, ni la pasada ni la presente ni la futura; que las obras nunca son las mismas, que cambian de semana en semana, si llegamos hasta las salas del Prado –de pronto tienen algo de metáfora de la vida misma– sin prejuicios, dispuestos a mirar y ser mirados; a mirar lo que otros vieron, pues se trata de sumar los modos de ver, no de restarlos.

El paseo por cada sala se convierte en la pregunta reformulada, en el cuestionamiento de la primera impresión y la apariencia familiar; en una fórmula para subrayar las diversidades, las que estuvieron incorporadas de manera natural incluso en ciertas épocas históricas y luego se sumieron en el olvido. Pasó con Rosa Bonheur, una pintora tan apreciada en su momento que fue la protagonista de un obsequio real. Después, con el paso de los años, el fabuloso obsequio, cuyo título muestra la complicidad de la artista con la misión a la cual estaba destinado el regalo y con la propia historia de España –*El Cid*–, era arrumbado en los almacenes, lejos de los gustos y los deseos museográficos impuestos. Tan poco: un mero león ejecutado por una mujer que pintaba animales.

No obstante, hay que seguir la pista de tantos leones olvidados entre las traseras de la omisión. Y sacarlos a la luz a través de un camino inesperado. Recuperarlos en un seminario, discutiendo la homosexualidad de su autora e incorporando el león a un paseo del orgullo gay por el museo. Después, hay que dejar que vuelen libres, que se recompongan las piezas y se mire el león de cerca, más allá de la opción sexual de su autora. Es un maravilloso juego de intercambios que no termina nunca y en el cual el círculo se cierra solo para volver a abrirse, pues después de rescatado y expuesto el león sigue sin encontrar su sitio en la actual disposición de la colección permanente del Prado, incluso habiendo encontrado allí su sitio otras fuera de la ley. No hay que dar nunca por concluido el relato.

De eso se trata. Lo cuenta muy bien Rilke en *Los cuadernos de Malte Laurids Brigge* cuando explica que abrir un libro es para quien lo hace la obligación de leerlos todos. En el fondo, la mirada desde el género –que es de las mujeres pero también de los hombres que siguen el instinto de su retina– se convierte en una forma de acercarse al mundo alerta. Esa mirada conoce las estrategias de exclusión de los discursos y sabe, además, que las respuestas viven en las miradas, en los recorridos por los museos libres de prejuicios. Son unos recorridos que recuerdan en su esencia a los de la infancia: recuperar los ojos de la juventud de los que hablaba nostálgico André Breton, el jefe autoritario de los surrealistas. Lo repetía a menudo: lamentaba en el paso de los años perder la mirada de la juventud. Nunca nadie ha expresado mejor ese sentimiento que cualquiera ha experimentado a lo largo de la vida.

Aunque mi mirada de juventud –o su estela– regresa en cada paseo por el Prado, tal vez porque la mirada de la juventud es mucho más que *l'air du temps.* Es una mirada en esencia curiosa y emancipada. Y con tiempo ilimitado, sobre todo con tiempo ilimitado, tal vez porque en la juventud no se tiene sentido de la muerte ni del transcurso. Esa sensación de tiempo suspendido, que no corre ni transcurre, regresa a mí cuando estoy en el Prado. Por eso regreso a menudo, para volver a notar en la mía la mano de mi madre sujetándome fuerte, aún pequeña, para que no me escape; para oír la voz de mi maestro de dibujo en la escuela; para escuchar a los que no están y que tantas veces han recorrido estas salas, buscando como yo, seguro, una historia que fue suya y que es ahora ya parte de la mía. Son mis fantasmas del consuelo.

Así que, como aquellos otros domingos en un Madrid lleno, esquivo las salas de Goya y Velázquez y me detengo en el lugar donde se expone *Milagros de los santos médicos Cosme y Damián* de Fernando del Rincón. No está muy concurrido –lo sospechaba. Me quedo un rato. Miro. Se me va suspendiendo el transcurso y vuelvo tímida a las tardes de invierno, preparando en la mesa del comedor los trabajos infantiles sobre historia de Roma, bajo la mirada atenta de mi madre. Y la evocación de leer de corrido a Julio César en latín, más tarde, incluso siendo «de ciencias» –para los italianos el latín forja, o forjaba, que quizás las cosas han cambiado, el carácter de los jóvenes. En el Prado se para el tiempo –mi tiempo– y desaparece la prisa. Lo exige el acto de mirar: nada de apresurarse.

Son sorprendentes las cuestiones que surgen en la sala donde se expone *Milagros de los santos médicos Cosme y Damián,* entre otras, la noción misma del Renacimiento como dirección única, la italiana que, pocas salas más allá –salas mucho más concurridas, por cierto, esa mañana de domingo–, se ha desvelado implacable en las delicadas tablas de Botticelli. Se muestra la historia de Nastagio degli Onesti, una de las más conocidas historias del *Decamerón* –lectura para tiempos de epidemia, además. En ella se cuenta la treta de un caballero que, para convencer a la amada de que se case con él, celebra en un bosque una fiesta a la cual la joven está invitada. A cierta hora del día aparece frente a ellos la escena que por casualidad ha presenciado él mismo en el lugar días antes: el fantasma de una mujer es perseguido por un caballero y dos perros. En un momento del recorrido, el caballero arranca el corazón a la dama y lo echa a los animales y relata después a Nastagio la triste historia que ha causado el espanto que acaban de presenciar: rechazado en su amor por la dama, se suicida y al poco tiempo también ella muere y acaban ambos condenados a protagonizar esta horripilante escena para la eternidad. Nastagio piensa que, si consigue que su amada presencie el castigo por el desdén al enamorado, tal vez la convenza de que le entregue su amor –de ahí la celebración de la fiesta en tan infausto sitio e instante.

A final la treta funciona –seguro– y la dama cede a las presiones, pero, si bien el cuadro es de una belleza extraordinaria, ¿cómo manejamos lo que sin duda resuena hoy a clara violencia de género o a amenaza al menos? Me falta una respuesta concluyente –sucede en los juicios más complicados–, aunque me aventuraría a preguntar, como en el caso del Picasso «maltratador», si se debe descalificar la escena sin más por la historia que cuenta. Destruir estatuas no parece la única solución, la historia ha sido lo que ha sido y hay que enmendar sin olvidar. Destruirla y juzgarla únicamente con los parámetros del presente no me acaba de convencer. ¿No se puede acaso preservar una estatua dejando claro que el representado no ha sido ejemplar en el relato que ha escrito? Sé que no es popular lo que digo, pero corremos el riesgo de quedarnos sin estatuas dependiendo de quien llegue al poder en cada momento. Bien visto, derrumbar los budas de Bamiyán también estuvo muy argumentado, imagino, desde el punto de vista de sus destructores.

Entre estas dudas razonables –me parece– siguen volando mis pensamientos. Siguen corriendo de memoria desde una sala a otra del museo, en el mismo museo, ante el cuadro de Fernando del Rincón, igual que cuando, enamorados, soñamos con la persona amada mientras duerme a nuestro lado –un poco redundante, se diría, la noche que sobra para Foucault en *Las mil y una noches.* La pierna blanca trasplantada atrapa al ojo y, mirando, empieza el relato que, aprendido hace mucho, regresa sin invocarlo siquiera. Es el poder de la vista. Pero sin ese relato del pasado, sin conocerlo, mirando solo la imagen desde el aquí ahora, percibo de repente que mi lectura de la escena en *Milagros de los santos médicos Cosme y Damián* sería incompleta e imprecisa. Ahora ya nadie sabe de iconografía, nadie distingue los atributos de santa Cecilia de los de santa Brígida; los de san Bernardo de los de san Martín... Oí incluso decir a una persona muy joven –uno de mis estudiantes– frente a una Anunciación que se trataba de una Natividad. Pregunté un poco incrédula dónde estaba el Niño.

Todo lo que nuestras abuelas –incluso sin mayor formación– conocían de memoria, sabiduría popular, se ha olvidado. Y es extraño porque ahora obsesiona lo vernáculo que llena museos y exposiciones; que compite con la cultura que antes fuera «alta cultura». La iconografía de las estampitas milagrosas, la de los misales populares, era una forma de cultura vernácula que habría que defender del olvido y de la quema presentista, donde algunas formas de lo vernáculo –las que vienen de lejos– valen más que las que habitaban muy cerca no hace tanto. Pese a todo, en la interpretación de ese hastío de presente que ahora gobierna, resulta imprescindible rebobinar la intrahistoria del cuadro: la iconografía, en suma. A través de ella se puede hacer una lectura precisa, incluso –sobre todo– desde el presente. Si la historia pretérita de la obra no basta, mirando solo desde el presente se pierde una parte básica, esa parte que nos podrá ayudar a entenderla en el aquí ahora.

Qué brillante paradoja en la cual cada historia del pasado, cada pregunta... resulta imprescindible para captar las obras desde el presente. Porque tan imprescindible para entender *Milagros de los santos médicos Cosme y Damián* desde el siglo XXI es la historia en la cual se basa, escrita en el siglo XIII por Jacopo della Voragine en su *La leyenda áurea* –un texto compuesto por una serie de hagiografías que tuvo una enorme influencia en las representaciones iconográficas de los siglos posteriores–, como el actual acercamiento desde Black Lives Matter. Al fin y al cabo los relatos no deberían cancelarse unos a otros: al contrario. La genuina historiadora del arte de género sabe que el éxito reside en que nadie se quede fuera; en incluir, no en crear nuevas exclusiones.

En todo caso, la historia que cuenta Jacopo della Voragine y que el cuadro de Fernando del Rincón reproduce casi al pie de la letra es compleja y elocuente iconográficamente hablando. En ella se describe un doble milagro de sanación de los santos Cosme y Damián –quienes suelen ser vistos como patronos de los médicos– en el momento mismo de ocurrir. Al lado derecho, camuflado en medio de las arquerías con las estatuas de regusto clásico, los ricos brocados en oro, el tondo italianizante, los utensilios de los cirujanos, el libro apoyado en un estante con una granada al lado, haciendo tal vez referencia a la toma de Granada –hito histórico en la maniobra de blanqueamiento y pureza de sangre durante el reinado de los reyes Isabel y Fernando–, aparece un campesino algo desproporcionado respecto al resto del cuadro y de cuya boca sale la serpiente que estaba alojada en su cuerpo. Está dormido, igual que el capellán con el cual están interaccionando Cosme y Damián. En la historia clásica, el sueño de ambos es garantía y pedigrí del milagro: en las sanaciones, los sujetos del milagro debían entrar en un sopor profundo para que la curación fuera efectiva –una especie de sedación, diríamos usando términos actuales.

Luego, la pierna blanca fuera de lugar, pegada en el cadáver, vuelve a atrapar la vista y entonces los ojos son conscientes del intercambio rocambolesco de piernas entre el hombre afrodescendiente y el sacristán dormido; un verdadero trasplante entre el cuerpo negro y el cuerpo blanco. *Piel negra, máscaras blancas,* titulaba Fanon su libro de 1952, en el cual reflexionaba sobre el discurso de dependencia que a lo largo de la historia se ha construido entre los colonizados y el discurso colonial. Las preguntas no surgen, así, a propósito de la amputación de un miembro, un hecho muy habitual a finales del siglo XV y principios del XVI, debido a la falta de higiene y la ausencia de medicamentos capaces de controlar las infecciones. No surgen siquiera frente al trasplante milagroso de la pierna entera de un muerto a un vivo, algo que incluso hoy presenta serios cuestionamientos. Al fin y al cabo, eso es lo que tienen los milagros: no necesitan justificación más allá de la propia fe a la hora de creer en ellos.

Lo que llama la atención son, precisamente, la piel negra y la piel blanca a partir de las cuales, al menos en este momento, podría pivotar lo curioso del relato: ¿habría sido posible el trasplante contrario? A partir de esta duda se va armando una narración que empieza a tejer cuestiones que resumen la pregunta planteada: ¿dónde está África en el Museo del Prado más allá de la visita de los Reyes Magos?

Sigamos mirando esta versión del museo madrileño, más literal que la que ocupa la predela inferior derecha del *Retablo de los santos Abdón y Senén,* pintado algunos años antes, en los sesenta del siglo XV, por Jaume Huguet. La tabla, conservada en el Museo de Tarrasa, es mucho más realista, más cruenta incluso, al desvelar el momento mismo del trasplante, al subrayar la pierna blanca cortada, sangrando, a un lado de la improvisada mesa de operaciones. Está además muy lacerada, mucho más lacerada por las heridas, casi discretas en el caso de Rincón, si bien parece que en las restauraciones sucesivas la pierna trasplantada fue lacerándose más y más, para dar seguramente credibilidad al milagro.

Es curioso cómo a menudo olvidamos el poder inmenso que tienen las restauraciones de las obras de arte: las buenas y las malas, por cierto. Cómo son capaces de cambiar la lectura de las obras y, con ellas, el curso de los acontecimientos –es la comentada travesura de Kathleen Gilje, quien, buena conocedora de las restauraciones, sueña con una rebelión de la joven Susana de Gentileschi. Para un buen taller de restauración no hay secretos –y el del Prado es excelente. Se los vislumbra trabajando desde el claustro, arte de magia y precisión que saca a la luz lo ocultado –o repintado– por el paso de los años. Se presienten atentos en su labor minuciosa, como quien dibuja un mundo con hilos dorados y finísimos, y el tiempo raramente les atañe, pues el tiempo suele ser el peor enemigo en su tarea. Cada obra requiere su intervalo: imposible hacer cálculos. Los restauradores miran, comparan, cotejan, fotografían, radiografían, limpian, liberan, rescatan... Sobre todo presienten, apoyados en pruebas científicas, cómo debieron ser los trazos. Y tratan de devolverlos a su lugar de origen: no parece sencillo.

En ocasiones llegan hasta el taller obras tan maltrechas como el cuadro de atribución falsa en la exposición *Invitadas,* a causa de descuidos o por intervenciones agresivas o apresuradas. Los restauradores se convierten en cirujanos, un poco Cosme y Damián. Ocurre con las tablas: en épocas pasadas, para evitar que la madera cediera, se colocaban refuerzos por detrás que, al contrario de conseguir el efecto buscado, resquebrajaban la pintura de forma despiadada. Habrá que quitar cada clavo y cada bloque, intentar cerrar las heridas que rompen el cuerpo grácil de la mujer, un paisaje, un árbol... De la conservación en esas tablas lo saben todo en el taller de restauración del Prado.

Llega una obra y, tras la limpieza, adquiere luminosidades insospechadas –o aparecen heridas nuevas. Hay que estar atento también para que la luz devuelta no sea excesiva: la contención es una de las mayores virtudes a la hora de restaurar una pintura. Empiezan las discusiones y la obra casi sin interés adquiere de súbito un valor inesperado. Ocurría hace años con la «Gioconda del Prado», cuyo fondo oscuro y anodino ha resultado ser un bellísimo paisaje azulado. Hoy los visitantes se asoman con veneración frente al cuadro vuelto a la vida. «La nuestra es más guapa», dice un espectador orgulloso al compararla con la original del Louvre –siente el museo como parte de su historia personal. Arriba, en el taller, la actividad prosigue al margen de los titulares: «Hay que trabajar», decía el tío Vania de Chéjov al final de la obra teatral.

Al levantar la vista hacia el claustro, el lugar que alberga el taller de restauración, pienso en el enorme privilegio que es la mera existencia de ese taller, de este museo moderno y bien acondicionado que nada tiene que ver con el Prado de mi infancia, donde el sol entraba a raudales por las ventanas, abiertas, y *Las Meninas* estaban camufladas en el cuarto de los espejos. Los visitantes no eran tantos, ni mucho menos, pero entonces como ahora ver el cuadro era un regalo del cual a menudo no éramos conscientes. Dábamos por hecho que siempre estaría ahí, aunque después de la epidemia sepamos que no es verdad. Recuerdo que una vez, al visitar el taller de restauración con mis estudiantes, una de las alumnas sufrió un desmayo. Vino el equipo sanitario del museo a asistirla, pero nadie parecía preocupado. Muchos sufren el síndrome Stendhal al ver tan de cerca las obras maestras, tumbadas a veces sobre una mesa, esperando una suerte de trasplante; mostrando su resplandeciente vulnerabilidad, me aclararon los restauradores nada impresionados frente al episodio.

En el taller, más que en ningún otro sitio, se pone de manifiesto la vulnerabilidad de las obras y la nuestra frente a las obras. Allí, ante los cuadros fragilizados y cerca, queda claro que no es bueno dar nada por hecho y los que recordamos de dónde venimos –aquel Prado, aquellas restauraciones...– sabemos que se trata de unos lugares a los cuales nadie puede garantizar que no regresaremos eventualmente. Frágil como la vida, el museo que damos por hecho es un privilegio renovado al despertar por la mañana. Se nos olvida. O se les olvida a los que no aprendieron a amar el museo en la escualidez del pasado y viven cautivos de la novedad y sus insignificancias; los que necesitan exposiciones temporales para regresar al Prado, cuando lo excepcional es volver para visitar a los viejos amigos, esos cuadros que amamos sobre todas las cosas.

Ahora que la época de las grandes exposiciones temporales se aproxima inexorable a una revisión al menos, recuerdo el comentario de un visitante haciendo cola en aquella mítica muestra de Velázquez de hace muchos años, la primera muestra mediática del museo madrileño, mi primera muestra mediática en Madrid siendo estudiante: «Están incluso *Las Meninas.*» Sí, ahí estaban y ahí siguen, tan familiares que olvidamos a ratos la suerte que es poder admirarlas. Quizás, como ha ocurrido tras la epidemia, hay que volver al Prado para ver el Prado, para cerciorarse de que todo sigue en su lugar, incluso el cuerpo muerto del etíope que ha donado su pierna negra para curar al cuerpo blanco. Que lo haya hecho de buen grado resulta más complicado de confirmar –incluso después de muerto, sospecho.

Es más, una duda acuciante me aturde al recordar otra de las más famosas versiones del tema conservada en el Museo de Escultura de Valladolid. En ella aparece el cuerpo del donante africano, el hombre de Etiopía del cual habla de forma explícita Jacopo della Voragine en su relato de la vida de los santos, que no está presente en todas las versiones. En este relieve tallado en madera policromada de mediados del XVI, atribuido a Isidro de Villoldo, Cosme y Damián ejercen sus tareas médicas: uno contempla la orina en un matraz mientras con la otra mano comprueba el pulso del paciente y el segundo coloca la pierna blanca que acaba de ser amputada al africano que yace en el suelo.

Sea como fuere, hay algo particular en esta versión que la distingue de la mayoría: el africano parece vivo y doliente, donante de la pierna en vida, subrayando su condición de esclavo, esos esclavos africanos que en ese momento formaban parte del tejido social de la península y hacia los cuales, por su estatus, no se tenía la consideración debida. De ahí la pregunta formulada antes: ¿habría podido ocurrir el trasplante de un cuerpo blanco a uno negro, de un hombre libre a un esclavo? El juego perverso de la pierna negra y los cuerpos blancos, por parafrasear a Fanon, habla, al final, de mucho más que de un milagro. En este juego queda claro que, aunque fuera en el imaginario colectivo, se podía arrancar la pierna sana a un esclavo africano en caso de ser necesaria para curar a una persona blanca. Sin embargo, mal empezamos hablando de «negros» e igualmente de «blancos», sobre todo porque, como sabemos, el negro y el blanco no son en realidad colores y las comillas son una trampa. Si cada concepto es una convención cultural, ¿no habría que entrecomillar cada palabra escrita?

Lo recuerda la activista, artista y psicoanalista Grada Kilomba en una conocida entrevista en *AfricAvenir* del 15 de febrero de 2016: «El blanco no es un color.» Cuando le preguntan en qué consiste el racismo cotidiano, sobre el cual anima a reflexionar a las personas «blancas», explica: «En mis escritos me gusta establecer las conexiones entre el pasado y el presente, la fantasía y la realidad, la memoria y el trauma..., usando historias que se recuerdan de la esclavitud y el colonialismo. Es interesante comprobar cómo el racismo en el presente puede llevarte de vuelta a la historia. Vuelve a representar un orden colonial. Siempre que una persona se enfrenta al racismo en un momento dado, él o ella es tratado como el otro subordinado y "exótico", igual que en los tiempos coloniales. Y porque la cadena con el pasado y el trauma no ha sido explorada aún, he decidido escribir este libro en forma de episodios psicoanalíticos sobre el racismo cotidiano.»

A partir de esta reflexión y del esclavo en el relieve del Museo de Valladolid –al cual parece que se le arranca la pierna aún vivo–, la pregunta que se planteaba a propósito del cuadro de Fernando del Rincón –dónde está África en el Prado– debe extenderse a una más compleja y hasta más incómoda, incluso de hoy en día, por todas las negaciones históricas implícitas: dónde estaba África en España en el siglo XVI y, más importante aún, dónde se ha preferido pensar que estaba. Tal vez ha sido, sencillamente, más fácil olvidar nuestro capítulo africano unido, además, a la maniobra colonial española –Sevilla como principal mercado esclavista hacia el otro lado del océano, en especial a lo largo del siglo XVI. En cuanto que secreto de familia bien guardado, pocos se han detenido un momento a pensar de dónde viene el nombre de la Cofradía de los Negritos sevillana –o quizás, sí, pero era más cómodo no hacerse muchas preguntas al respecto. Nadie ha querido tampoco recordar durante los siglos sucesivos que en la Sevilla del XVI, cuenta Carmen Fracchia, de 120.000 habitantes 30.000 eran esclavos venidos de África. Alguien incluso llegó a decir que en aquel momento Sevilla tenía mucho de tablero de ajedrez por el enorme número de africanos que habitaban la ciudad, a menudo parte del servicio doméstico –en especial las mujeres.

El comercio esclavista en Sevilla estuvo de hecho muy extendido –la ciudad era el mercado más potente del mundo– hasta el siglo XVII, en que cae la venta debido a la pérdida de Portugal y la expulsión de los moriscos, pero incluso en ese momento Sevilla funcionaba como lugar de «la distribución» de los africanos capturados por españoles –y años después por portugueses– en Senegal, Mali, Ghana, Burkina Faso u otros países del África subsahariana. Desde Sevilla se distribuían por el resto de la península y, sobre todo, viajaban hacia América. Tanto es así que entonces la palabra «negro» era sinónimo de «esclavo». No solo. Era además, y según cuenta Fracchia, una acepción generalista y poco matizada, tal y como ocurre con frecuencia en los discursos coloniales: además de los berberiscos (denominación para los habitantes del norte de África) y los moriscos (mulatos ibéricos), «negros» eran todos aquellos que, procediendo de territorios muy diferentes del África subsahariana, perdían sus signos de identidad específicos. Las otredades terminan por convertirse en un todo indiscriminado, reflexionaron Said y Bhabha. «Esclavo» era, pues, toda persona «negra», porque las personas negras eran esclavas, al menos hasta los primeros liberados en el siglo XVII.

Acabo de recordar que en la escuela elemental, con menos de diez años, una de mis lecturas obligatorias en clase fue *Il vero delitto è l'ignoranza,* de James Baldwin –debía de ser la traducción de *Go Tell It on the Mountain (Ve y dilo en la montaña).* Recuerdo la portada fucsia con la cara de un afroamericano. El libro habla de la Iglesia como fuente de inspiración y de represión también, si bien esta reflexión tendería a obviarse. En primer lugar, el libro habla del racismo y me pregunto ahora, sabiendo que Baldwin fue un afroamericano homosexual y activista, qué demonios nos explicarían a los niños de este libro bastante autobiográfico, más allá de la importancia de la comunidad en la vida del individuo –quizás no es poco.

Entonces, en mi colegio, nadie me explicó que los afrodescendientes no estaban solo en el libro de clase o en Caracas, una ciudad de la cual me encantaba escuchar las historias. Eso sería lo primero que haría al poder viajar sola: ir a

Caracas. También estaban en el continente, en el sur de España. Lo cierto es que también en España vivíamos encima de un volcán racial –quién lo hubiera sospechado en aquellos años de franquismo. Y un volcán racial asociado, además, no solo a los «gitanos», sino a ese «Descubrimiento» –la «Conquista»– que marcaba todas las rutas imperiales a poco que uno se descuidara. La presencia africana en España a través del papel activo del país en la trata y la esclavitud estuvo desde el principio asociada a la citada Conquista, a la idea del pasado colonial español, lo que significó y lo que se quiso que significara.

De hecho, se ha tratado de presentar la Conquista como una maniobra de cristianización y no una puesta en escena ligada a exterminios o al menos a abusos hacia seres humanos. Quizás la presencia de los «negros» en la península echaba por tierra las buenas intenciones del «Descubrimiento», muy difíciles de sostener al aceptar a Sevilla como la gran capital de tráfico de personas. Esos esclavos –los «negros», porque se trata de términos intercambiables– tiraban por tierra nuestro particular –y manufacturado– sueño americano.

De manera que, así planteado, surge insolente otra pregunta –una vez que se empieza a preguntar es complicado evitar las siguientes dudas que van apareciendo. ¿Dónde está América en el Museo del Prado? Esta pregunta aparenta tener una respuesta más clara que la referida a África: está exiliada en el Museo de América y ha estado a veces camuflada en alguna trasera. Sucede en la comentada cerámica mexicana, del tipo Tonal, llamada «barro» porque estaba apenas cocida, en el bodegón de Luis Meléndez, en el cual se ha posado una bella mariposa, se diría que escapada de las colecciones del Museo de Río. África, en cambio, exige un poco de indagación más allá de las numerosas escenas de la visita de los Reyes Magos al Niño Jesús.

Volvamos a las piernas en el cuadro de Fernando del Rincón, intercambiadas en un inverosímil trasplante y pintadas hacia 1500, pocos años después de la toma de Granada en el año mítico de 1492 –quizás la granada del cuadro es al fin mucho más que una fruta olvidada, se apuntaba. Este hecho de principios de enero marca el final de la llamada «Reconquista», la unificación de la península por Isabel de Castilla y Fernando de Aragón, que inicia, apenas unos meses antes del 12 de octubre del mismo año, un momento trascendental en la historia moderna española: el intercambio entre continentes. Comenzaba, sobre todo, el auténtico encuentro con la diversidad, esa diversidad que, por otro lado, los Reyes Católicos habían tratado de expulsar de la península, convertida en tierra de conversos y de esclavos. Hay, se sospechaba, piernas de primera y de segunda –o más bien donantes de segunda y receptores de los trasplantes de primera.

Sea como fuere, la aparición de la diversidad –o diferencia al menos– se escenifica en los cuerpos negros que van apareciendo, tímidos, en la pintura española. Es el caso del personaje con rasgos afrodescendientes en la tabla hispanoflamenca del Museo del Prado pintada hacia 1500. No está expuesta, pero llamó mi atención en la muestra *Metapintura* de 2016. El personaje lleva una lanza –la que supuestamente se clavó en el costado de Jesús crucificado–, de modo que debe representar a Longinos –además va ataviado con ropas de soldado. A su lado otro hombre, con aspecto de campesino, lleva un palo con una esponja y me pregunto por qué se representa a Longinos como el único afrodescendiente de la escena. Entro en la página web del museo buscando alguna aclaración, pero no se menciona siquiera la procedencia del supuesto centurión, ni la diferencia del color de su piel respecto al resto de los personajes. Pese a todo, debe de haber alguna explicación que no alcanzo a reconstruir. Ojalá supiera más iconografía del siglo XVI. Esto me demuestra que pensar solo desde el presente es quedarse con muy poco: agua que se escapa entre los dedos.

No es el único afrodescendiente en la pintura flamenca que vive en el Museo de Prado –además de los Reyes Magos. Hay algunos más ilustres entre los cuadros del museo que el de esta modesta tabla flamenca, ni siquiera expuesta. Los afrodescendientes nos invitan a reflexionar a propósito de la diversidad y del cosmopolitismo que, incluso por la puerta de atrás y a través de las maniobras más que cuestionables de la Conquista, se va instalando en el mundo de los primeros años del siglo XVI. De hecho, pese a las operaciones nada ortodoxas y más que reprobables, el encuentro con un mundo desconocido y riquísimo fue indiscutible. América, incluso tomada por Asia a la llegada de Colón, ofrecía a la mirada de los viajeros, en efecto, las delicias exóticas del Nuevo Mundo. Para la explotación de esas delicias se haría poco después necesaria mano de obra barata y Sevilla, puerto de llegada y salida a muy principios del XVI desde y hacia ese Nuevo Mundo; ciudad privilegiada por su condición estratégica; rica y comercial, pasaba a ostentar un poder por el que pasaría a la historia; un poder tan controvertido que era mejor olvidar por el bien común.

«Puerto y puerta del Nuevo Mundo», dice una publicidad turística en internet que describe cada edificio del periodo glorioso de la ciudad, lugar histórico como centro de operaciones comerciales en la era moderna. Tampoco aquí hay mención a los esclavos, a pesar de que fueron un producto comercial con buenos dividendos para el país entero. De modo que, se anunciaba, ese capítulo negado en la historia de España –el comercio de esclavos subsaharianos– se esconde tal vez más por no manchar la realidad de la Conquista –necesidad muy lucrativa de mano de obra barata para una explotación de recursos– que por la vergüenza de la trata en sí misma. Sin Conquista no hubiera habido trata.

Esclavos y Nuevo Mundo están unidos por un vínculo indeleble y maléfico, por lo cual resulta verosímil la fascinante interpretación de Hans Belting a propósito de *El Jardín de las Delicias* del Bosco, salpicado de presencia africana. En el pequeño lago central, entre otros lugares del tríptico, los cuerpos blancos se mezclan con los cuerpos negros, flirtean, se seducen... Mientras, a su alrededor, otras figuras parecen estar llevando a cabo una carrera de caballos, peces, lémures, osos, camellos, cabras..., animales venidos de las diferentes partes del mundo, igual que en los mapas, complementados por el elefante o la jirafa del panel izquierdo, donde se representan Adán y Eva, pista esencial para una de las interpretaciones de la obra: la expulsión del Paraíso. Al fondo, las cuatro arquitecturas florales, pétreas, de nubes o de alas de pájaro, reflejan las que son, entonces, las cuatro partes conocidas del mundo: Europa, Asia, África y América. En la página del Museo del Prado se data este cuadro entre 1490 y 1500, de modo que las fechas coinciden. Tal vez el Paraíso perdido era ya entonces ese mundo grande e inabarcable del que habló Montaigne tras la llegada de los europeos a Brasil. Lo que sí queda claro es que para el Bosco el Paraíso, perdido o no, era, como la Sevilla del XVI, bicolor.

En cualquier caso, el cosmopolitismo que se empieza a establecer en el mundo durante el siglo XVI concita, una vez más, la paradoja de la diversidad. El «Descubrimiento» de América –y su influencia en el cambio de paradigma por los motivos explicados– confronta a Europa con un problema que, al ser de raza, es de clase –las piernas que se arrancan a un esclavo en *Milagros de los santos médicos Cosme y Damián* para devolver la vida a un sacristán. Y ya se sabe que entonces, como ahora, en especial durante una epidemia, la pobreza se asocia a la enfermedad, la muerte y a la marginación social –por falta de trabajo– y, finalmente, al contagio. El mundo completo se regía –y se rige– por el color de la piel de sus habitantes. Es la misma cuestión de raza asociada a clase que se escenifica en las pinturas de castas, género que pone de moda el siglo XVIII en América Latina.

Se trata del primer género –o casi– auténticamente «americano», en parte porque los pintores vuelven la vista a su alrededor y empiezan a centrarse en las descripciones sociales del lugar donde viven, con todos los territorios intermedios que ese lugar genera a partir de las mezclas raciales. Es un género, además, muy relacionado con la fascinación por el catálogo, hasta cierto punto afín a la obsesión clasificatoria de Linnaeus, que desvela el espíritu investigador en la España y la América de esos años.

Porque dejando a un lado los numerosos conflictos de raza, y por tanto de clase anunciados, que se encuentran en estos «árboles genealógicos» –un mapa que muestra de forma clara la maravillosa serie «Mapa de castas de la Nueva España», de 1777, ejecutado por Ignacio María Barreda y a partir de los cuales se nombra «el color» de la sociedad–, lo que parece improbable es nombrar con exactitud algo tan complejo como las «mezclas», dado que de una «mezcla» surge otra y así sucesivamente. ¿Pueden acaso imaginarse todos los posibles «mestizajes» antes de que ocurran y hasta cuando han ocurrido, igual que Linnaeus imaginó las plantas no descubiertas aún? Pese a todo, las pinturas de castas lo intentan en el «mapa de razas» de Barreda: «De español y Indio, Mestizo o Cholo», «De Español y Mestizo, Castizo o Cuarteón», «De Castizo y Española, Español Crillo»... Y así hasta llegar al sur del sur del mapa, habitado por «Mecos y Mecas, cuias Castas, aunque muchas, todas son semejantes». Por debajo, pues, que los «negros» en el mapa racial. Fuera de las propias castas. Fuera del sistema, en suma. Nativos sin lugar en el mundo. He aquí otra noticia del «Descubrimiento».

Aunque más allá de algunas de las cuestiones comentadas, los negros esclavos eran los extranjeros por antonomasia, los que veían de lejos y no podían disimular siquiera la diferencia, tan visible, a pesar de jugar a la conversión –quizás esto explicaría la figura de Longinos en *El Calvario.* Es aquí donde surge otro conflicto clasificatorio: ¿cómo catalogar a estos «extranjeros» subalternos, diría Spivak? Históricamente en casi todas las culturas el extranjero se asocia al enemigo, quizás porque, dice Derrida, es quien plantea las preguntas y pone en cuestión el principio de autoridad, si bien lo fascinante de esta asociación es que dicho peligro y enemistad nunca es posible de probar. De hecho, recuerda Madan Sarup, en el sistema de dicotomías que rige el pensamiento occidental hay amigos y enemigos que se definen por oposición. Pero el extranjero... ¿en qué categoría real situarle si no se sabe lo suficiente de él? El extranjero acaba por ser el inclasificable y este particular le hace más sospechoso si cabe. El extranjero está fuera, sin estatus último: no sabemos si pertenece a nuestra clase, a un entorno cultural próximo al nuestro...

De igual manera, podemos encontrar al extranjero en cualquier lugar, en casa o lejos de casa. En él habita el forastero que vemos y el Otro que no vemos. Además, la cualidad de extranjero es pasajera, se pierde cuando se establece la casa en un lugar dado. A partir de ahí se escenifica la pertenencia. A veces, con el extranjero, podemos abrir la puerta en lugar de cerrarla, ejercer la hospitalidad. El encuentro se produce en un borde que es también donde se representa dicha hospitalidad –ni dentro ni fuera. Porque la hospitalidad es un límite –social, cultural, de costumbres... Es más, la hospitalidad es en sí misma un borde que forma parte de los fenómenos liminales a menudo discutidos en los últimos años –el don, el perdón, el duelo... La hospitalidad es, además, la más eficaz estrategia contra el miedo. Integrar puede ser también desactivar las diferencias.

No hubo gestos de hospitalidad hacia el extranjero en

los años de la trata, ni siquiera en el siglo XVII, cuando el mercado decae y algunos esclavos en España adquieren el estatus de hombres libres. En ese momento se establece, parecería, cierta noción de pertenencia, aquella que, a través de la aculturación, vence el miedo hacia el extranjero a través de las supuestas falsas integraciones. Pero nadie se hizo las preguntas de índole moral que implica la hospitalidad y que, imaginamos, en aquella época, en aquella España católica además, pocos sintieron la necesidad de plantear –al fin y al cabo se estaba traficando con seres humanos. Hubiera sido más deseable esa evangelización a través de la cual ha sido presentada la «Conquista» como «Descubrimiento» durante años y que la presencia de los esclavos africanos pone en tela de juicio al menos como operación global.

También para exorcizar el miedo que el extranjero ha producido y produce en las comunidades, incluso en una comunidad cosmopolita, la del siglo XVI –la primera comunidad globalizada, defiende Gruzinski–; para negociar el temor a lo que no se puede clasificar ni recurriendo al mapeo artificial de las pinturas de castas, se convierte al extranjero en «exótico», una estratagema que incluso siglos más tarde, en el XX, perdura. Es la pasión de Le Corbusier por Joséphine Baker, a la cual, encandilado por su belleza otra, comparaba con la arquitectura moderna. Es la negrofilia de los vanguardistas, apasionados defensores de la «máscaras africanas». ¿Puede una expresión ser más colonialista, igual que las dos palabras intercambiables, negro y esclavo, sin origen ni orden ni clasificación, puro capricho de coleccionista?

E igual que el coleccionismo negrófilo del XX, para exorcizar el miedo hacia lo diferente se colecciona a los afrodescendientes en la pintura del siglo XVI. Se coleccionan como parte de la etiqueta de corte y son a menudo niños subsaharianos, además, joyas delicadas que, a través del contraste mismo, consolidan la construcción de lo «blanco». Ocurre en el maravilloso cuadro de Paris Bordone del Metropolitan Museum de Nueva York, *Retrato de un hombre con armadura y dos pajes.* Debí de verlo en una de mis primeras visitas al Met, al otro lado de la calle del IFA de la Universidad de Nueva York. A los estudiantes nos daban un pase para entrar, si bien en aquellos años no era preciso pagar un precio fijo en el museo: el donativo podía ser según las posibilidades de cada uno. Incluso nada. Me llamó la atención el contraste y la cara del pequeño afrodescendiente, su mirada un poco perpleja hacia al espectador, casi fuera de la escena, lejos de ella. Ahora, cada vez que vuelvo a ese museo infinito –que me abruma un poco de tan infinito– busco el cuadro y me pregunto, otra vez, qué debió de pensar el pequeño, tan lejos de una casa que quizás no llegó siquiera a conocer –habría nacido en Europa–; sin pertenecer a ninguno de los dos mundos, extranjero en ambos, pero afortunado de tener una misión, de servir a un caballero, de ir elegantemente vestido, de posar para un pintor de renombre...

El caballero está flanqueado los dos niños desenvueltos –uno blanco y otro negro– que le ayudan a ponerse la armadura para la batalla. El paje afrodescendiente, a la derecha, mira a la cámara –casi un gesto de exponerse para la misma, de dejar claro que forma parte de las posesiones del protagonista–, mientras sujeta el casco con solemnidad. Es un síntoma del estatus del propio caballero, el signo que nos hace preguntarnos por sus orígenes nobles, quizás un oficial de alto rango. Al tiempo habla de lo extendido de los criados africanos –o descendientes de africanos– en la Italia del siglo XVI, en especial en Venecia y las cortes del norte.

En el fondo, es la misma fascinación por la diferencia que cultivan las cortes del XVII, la que recalcan Mari Bárbola y Nicolasito Pertusato en *Las Meninas;* diferencia como indicio de estatus en el retrato de *Juana de Austria, hija de Carlos V* –del taller de Antonio Moro y conservado en el Museo de Bellas Artes de Bruselas. La mano izquierda de la reina de Portugal sostiene el abanico plegable japonés y unos guantes perfumados con ámbar. La mano derecha se posa desnuda sobre la cabeza del joven criado africano, poniendo de manifiesto la alusión a los dominios portugueses y, más aún, a su cosmopolitismo de dama moderna. Como en el tríptico del Bosco y para los que posean una mirada atenta, esas dos manos resumen los cuatro continentes: Europa –el origen y el matrimonio–, Asia –el abanico japonés que habla de las relaciones peninsulares con ese país–, África –el mercado de esclavos de España y Portugal– y, por fin, camuflada, América –desencadenante del cambio de paradigma con las relaciones hacia África.

Quizás esa loca pasión coleccionista, esa necesidad de transformar lo diferente en «exótico» con la esperanza de desactivarlo, fue lo que llevó a introducir, de forma sistemática en Flandes, sobre todo desde el siglo XVI, al rey negro entre los tres Reyes Magos. De hecho, históricamente los reyes habían representado las tres edades de la vida y solo en el siglo XIV pasan a reformularse como los tres continentes conocidos hasta el momento: Melchor, Europa; Gaspar, Asia; y Baltasar, África. No fue siquiera así en todos los países. Por ejemplo, Italia se mantiene fiel a la tradición de las tres edades durante más tiempo que Flandes. Lo muestra la *Adoración de los Reyes Magos,* pintada en 1423, de Gentile da Fabriano, o la de Botticelli, realizada medio siglo después, las dos en los Uffizi, otro museo prodigioso para mi adolescencia. Es curioso notar cómo el comentario que la galería ofrece sobre este cuadro, en un momento como el actual, no haga siquiera una alusión a lo inusual de la propuesta para nosotros hoy: la impresión es que el rey negro ha sufrido una maniobra de blanqueamiento. O puede que sea todo lo contrario en los demás casos más bien. No sé. Otra vez me faltan conocimientos de iconografía.

El *Tríptico* de Memling en el Prado, de 1470-1472 –casi coetáneo de Botticelli–, es uno de los primeros ejemplos flamencos en los cuales Baltasar aparece representado como un joven africano elegantemente vestido, con ropas mucho más majestuosas que las de los dos reyes blancos, tal vez para resaltar a través de las riquezas de los brocados, del sombrero que sostiene en la mano en señal de respeto, lo que de su estatus no puede revelar el color de su piel a finales del siglo XV. Incluso el recipiente de su ofrenda es diferente: delicado cristal frente al oro de sus compañeros. Es una figura grácil en un cuadro extraordinario que acompañó en sus estancias de Aranjuez –y antes en Aceca– al rey Carlos V. La relación con la pintura debió de ser muy íntima: estaba en su oratorio.

Al conocer las historias de proximidad entre los reyes y sus cuadros, a menudo fantaseo con el privilegio de rezar a un Memling u oír misa asomada al ventanuco desde el cual se contempla la belleza en la basílica de El Escorial. El catolicismo, en sus rituales, es imbatible y confieso que ese rezo privilegiado me produce cierta envidia y una enorme melancolía. Ahora nuestras colecciones laicas no desencadenan tantos lugares para la meditación y falta, además, el tiempo para contemplar las obras. Sería imprescindible buscarlo. En mis reflexiones, el rey emperador, Carlos I, contempla la obra de Memling y sueña, quizás, con ese mundo grande y diverso que le ha tocado gobernar, el mundo donde los Reyes Magos no representan ya las tres edades del hombre, porque en pleno siglo XVI no es la noción de tiempo la que gobierna los pensamientos, sino la idea del espacio, el espacio que ocupa y recorre el imperio.

Como en la ópera *Don Carlo,* imagino al rey solo, en este caso absorto en Aranjuez frente a Memling, frente a ese cuadro donde, sin que nadie llegue a sospecharlo aún, el tiempo ha dejado sitio al espacio y a las diversidades en ese espacio.

El cambio de paradigma se delinea en el «rey negro» que aparece casi por primera vez y que ha sobrevivido hasta nosotros. Es curioso que la tradición racial se haya establecido en Flandes y no en Italia; en el país viajero y cosmopolita por excelencia, fascinado en los siglos XVI y XVII por las posesiones que llegan a casa desde el mundo completo, al finalizar los viajes. Luego, desde Flandes llega a una España que, en el XVI y el XVII, era también viajera y cosmopolita –incluso a partir de acciones más que reprobables, pero cosmopolita al fin.

Justo a principios de ese XVII, en 1612-1614, Maino pinta su memorable *Adoración,* en la cual la presencia africana es más potente si cabe, más ambigua. Más moderna desde luego. En esta propuesta, la presencia del rey mago africano, ya establecida en la tradición española, se encarna en un hombre de rasgos atractivos, vestido con ropa de colores brillantes, una vestimenta que quiere simbolizar la diferencia en los tonos y las modas desde ese continente. No es un detalle banal en un cuadro donde los ropajes –de los cuales se puede intuir incluso el tacto– van dictando una parte importante en el relato. A través de las ropas cada rey reenvía a su lugar de origen, incluso tratándose en cada uno de los casos de representación y disfraz, casi de mascarada. A principios del siglo XVII el espacio gobierna ya por completo al tiempo. Porque la historia son los lugares que se van acumulando –o perdiendo– en la historia misma. El Coliseo al fondo, anacrónico y preciso, rememora las esencias de otro imperio que lo tuvo todo y lo perdió todo. Ocurriría con el Imperio español, de modo que la ruina actúa como presagio ejemplarizante, si bien no debía de ser la intención última.

Al lado del rey africano, quien lleva un gorro con forma de turbante coronado con plumas multicolores, está el rey europeo, vestido de ricos ropajes, y el asiático en el centro, vestido con un turbante a la turca. Las diferencias entre los tres son claras, si bien al mirar la escena con atención asalta la duda. Tal vez sean disfraces que hablan, en primer lugar, de los esclavos peninsulares venidos de otras tierras y hasta nacidos en España que, sin embargo, en la mascarada de Maino, traen desde esas tierras un tesoro más preciado que el oro de los otros dos reyes: la bella concha decorada que el «rey negro» sostiene con ambas manos y que anuncia cierta pasión presente en los bodegones holandeses de esos mismos años. *Naturalia* y *artificialia* forman parte de un idéntico deseo coleccionista que vuelve a hablar más del espacio que del tiempo.

Al lado del rey africano, para redondear la mascarada, un niño de origen africano remeda, ligero de ropa como el rey mago africano, el exotismo de su lugar de procedencia. Poco debe saber en 1612 de África ese niño. Incluso en su condición de esclavo e igual que ocurría con el pequeño de Bordone, Europa debe de ser la única casa que conoce, que reconoce. Siglos después, en 1991, Lucy Lippard, en el libro *Mixed Blessings* de los primeros noventa del XX, reflexionará sobre los chicanos que no hablan español y los artistas interesados por sus raíces familiares olvidadas en su vida estadounidense. Esos artistas multiculturales –los llama Lippard– aspiraban entonces a reconstruir una memoria que, heredada de los ancestros, les pertenecía solo a partir de las historias narradas que debían ser vueltas a contar. Quizás le ocurre lo mismo al pequeño modelo de Maino, quien se viste de africano para no deslucir las expectativas de la escena, a petición del pintor, si bien de África sepa más bien poco.

El propio Velázquez volverá la mirada hacia personajes afrodescendientes en sus cuadros, a veces representando papeles tradicionalmente de «negro»; otras mostrando una faceta que se puede leer de manera moderna: personas integradas en la vida cotidiana hacia las que el pintor hace gala de un respeto infinito. Incluso a la hora de representar a un afrodescendiente en su *Adoración* del Prado de 1619, obvia los exotismos del rey negro, al cual viste como un caballero a la moda castellana, incluso más a la moda que los otros dos Reyes Magos. Sin embargo, sus rasgos no dejan lugar para la duda respecto a los orígenes del personaje más allá del color de su piel.

En una pintura tan llena de reflexiones a propósito de los retratos familiares camuflados –algunos identifican al rey de mayor edad como su suegro, Pacheco, además de aparecer otros supuestos rostros del entorno familiar–, la especulación llega hasta ese afrodescendiente vestido de caballero: hay quien dice que es el cuñado del pintor maquillado para la ocasión. ¿Hubiera surgido la duda, me pregunto, si sus ropas hubieran sido extranjeras como las de Maino, si hubiera ido el «negro» vestido de «negro»? Desde luego, incluso fascinante en su improbabilidad, la historia del cuñado travestido parece poco verosímil en el caso de Velázquez, en especial si se inscribe este retrato concreto en el resto de las representaciones de negros –de esclavos– del sevillano. La duda surge, no obstante, en este cuadro –una vez más– a partir del propio concepto de raza como clase: ¿puede un esclavo vestir elegantemente, de caballero y ofrecer, como los otros dos, un pebetero de oro en lugar de una concha rara? Es la trampa de la mascarada de Joan Rivière a propósito de lo imposible de una «esencia de lo femenino»: las mujeres vamos disfrazadas cuando vamos vestidas de hombre y cuando vamos vestidas de mujer. Del mismo modo, los afrodescendientes en Europa van disfrazados cuando van «vestidos de blancos», con ropas de caballero, y cuando van «vestidos de negros», con ropas exóticas.

De hecho, esos africanos son entonces peninsulares, pese a haberse negado la presencia de los negros en España y lo que este particular significa en nuestra historia; pese a que las aculturaciones como parte de la rutina peninsular del XVII se diluyen en la desmemoria y la confusión. No obstante y según avanza el siglo –y las condiciones del imperio se resienten–, cambian las reglas comerciales de la trata y los «negros» se van integrando en la vida peninsular, escribiendo su propio código de pertenencia. Incluso algunos afrodescendientes –del norte de África y del África subsahariana– empiezan a recuperar la libertad, se anunciaba.

Es el caso de Juan de Pareja, el llamado «esclavo de Velázquez» que trabaja como ayudante del pintor primero y como artista autónomo después. Lo cuenta Palomino –el Vasari español– al hablar del maravilloso retrato que el sevillano hace de Pareja, su esclavo. Parece que lo ejecutó durante la estancia romana, enviado por Felipe IV para engrosar las colecciones reales con el nuevo arte. Siempre según Palomino, el retrato de Pareja causó sensación por su belleza y el cuidado de su ejecución. No obstante, el imponente retrato se presenta en Palomino como un simple ejercicio con vistas a metas más altas: pintar al papa Inocencio X, esos mismos años. Al fin y al cabo, explica el propio Palomino, se trata de un mulato, si bien alcanzó cierto éxito como artista pese a la «desgracia de su naturaleza». Dicho de otro modo, a pesar de ser mulato, o más en concreto ser morisco, de tez oscura, explica Palomino –ya se sabe que en la España del XVI y XVII moros y negros se confunden. A menudo faltan los matices para los extranjeros.

Como un extranjero aculturado, vestido con ropas de caballero elegante, le pinta Velázquez en este extraordinario retrato del Metropolitan Museum que sueño con ver en el Prado al lado del resto de las «otredades» del XVII, pintadas por el sevillano con destreza y respeto absoluto. Encontraría su lugar perfecto en la sala de *Reencuentro,* en la cual *Las Meninas* comparten pared y proximidad con *Pablo de Valladolid,* también distinguido en sus ropas y actitud. De manera que opto por ser Malraux en mi museo imaginario e igual que él barajo las pinturas a mi antojo, recortes colocados en los recovecos de mi deseo.

Pocos cuadros concitan tanta emoción como los de Velázquez al retratar a los personajes en los umbrales. Pocos, tanto respeto y tanta pasión hacia las inclusiones, más allá incluso de la permisividad de la corte española hasta la llegada de la razón borbónica. Desde ese respeto poderoso retrata al esclavo morisco, igual que ocurría con el «rey negro», vestido de señor. Nos mira poderoso desde su mirada profunda, la tez oscura y los rasgos nobles, cierta elegancia natural, igual que la «negra» gobernando otro bodegón del maestro sevillano, llevando a cabo tareas de cocina, abstraída en ellas, sumergida en una admirable dignidad, la que esbozan Pablillos y el resto de los «bufones». De la «negra» pinta dos versiones: en una, la sitúa en un contexto religioso y en otra, sin excusa alguna, se presiente integrada en la vida peninsular. Otra vez clase y raza se reúnen: el «negro» es aquí «negra» –otra historia de una mujer trabajadora, como la vieja friendo huevos, hacia la cual Velázquez muestra una deferencia que pocos han mostrado antes que él. Basta de medias palabras y de susurros, parece decir. Al final lo que interesa de verdad en estos cuadros, más allá de la contundencia de los retratos –el de Pareja se sostiene solo y no hace falta apoyarse en *Inocencio X* para darle la importancia que tiene–, es la confirmación del papel de los esclavos en España. Desde luego, no era una excepción que el pintor sevillano tuviera un esclavo.

Ciertamente han quedado pocas imágenes de esos esclavos sin representar lo que se esperaba que representaran: cierto papel «exótico» que, bien visto, libraba a la colectividad de parte de su culpa histórica. Si no se les representaba como esclavos, si eran Reyes Magos venidos de lejos, no quedaría tanta evidencia de dicha esclavitud. A veces se escapaba algún retrato comprometedor –el que pinta Murillo hacia 1670. En *Tres muchachos* aparecen dos niños blancos y uno negro, quizás el hijo del esclavo de Murillo –otro secreto a gritos–, que pide amable al pequeño de la derecha un trozo del pastel que están a punto de comer. Hace tiempo se llamó *Dos muchachos campesinos y uno negro*. ¿Por qué no *Dos muchachos blancos y uno negro*? ¿Por qué los afrodescendientes necesitan identificarse por el color de su piel?

La pregunta saltaba a los medios en diciembre de 2016 y con ella la polémica: el Rijksmuseum de Ámsterdam había decidido cambiar los nombres de las obras que fueran ofensivos o, sencillamente, que apelaran a la raza, la religión o a ciertas diferencias físicas. La *Joven negra* de Simon Maris pasaría a ser *Joven con abanico*. La vieja historia del arte –y en ella incluyo a expertos y aficionados– se ponía en guardia, como era de esperar, en parte por esa prevención que se tiene hacia los cambios de lo que «siempre ha sido así» y en parte por lo que tiene de regusto a corrección política. Artículos, comentarios de lectores, declaraciones y posicionamientos de directores o conservadores de museos... fueron apareciendo en los periódicos y las redes, dejando claro que a muchos no les convencía nada la propuesta. Para qué perder el tiempo en esas boberías, era el argumento que ahora, tras Black Lives Matter, no tendría vigencia alguna ya. Nadie se atrevería a discrepar sobre aquel cambio de nombre pocos años después.

Y no es ninguna pérdida de tiempo para una sociedad que aspire a posiciones igualitarias, ya que cualquier cambio se genera en el lenguaje: somos lo que nombramos y lo que nos nombran. Eliminar los comentarios machistas, xenófobos, homófonos... de nuestro lenguaje cotidiano es un primer paso para animar la negociación con el otro. ¿Se habría llamado a la misma pintura de Maris, si hubiera retratado a una joven blanca, *Retrato de joven blanca*? La cosa es sencilla y el hecho de calificar la obra en virtud del color de piel de la retratada parece elocuente –el blanco y el negro no son colores. ¿Por qué no se llama a un determinado cuadro donde aparezca una joven blanca *Retrato de joven blanca?* ¿Porque es excepcional que una persona afrodescendiente aparezca en un retrato, vestida de gran dama, además, o de caballero en los retratos de Velázquez o de la afrodescendiente en el maravilloso retrato de Henry Price, pintado en 1852 en la Colección del Banco de la República? ¿O porque lo «normal» es lo blanco, masculino, clase media, heterosexual –como se solía denunciar en los setenta del XX– y todo lo demás hay que especificarlo a partir del color de la piel, el género, la opción sexual o la clase? Sin embargo, en la producción pictórica de los Países Bajos la representación de afrodescendientes no es excepcional: son, además, a menudo esclavos que aparecen retratados. Entonces, ¿por qué llamarlos «negros» y no «esclavos»? ¿Porque si se les llama «esclavos» se pone en evidencia algo que se quiere ocultar, igual que el tráfico de personas en la Sevilla del XVI?

Quizás se trata más bien de la condescendencia con la cual Occidente –Europa y los Estados Unidos– ha tratado lo que llegaba de fuera, esa otredad que ha metido en un cajón de sastre donde no hay diferencias ni distinciones. Es la idea de las «máscaras africanas» entre los hombres de las vanguardias, una definición que mezcla sin criterio, que obvia las procedencias y las particularidades. ¿No es, acaso, hora de cambiar esta forma de entender el mundo y, con él, los cuadros del Prado? Más importante aún que los anteriores planteamientos es una cuestión que tendemos a olvidar: es raro que los artistas –al menos los clásicos– den el título a sus obras. Quienes lo hacen suelen ser los museos, la crítica, los historiadores o hasta el público –al *David* de Miguel Ángel lo apodaban «el Gigante». Cambiar, pues, el título a la *Joven negra* –o a cualquier otra obra– no supondría agresión alguna a la voluntad del autor: sería adecuarse a unos tiempos que, afortunadamente, han hecho realidad las revisiones de exclusión. De modo que, en este momento, solo queda quitar las momias de la exhibición pública, como se hizo con «el negro de Bañolas», aquel «ejemplar» humano disecado que observaba anacrónico la historia desde su rincón. No parece correcto dejar los cadáveres de faraones y líderes mundiales detenidos en el tiempo, expuestos como otro artefacto cultural más.

Sea como fuere, por una vez, la historia no ha acabado del todo mal para los «negros» en el Museo del Prado. En una sala central de la institución cuelga orgulloso el cuadro de gran tamaño que Pareja pintó en esa faceta de la cual no habla tanto Palomino: la de artista. Es la extraordinaria transición de modelo a pintor que se pone de manifiesto en *La vocación de San Mateo,* una pieza inmensa –más de dos metros por tres– que por el tamaño mismo nos da pistas sobre la posición en la cual estaba y se sentía el autor. Hasta donde recuerdo la obra estuvo también colgada en las escaleras, destino de los artistas «negros» y de las fuera de la ley en los museos, antes de pasar a una sala de retratos en la cual estuvo expuesta algún tiempo. Pese a todo me asalta la sospecha –la mirada de la historiadora de género está acostumbrada a sospechar siempre, a veces incluso sin razón, aunque suele tenerla– de por qué se colocó la pintura en esa sala específica. Es cierto que era una sala de retratos –y en este cuadro lo más excitante es sin duda el autorretrato del pintor a la izquierda del lienzo–, pero era también una sala de prodigiosas particularidades.

En aquella sala, el «negro» de Pareja convivía con otros retratados fuera de la norma: un retrato pintado por Carreño de Miranda de Carlos II, el Hechizado, cuya mala fama, si bien ahora cuestionada, le persiguió en vida y en la historiografía más rancia, entre otras cosas por sus supuestos problemas de infertilidad. Había, además, otros dos retratos del mismo autor de Eugenia Martínez Vallejo –desnuda y vestida–, antes conocidos como *La monstrua vestida* y *La mons-*

trua desnuda, hablando de títulos inadecuados. Y, por fin, estaba la bella copia del modelo clásico del *Hermafrodito,* obra en bronce de Matteo Bonuccelli de mediados del XVII y que ha pasado años en la sala de *Las Meninas,* para que el rey lo siguiera contemplando al avanzar hacia el cuarto donde se organiza la escena en la pintura. Se suele decir que en vida lo contempló a menudo. Me detengo un instante con mis pensamientos y repaso la concentración de otredades que pasaron tiempo juntas en esta sala del Prado, concentración seguro que del todo fortuita. Lo dijo Freud: hay veces que una pipa es solo una pipa –y de pipas sabía mucho el viejo psicoanalista. Quizás mi imaginación –mi precaución– está viendo más de la cuenta, pero eso mismo hemos pensado antes las historiadoras y luego ha resultado que toda sospecha era poca.

Mis ojos regresan a *La vocación de San Mateo* de Pareja, perteneciente a la colección de Isabel de Farnesio además, donde, se advertía, lo más significativo es la manera en la cual el artista pinta el propio autorretrato. Pareja preside la escena desde la izquierda, invitado de privilegio al hecho evangélico y, de alguna manera, remedo del autorretrato de Velázquez en *Las Meninas* que a través de esa autorrepresentación habla del estatus del pintor sevillano en la corte de Felipe IV. Pareja va vestido con ropa distinguida, un señor a la moda, y sostiene un papel en la mano en el cual figura su firma. Es la firma de la propia obra y acaba por ser a su vez la rúbrica a propósito de la posición del pintor en el entramado social al cual pertenece: «Juan de Pareja, 1661». Cómo llamar «negro» a este pintor aculturado o, mejor aún, afincado en la península del XVII que era, seguro, su única casa, con unas raíces que para él, allí entonces, estaban tan alejadas del origen morisco. En 1661, después de haber sido un esclavo al cual Velázquez, siguiendo la costumbre de la época, había concedido algo semejante a la libertad, era, simplemente, Juan Pareja: pintor.

No muy alejada de la pintura de Pareja –simbólicamente al menos– resuena en mi memoria otra pieza que, siendo una de las más reveladoras entre las colecciones del Museo de América en Madrid, donde se custodia un fabuloso repertorio de pinturas de castas, resulta ser un depósito del Museo del Prado, que solo de manera muy reciente, en la muestra *Tornaviaje,* ha regresado al Prado, miembro de pleno derecho. Igual que ocurre con otras pocas piezas, ha llegado hasta ese museo cerca del campus de la Complutense, a través de la reiterada manía ilustrada de ordenar el mundo –y las colecciones del mundo. Se trata de un cuadro único, considerado por los expertos pieza clave en la producción durante los tiempos virreinales. *Los tres mulatos de Esmeraldas* está firmado por Andrés Sánchez Galque, un pintor activo en Quito al final del XVI, de origen local y uno de los primeros alumnos de la Escuela de Artes y Oficios, fundada por el franciscano flamenco fray Jodoco Ricke a mediados del siglo en el gran convento de San Francisco de Quito –lo explica de forma detallada la ficha de la página web del Prado. Galque fue un magnífico retratista y tal vez por este motivo Juan del Barrio Sepúlveda –juez principal de la Audiencia de Quito– le encargaba esta obra en 1599 para regalársela a Felipe III, junto con el informe detallado de la pacificación de Esmeraldas –al norte del Ecuador–, lugar de procedencia de los tres mulatos.

La pieza, el retrato firmado y fechado más antiguo que se conserva de la época virreinal –sigue explicando la ficha del Museo del Prado, donde se reproducen los comentarios de un texto aparecido en *Anales del Museo de América*–, es un cuadro político, pues en él se explicita el control de la región por parte del propio Juan del Barrio: los nuevos súbditos llevan los sombreros en la mano, síntoma de pleitesía al rey de España. En todo caso, la narración detrás de este óleo –el retrato de don Francisco de Arobe, cacique de cincuenta y seis años con dos de sus hijos, de veintidós y dieciocho años, don Pedro y don Domingo, según explica la propia inscripción del lienzo– alude a las diferentes mezclas que fueron teniendo lugar en América y desvela, sobre todo, esa parte africana de la «Conquista» que se entromete en las páginas de la historia; la parte negada y ocultada, otro relato más del papel de los «negros» en el cruce americano y español, pintado por un artista de origen indígena, además.

De hecho, la obra habla de la citada región de Esmeraldas, en la cual se organizaron dos cacicazgos dominados por afrodescendientes, uno de ellos dominado por el propio Francisco de Arobe. Así, el cuadro subraya el reconocimiento de los esclavos liberados como gobernadores de una región extensa, previo sometimiento a la corona. Es la muestra de un proceso en el cual todos parecen ganar algo –o perder algo–, cuando el cuadro se convierte en un lugar de cruce de culturas, las tres culturas que conviven –o casi– en la América del siglo XVII. Sin embargo, el problema del título sigue abierto: si todos los retratados tienen nombre, ¿por qué seguir titulando el cuadro a partir del color de su piel?

También desde el título de este muy conocido y comentado cuadro se puede empezar a completar la segunda pregunta planteada hace unas páginas: dónde está América en el Museo del Prado. La respuesta ha sido contestada, al menos en parte, a través de las apariciones de los afrodescendientes en los cuadros del museo, con disfraces y dosificados, si bien recordando a cada paso que la historia fue diferente de cómo la contaron. De la negritud sevillana –y peninsular– preocupa, se anunciaba, quizás más que la propia trata, su capacidad de enturbiar el relato americano escrito desde esa parte del mar. En todo caso, la América del Prado está también y en especial –se advertía– depositada en el Museo de América, alejada, invitada solo y de forma muy reciente.

Me quedo un rato mirando a los tres mulatos –a don

Francisco de Arobe y sus hijos, don Pedro y don Domingo– y me pregunto por qué la obstinación de mantener «puro» el discurso del Prado a través de los siglos; de mantenerlo blanco incluso cuando el esclavo de Velázquez, en la escalera, se pinta desracializado, remedando a su señor. Y pienso que sería extraordinario que esos cuadros americanos volvieran al Museo del Prado para actuar como guerrilleros en las salas «limpias» y blancas. Sería un modo de interrumpir la calma tensa sobre las relaciones coloniales del XVI y XVII, camufladas con frecuencia en las traseras de la pintura española, entre tanta narrativa del poder. Sería revelador que «los mulatos» regresaran al Prado definitivamente para confrontarse con la realidad de otras piezas. Y después esas piezas consigo mismas. ¿De qué manera se modificaría el relato del propio museo, el relato colectivo de los visitantes del Prado, el mío?

Me pregunto si es lícito condenar al Museo del Prado a ser depositario de todas las esencias del relato canónico; a no poder incorporar otras miradas en su propio relato. Por qué no puede ser americano el Prado si la historia de sus reyes, de todos los reyes que desfilan orgullosos entre sus salas es, en esencia, históricamente americana. ¿No deberían acaso volver al Prado los «mulatos de Esmeraldas», incluso durante un periodo, para revisar la propia narración del museo desde el museo mismo? El *Biombo de la Conquista de México,* pieza capital del arte virreinal que se ha expuesto como obra invitada, ha probado la armonía de esa convivencia además.

Y pienso, impertinente, en este museo imaginario que voy construyendo en mi cabeza. Sueño con una nueva ubicación para el retrato de María Luisa de Toledo y Carreto –única hija de Antonio Sebastián de Toledo, virrey en la Nueva España entre 1664 y 1673 y que acabó su vida en un convento madrileño–, recuperado de los almacenes del Prado donde permanecía arrumbado, en mal estado, para ser restaurado y expuesto después en el Museo de América. Ahora que a través de *Reencuentro* se ha asaltado el poder simbólico de *Las Meninas,* perdida su posición única, aunque siga siendo esencial en la narrativa del Prado, el retrato de María Luisa de Toledo, atribuido al mexicano Antonio Rodríguez Beltrán, debería colocarse –un rato al menos– al lado del cuadro de Velázquez. Ambas pinturas hablan de la etiqueta de la corte y sería un ejercicio interesante después que *Las Meninas* han perdido su clásico estatus de «obra maestra» única, hilo conductor del antiguo Prado.

Qué historia tan increíble cuenta el retrato de María Luisa de Toledo, fechado en 1670, bajo la regencia de Mariana de Austria, poco antes de alcanzar su hijo, Carlos II, la mayoría de edad. Qué fascinante paseo el que proponía la exposición del Museo de América, donde se presentaba el cuadro tras la primorosa restauración en el taller del Prado. Ahí estaba la joven aderezada con joyas deslumbrantes y un traje de bordados riquísimos, incluso demasiado ostentoso para una dama española del siglo XVII. La mirada avezada, que conocía los arcángeles arcabuceros del Perú virreinal, descubría una inesperada huella americana, aquella que fabulaba con la tactilidad de los tejidos, el oro y la plata; las perlas y los sentidos. La que flirteaba con las transparencias y los brocados sin un ápice de miedo al lujo y sus excesos, frente a la contención en la corte de los Austrias. Casi historia de la moda.

La joven dama se ha quitado el guante y posa la mano sobre la cabeza de otra mujer a su izquierda, baja en estatura, de rasgos marcadamente no europeos, tatuado el rostro al modo de los chichimecas mexicanos y vestida con ropa local, refrendo del origen ultramarino de la escena. El gesto de familiaridad de la mano desnuda sobre la cabeza de los criados –tan típico de las damas del XVI y XVII, como se veía en el retrato de *Juana de Austria, hija de Carlos V,* cuya mano derecha se posa desnuda sobre la cabeza del joven criado africano– subraya al tiempo el contraste y la cercanía entre ambas, la chichimeca que padece acondroplasia y la hija del virrey. A partir de ese trueque y ese contrapunto, se iniciaba en la exposición del Museo de América un relato fabuloso que desdoblaba los dos mundos atrapados en el lienzo; los que convivían azarosos en la América virreinal: el peninsular y el local.

De hecho, es la historia que habla de los viajes ultramarinos en los cuales –y pese a las dificultades del transporte– se acarreaba la casa entera hacia el Nuevo Mundo para preservar la noción de clase, si bien al tiempo se recibían los regalos raros que América ofrecía. En el retrato de la hija del virrey se mezclan relatos de ajuares y devociones antitéticos; diferentes costumbres que el Imperio español reunía y reescribía en los biombos o los productos filipinos y japoneses, el lujo «oriental». Son los sabores y las fragancias de la colonia y sus precios desorbitados, prueba de un altísimo poder adquisitivo en un juego de modas importadas primero de la península; traducidas y exportadas después para recalcar de vuelta en casa el cosmopolitismo adquirido al otro lado del océano. Y es al volver a Madrid, a una casa que ha dejado de ser la que la memoria reconoce como propia, igual que ocurría con los «negros» peninsulares, cuando invade la infinita nostalgia de esa Nueva España, el mundo paralelo de la sirvienta chichimeca y sus tejidos, sus dioses, los tocados de plumas...

El retrato de María Luisa de Toledo y Carreto resume la diversidad y es el hilo argumental de una historia increíble que habla de una historia cultural cruzada de costumbres importadas a la península, en el viaje de vuelta, que revestirían de aire mundano a algunas familias poderosas, las que en ultramar bebían chocolate y se perfumaban con olores extravagantes; familias que tuvieron lo mejor de ambos mundos y que dejaban a los peninsulares sumergidos en cierto aire provinciano que, a su modo, desvelan de repente los personajes de *Las Meninas* frente a la hija del virrey, que, en lugar de un afrodescendiente como Juana de Austria o unas personas que sufren acondroplasia, tiene como sirvienta a una indígena aquejada de la diferente capacidad.

Pero la historia para los africanos no ha acabado, pese a todo, tampoco del todo mal en el Museo del Prado. En la campaña de ventas de Navidad del año 2020, en los anuncios de la página web de los Amigos del Museo del Prado, el protagonista fue el retrato de *Parache, el bailador,* el hombre originario de Marrakech que pintaba Tapiró a finales del XIX, un ejemplo de pintura orientalista un poco fuera del tiempo por esos años. Quién hubiera dicho que este hombre «exótico» se iba a convertir en reclamo de consumo tanto tiempo después. Los «otros», los fuera de la ley, han vuelto a las salas centrales o a la página de inicio de la web, si bien es cierto que, al menos Pareja, ha estado expuesto al lado del *Hermafrodito* y los retratos de Eugenia Martínez de Vallejo y del rey Hechizado. O tal vez las sospechas habitan solo en mí.

De modo que intento no hacer asociaciones precipitadas e indebidas –esas a las cuales está acostumbrada la historiadora de género– y pienso en la ubicación anterior de la bella estatua de *Hermafrodito,* antes de trasladarla. Estaba justo enfrente de *Las Meninas,* con el rostro vuelto hacia el cuadro además, situada en el cruce de las miradas de los reyes –los espectadores, en la lógica visual de la pintura– que se reflejan en el espejo mientras avanzaban por la sala 12, la gran sala central del museo, su cerebro y su arteria. La estatua fue una de las piezas seleccionadas en el recorrido programado para el World Gay Pride en Madrid, hace algunos años, y no parecía mala opción para desvelar las diversidades ocultas en las traseras del Museo del Prado: Felipe IV, embelesado frente a la ambigua estatua, esa que le cortaba el paso en su entrada triunfal a la sala de *Las Meninas,* presidida, al fondo, por su real reflejo. Hoy, en mi Prado imaginario, el rey se ensimisma de nuevo con la estatua de *Hermafrodito* y, por un momento y contrariamente a la nueva propuesta de la sala después de *Reencuentro* y a todos los montajes que la seguirán, el cuadro de Velázquez vuelve a guiar mi deseo, eje soberano de lo narrado. Regreso al Prado de mi infancia. Me suelto de la mano de mi madre. Echo a correr.

6. LA MIRADA DEL REY

Voy corriendo galería central del Prado arriba, en busca de aquella mirada antigua, la de la infancia; la mirada que sorprende y hasta quema; ojos del incendio y de la pasión, de la sorpresa, porque, al fin y el cabo, entrar en un museo tiene algo de ceremonia *cruising* –encuentros casuales y ardientes con desconocidos en lugares públicos. Son los encuentros asombrosos que llevo años saboreando en estas salas habituales, haciéndome la encontradiza con las obras.

O haciéndose las obras las encontradizas conmigo –no acabo de estar segura del modo en el cual la ceremonia se lleva a cabo. El caso es que allí, de pronto, todos sabemos a lo que hemos venido y el juego se despliega imponente, en especial frente a los asiduos, los que insaciables vuelven por más. Las obras de hace años, una exquisita tarde de abril madrileña –fuera el aire promete primavera–, se muestran, sorpresa inesperada. Aunque no. En realidad más bien sorpresa esperada, porque la sorpresa exige que la renovemos en cada visita y cada mirada. Espera renovarse para arrancarnos la pasión. Cada visita, la primera.

Y sigo corriendo por la galería, protagonista de *Banda aparte* durante la carrera por el Louvre. Solo que yo no busco batir un récord de eficacia en el trayecto de turista –superar al supuesto visitante norteamericano que recorrió el museo entero en un tiempo escaso. Mi aspiración es más modesta: transito el espacio hacia delante para explorar el tiempo hacia atrás. El año de la película, 1964, ya soy una pequeña veterana en el Prado, si bien voy aún de la mano de mi madre. Regresan mis pocos años, mi curiosidad limpia, y los cuadros vuelven a ser enormes esta tarde de falso abril. En mis ceremonias de *cruising* por las galerías del museo, cada acontecimiento tiene un regusto principiante, igual que entonces, y el corazón se acelera frente a aquellas sorpresas renovadas ahora a destiempo. Cuántas veces he vuelto a ver cada detalle en un cuadro después de las primeras visitas y me he dejado maravillar y aturdir –es mi biografía visual. Qué ajeno siento hoy lo tantas veces visto. La ecuación no parece complicada: ver reiteradamente es acabar por no ver, a menos que nos esforcemos en mantener vivo el asombro –ocurre en las mejores historias de amor. Esta tarde, de nuevo con mis pocos años recién cumplidos, de la mano de mi madre –que siento en su fuerza cálida con una viveza que hiere en la ausencia–, los detalles se travisten de primera visita. Yo con ellos.

Con mi breve estatura –recuperada desde el fondo del tiempo– llego hasta la sala de *Las Meninas* de la mano querida, forma primigenia de acompañamiento. Entro en la sala 12 –aunque este no fuera el lugar del cuadro a mis pocos años. No obstante, el privilegio de volver atrás en el tiempo con la memoria implica no exigir coherencia a la sucesión en los montajes del Prado. De manera que entramos las dos, mi madre y yo, en esa sala 12, alma, cerebro y arteria del museo, porque, diga lo que diga yo misma, haya pasado lo que haya pasado en la propuesta de *Reencuentro, Las Meninas* siguen siendo el cerebro, la arteria y el alma para los visitantes asiduos del museo. A la derecha, el perro propone un regusto a *collage* que llama la atención de los seis años. Es una figura hasta cierto punto fuera del cuadro, en su relato propio, pespunteada; fisura visual. Qué raro. La sensación ha perdurado desde entonces –no me he atrevido nunca a confesárselo a nadie. Hablar de *collage* frente a *Las Meninas*... No quiero perder mi buen nombre como historiadora –por si lo tuviera.

Sin embargo, ese perro *collage* capta la atención de la historiadora de género que sabe –lo ha aprendido– cómo ver exige mirar sin miedo, volver a mirar infinitas veces escenificando la primera. *Las Meninas* cambian sin tino y sin tregua; cambian con nosotros, con nuestros ojos, igual que nosotros cambiamos con los suyos. La historiadora desliza las pupilas por los detalles de la infancia que delinean infinitas posibilidades para una seducción renovada. Sabe a lo que ha venido hasta el museo, una visita más, de manera que los detalles que habían pasado desapercibidos en la maldita ceremonia de la repetición, surgen de repente como un rayo ardiente y son otros. Captan la atención en una enésima vez que debería ser la primera en cada encuentro de la extranjera –no da nada por hecho. Con mi estatura de los seis años me sorprende el tamaño de ese perro. Acerco mi mano para acariciarlo –parece tan real. Podría acariciarlo sin agacharme siquiera. Nunca he tenido miedo a los perros grandes, aun si ladran. Mi madre me aleja con suavidad para evitar que aproxime mi manita decidida a la superficie del lienzo: el perro está pintado, no es real. La aclaración no me acaba de convencer. Aún, claro, no sé nada del «estadio del espejo» de Lacan, a quien, se recordaba, fascinaron *Las Meninas.* El perro no me ve, pero me mira, hubiera podido decir el psicoanalista francés.

Ese perro es el mismo detalle que subraya Equipo Crónica en su *remake* de *Las Meninas,* en la década de 1970, años después de mi primera visita, y me pregunto si ellos también habrán notado la especie de extrañamiento del animal en el contexto del cuadro, su regusto a *collage.* Un instante apenas y la vuelta ensimismada al perro de Velázquez me traslada, desde el animal en primer término, a otro cuadro: *Dalí a la edad de seis años, cuando pensaba que era una niña, levantando la piel del agua para ver a un perro durmiendo a la sombra del mar,* de los años cincuenta del XX. Los dos perros se superponen en los pensamientos de la historiadora y el gran maestro del XVII se inmiscuye en la imaginación repatriada de los seis años, mientras mi madre me explica la escena en voz baja sin soltarme la mano –no las tiene todas consigo; quizás mi curiosidad me acerque demasiado al perro, a mi altura además. Ante el cuadro hoy me sumerjo en mis propias capas y reconozco el plato de peltre, el pañito y la jarra de barro que la Menina a la izquierda –María Agustina de Sarmiento– ofrece a la princesa, absorta en el acontecimiento, incluso sin saber nadie del todo cuál es en realidad ese acontecimiento.

Mentalmente, punteo el detalle en el cuadro y lo amplío, maniobra en una página web. La operación me recuerda a Malraux y sus bodegones, detalles de grandes cuadros que sirven para ilustrar la versión inglesa de *El Museo Imaginario,* la que disfruto en mi mesa de trabajo, reproducciones en color que admiro asombrada cuando abro el libro; tesoros contemplados por el poeta Rilke esos escasos días en los cuales tuvo a mano el libro prestado con las ilustraciones de Van Gogh –Rilke no daba nada por hecho en cuanto a ilustraciones y palabras se refiere. La parte más modesta de tan imponente cuadro –una jarrita, una bandeja de peltre y un pañito– despierta mis ensoñaciones, de modo que las miradas sobre *Las Meninas* –mis miradas– se van superponiendo y se acumulan azarosas. Son mis capas. Y las del Prado.

El detalle del cuadro adquiere un protagonismo que en realidad no le correspondería y tiene algo de cierta palabra largo tiempo olvidada, la que desconcierta en la propia conversación cuando aparece desde su mitad del tiempo. Son las palabras que conocemos bien, aunque se escapen durante un rato del lenguaje cotidiano: mudanzas. Son las mismas que luego, cuando la edad, cruel, nos va arrancando la memoria y el lenguaje, cuando casi no acertamos a articular un concepto por sencillo que sea, reemergen guerreras e incongruentes desde ninguna parte, tal vez únicamente para recordarnos –y recordar al resto cerca– que aún habitan ese recoveco secreto de nuestra mente, pese a todo intacto en su complejidad, si bien al final de la vida nos esté vetado incluso a nosotros mismos de manera consciente.

Cuando las palabras durmientes se despiertan en el lenguaje rutinario y nos sobresaltan descaradas, dicho lenguaje pasa a ser una lengua de poetas –sin tregua, tras las palabras rebuscadas cuando ninguna sirve o no del todo. Ideamos giros para utilizar el vocablo recién aparecido una y más veces, para no volver a perderlo; para disfrutarlo después de su ausencia. El fantasma risueño de mi madre, su última mano, ya anciana y aún cálida, se me ha escabullido veloz en el propio museo, mientras repienso el cuadro de Velázquez. Me quedo sola frente al lienzo, atrapada por este detalle nimio que me ha cautivado y me ha sobrecogido –inesperada palabra en un poema–, mensaje que regresa vehemente desde la sala de los bodegones, la más humilde del museo, la que he visitado, vacía de público a menudo, mientras otras rebosaban. Saboreo el detalle.

Cierro fuerte los párpados para regresar al presente y en realidad me encuentro en el umbral de la sala 12. Allí, parece, termina con frecuencia mi carrera por la galería central del Museo del Prado, atrapada por el deseo antiguo, el que me ha acompañado estos años; mi *cruising* inevitable, mis capas. Reconozco la sala de hace años, cuando la bella estatua de *Hermafrodito* –copia del modelo clásico en bronce de Matteo Bonuccelli, realizada a mediados del XVII– se interponía entre el cuadro y la mirada de los espectadores –la mía. Los reyes, fuera del lienzo, son el acontecimiento que el grupo entero observa expectante –el acontecimiento consensuado. Pese a todo, la mirada atenta acaba por descubrirlos reflejados en el espejo del fondo. En la prestidigitación extraordinaria, debido a la lógica visual de la pintura, el visitante que entra en la sala del Prado, el que está al tiempo a punto de entrar en el cuarto donde la escena ocurre al atravesar el umbral de la sala 12, se identifica con los reyes. Ahora somos nosotros los que avanzamos hacia el cuarto; nosotros los que conformamos el relato y tenemos que superar la estatua del durmiente, rodearla.

El visitante camina hacia la pintura y, a partir de esa entrada tan cuidadosamente representada en la escenografía de la sala en el museo, en ese umbral que propicia en el visitante el intercambio visual –ser los reyes–, se pone en marcha una historia alternativa que pasa por una mirada complejísima que trasciende la del propio Velázquez y la de los visitantes que caminan hacia el cuadro desde el umbral. En esa sala del Prado no miran los expertos ni mira el público. Quizás todos ellos son rehenes de otra mirada que no llega desde el pretérito pluscuamperfecto ni desde el presente, sino desde el gerundio, el tiempo amado por Foucault, tal vez porque solo se puede contar contando y mirar mirando. Esa mirada, la que no termina de cerrarse jamás ni de fijarse, se convierte en la clave de lectura para este lienzo enigmático.

El año 1966 Foucault piensa en *Las palabras y las cosas* –el orden de las cosas en realidad, la arqueología del saber, línea maestra de su investigación. En el prefacio del libro, uno de los textos esenciales del siglo XX, el filósofo francés confiesa que el trabajo surge a partir de un texto de Borges, la enciclopedia china en la cual el escritor argentino acomete la delirante y ordenada clasificación de diferentes animales. «En el asombro de esta taxonomía», dice Foucault, «lo que se ve de golpe, lo que por medio del apólogo se nos muestra como encanto exótico de otro pensamiento, es el límite del nuestro: la imposibilidad de pensar *esto.*» Ese límite, esa imposibilidad de pensar *esto,* lleva a Foucault a comenzar la escritura de *Las palabras y las cosas* desde *Las Meninas,* afrontando el sistema de equívocos inherente al pensamiento mismo y las capas que implica; esas que Foucault se propone excavar en su ejercicio de arqueología; capas en el lienzo y en las miradas que se generan a partir del mismo. Mirar. Ver.

El pintor, reinando sobre esta obra en «el umbral de estas dos visibilidades incompatibles», pasa a ser la clave primera de lectura. En el texto –en el cuadro– lo que es umbral, lo que falta o sobra –ocurría en *Las mil y una noches*–, se convierte en el punto de partida para el escritor, abriendo un territorio autobiográfico que, sin remedio, implica la mirada, pues mirar es formar parte de la escena, contaminarse de la escena en el acto mismo de hacerlo. Pese a todo, lo milagroso en *Las Meninas* es el descaro en la contaminación de la mirada, la forma en la cual el cuadro se presenta sin tapujos: mirar no es aquí solo contaminarse, formar de alguna manera parte de la escena. Mirar equivale a entrar.

El tiempo, el gesto, la mirada... están suspendidos en este cuadro dependiente de la vista –apunta Foucault– y cada visitante enfrentado con el cuadro va organizando su propia arqueología y su proceso narrativo; la crónica de cada una de esas miradas que se intercambian al infinito con los cruces que tienen lugar en la pintura y son descritos de forma magistral por el francés. En su texto, Foucault propone, sobre todo, volver a preguntar a *Las Meninas,* no dar por hecha su extraordinaria y compleja narrativa que sigue siendo, cinco siglos después, imposible de descifrar hasta las extremas consecuencias. No es extraño que Foucault tome este cuadro como punto de partida para esa arqueología desde donde ensaya otra forma de contar muy diferente de la historia al uso, el modelo hegeliano en el cual un modo de producción surge de otro dialécticamente. Si el mundo es percibido para Foucault a través de las maneras en las cuales es nombrado, la «genialidad» del autor, esencial para la historia del arte clásica –ni le menciona por su nombre casi–, carece de importancia. Lo extraordinario del cuadro, recuerda Foucault en su propio retruécano, es la manera en la cual Velázquez aplica al pie de la letra la frase de su suegro y maestro, Pacheco: «La imagen debe salir del cuadro.»

Y sale. Sale de un modo tan drástico que invade el espacio occidental, seguro para los espectadores. Tambalea la posición de poder del que mira, a buen recaudo de los vaivenes del espacio. O tal vez no. Tal vez *Las Meninas* organiza una nueva noción de poder en los espectadores, una parte literal del espacio a través de la imagen de los reyes reflejada en el espejo del fondo. Ahora, fuera del cuadro pero ocupando el reflejo del espejo en la lógica visual, somos Mariana de Austria y Felipe IV, el rey mecenas, el amante del arte, el coleccionista de los grandes maestros del museo –Rubens, los venecianos...–; el protector y señor de Velázquez. De modo que la prodigiosa lógica visual del cuadro a la vez nos da y nos quita: hemos perdido la seguridad de la ventana albertiana –mirar desde fuera y a salvo–, pero hemos pasado no solo a formar parte de la escena, sino a ocupar el lugar de privilegio en su lógica conceptual. Hemos entrado con mucho más que el ojo: hemos entrado con el cuerpo, metafórico si bien completo. Por eso se decía que mirar equivale a entrar.

Pero si las palabras y las cosas se relacionan cómodas en el espacio de Velázquez, es quizás porque se trata de un espacio sin remedio provisional. Para existir, para visualizarse por completo, el espacio depende de nosotros, de los que miramos. Aún más que otras fórmulas espaciales, nos necesita para completarse, para contar el penúltimo relato. En esa provisionalidad radica el juego de miradas que se intercambian al infinito, el trampantojo que gestiona Foucault con habilidad. Desde luego, la imagen ha salido del cuadro y dicha imagen somos nosotros mientras miramos desde las afueras del lienzo, tres afueras para ser más exactos: el exterior hacia el pasillo que se abre, pura luz; el que la ventana permite vislumbrar hacia la calle ese día de verano, dicen; y el otro afuera por antonomasia: el que habita la sala misma que recorremos hacia el cuadro, hacia un encuentro con el espacio del cuadro. Llego al dintel de la puerta de entrada a la sala 12 y me suelto definitivamente de la mano de mi madre. Echo a correr sala adelante.

Sale el espacio de *Las Meninas* hacia fuera y llena la sala. Lengua incandescente, se extiende por el suelo de mármol, mercurio que se expande imparable; fuego que nos traviste y nos zarandea y nos coloca en la posición exasperada del que mira sin poder evitarlo, como un destino –el simple hecho de mirar es contaminarse, pasar a formar parte de la escena, se advertía. Salir de *cruising* sin poder resistirse, romper la promesa que nos hicimos: no se repetirá, incluso sabiendo que se repetirá.

Rememoro la carrera de Godard y es mi carrera: soy los protagonistas corriendo. Corro camino de la sala 12 como tantas otras veces, sin remedio, y soy un reflejo que parpadea. Me gusta diluirme mirando, no porque me dé placer –que me lo da–, sino porque en esa pulsión vehemente, en ese acto de contaminarme, de dejar de estar a salvo, en ese espacio provisional que implica mirar una pintura, pierdo mi identidad, me instalo en la provisionalidad misma de las identidades a las que apela la obra. Soy la extranjera que he aprendido a ser, que de tanto escuchar otras lenguas se siente extranjera en la propia, de modo que las palabras olvidadas vuelven igual que en un poema y al tiempo van faltando.

Todo parece estar al borde de la desaparición en el tiempo y el espacio descritos en *Las Meninas:* apenas un gesto, un movimiento –de Velázquez, de la infanta, del aposentador, de los reyes, nuestro...– y la historia narrada sería del todo diferente. Bastaría con dar un paso hacia la izquierda y el marco se tragaría al artista; sería suficiente llegar un instante después y la puerta al pasillo estaría cerrada. Un ademán para entrar por un lado de la sala y desapareceríamos por completo de la escena, dejaríamos de ser los reyes.

Sin embargo, el montaje del museo –la escenografía– está dispuesto para que el prodigio ocurra. El modo en el cual la obra está montada en la sala 12 no deja escapatoria al visitante. Desde el momento de encontrarse en el umbral, las cartas parecen marcadas. Puede haber cambios en el Prado, pero ellas siguen ahí, eje y recordatorio del relato del propio museo. *Las Meninas* están colocadas, respecto al dintel, de forma que el eje del espejo, el que descubre el trayecto de los reyes –del visitante– para entrar en el cuarto, en el cuadro, coincide con el paseo que guía hacia el fondo de la sala, igual que ocurre en el texto de Foucault. En cualquier caso, decir que el montaje se debe a las lecturas de Foucault –al texto que explica ese juego de miradas entre los que entran en la sala y el propio cuadro– sería decir demasiado. Quizás el montaje actual se debe, más bien, a los modos de ver y mirar desde el presente, a esas maneras de acercarse a las pinturas en el museo que revisan las pinturas mismas y su relato; una forma de desafiar las leyes de la perspectiva barroca, la que aspiraba a reproducir aquella cámara secreta de mi infancia, el sanctasanctórum en el Prado de mi adolescencia.

Las Meninas parecían el tesoro escondido, blindado en una sala-cofre, en el cual se primaba el reflejo frente al desbordamiento espacial posterior, un juego de la museografía contemporánea donde las obras deben respirar y encontrar su camino hacia el espacio expandido, obras que no se circunscriben al cuadro mismo, sino que buscan otros diálogos con los espectadores también. Solo queda una cosa por dirimir: cuál de las dos *Meninas* –la de antes o la de ahora– es más auténtica, más ajustada a su significado primigenio.

La respuesta es que las dos lo son y al tiempo no lo es ninguna. Si los cuadros cambian en cada visita al museo; si se hacen más grandes o más pequeños; destacando uno u otro detalle, una u otra esquina, antes inadvertida o hasta olvidada, las obras se transforman con nosotros. Se modifican con nuestra mirada a lo largo de las décadas, de los siglos, porque ningún museo, ni siquiera un gran museo de grandes maestros, es poseedor de una narrativa fija. Todo lo contrario: se trata de narrativas que oscilan por la mirada y frente a la mirada, siguiendo las diferentes aproximaciones del pensamiento. Tampoco el Prado es ni ha sido nunca una historia cerrada: posee cierta narrativa expandida que se modifica sin remedio. En pocas palabras, es un ser vivo, al cual se busca entre tinieblas, presa de un deseo renovado, de la necesidad acuciante del placer. *Cruising.*

Lo ha aprendido también la historiadora: no existe un relato más preciso que otro y por eso las cosas van cambiando según cambian las ideas. Y hasta según van apareciendo preguntas de la mano de las diferentes teorías, porque si la teoría necesita de las obras para sobrevivir fuera del anquilosamiento y los prejuicios, las obras necesitan de la teoría para presentarse otras a partir de cuestionamientos que nadie hizo antes –ha ocurrido con el viejo preconcepto de la «calidad». Se trata de volver a escribir la narración y la narrativa, liberarse de los estereotipos que puedan surgir tanto en una lectura anticuada de una obra, como en una interpretación teórica –política– sin fisuras, sin dudas. Cerrar el discurso, no preservar los umbrales, es una tentación que acecha, pero se trata de huir de los discursos que aspiran a tener respuestas antes de formular preguntas.

En cualquier caso, las transformaciones y los travestimientos más radicales ocurren en silencio, sin alharacas. Ocurren porque el pensamiento y la mirada se mueven y porque la mirada, al darse, en el simple hecho de ocurrir, contamina los pensamientos –si mirar es formar parte de la escena, lo es de la propia narración. No hace falta, además, ser una historiadora de género para ir admitiendo esos cambios, claudicando frente a ellos, se crean o no se lleguen a creer del todo. Lo esencial es aceptar el camino hacia el cual nos lleve el pensamiento. El resto es fácil y ocurre porque así debe ser. Por esta razón *Las señoritas* de Picasso tienen ahora en el MoMA una nueva compañía, una artista afrodescendiente. Por eso en el Prado cuelga el cuadro de Gentileschi que hace tiempo alguien despreciara al no ser una «obra maestra» de la artista. Para que ocurran los cambios no hace siquiera falta hacer gala de una perspectiva de género, poscolonial o decolonial. Los cambios se van permeabilizando y llegan hasta los rincones del museo –del mundo– sin que nadie entienda cómo ha ocurrido. Es un trabajo lento y largo. Unos pocos conocen el secreto –la historiadora de género sonríe un momento después de haber esperado cuarenta años para ver a Artemisia colgada de nuevo en las salas del Prado. Y aunque el resto se apunte a la moda sin mucha reflexión, no le importa. Si sucede, le vale.

De pie en medio de la sala, a medio camino entre el umbral y el cuadro, pienso en la sala asfixiante donde se exponían *Las Meninas* de mi infancia, el vehículo para hablar de una excepcionalidad que no lo había sido antes, ni en el siglo XIX ni a principios del XX. Basta con mirar algunas fotografías del montaje del Prado durante ese periodo –el material fotográfico conservado en el museo es apasionante– para constatar algunos datos interesantes: por ejemplo, que *Las Meninas* era un cuadro más entre el resto de las obras maestras o que la obra arrumbada de Artemisia Gentileschi estaba expuesta al lado del resto de los «viejos maestros», en la rotonda de Goya Alta –lo muestra una foto de José Lacoste a principios del XX. De modo que la historia se ilumina y se contradice y revisa, otra vez, la vieja obsesión sobre la excepcionalidad de la obra de Velázquez que no es tan antigua como se hubiera pensado.

Rememoro la sala-cofre donde se escenificaban *Las Meninas* de mi infancia, la que debió de ver Borges en su temprano viaje a Madrid y que le dio tanto que pensar a propósito de los espejos y las traducciones, inesperado original –otra vez palabras perdidas y vueltas a encontrar que nos sorprenden de repente en la conversación o la escritura. Me pregunto cómo era percibido el cuadro por los visitantes en aquella sala, más allá del recogimiento, el miedo infantil y el trampantojo potenciado en el espejo de enfrente. Cómo se organizaba el cuadro en la mirada, tan lejos del malabarismo espacial de la sala 12, donde se anima el juego de intercambios –el *cruising*– que el visitante avispado experimenta al llegar a la entrada. Ahí se materializa el tráfico de las reciprocidades puntualizadas en el texto de Foucault, me parece.

La sala 12 se ha convertido en el lugar perfecto para reformular las preguntas que no surgían en el cuarto secreto y sus artimañas con el fin de subrayar la excepcionalidad de la obra, arteria, cerebro y alma del museo; camino y guía; obra de obras. Ese apartamiento, ese estar a buen recaudo, cerraba el relato –pese a jugar a abrirlo a través del espejo y los reflejos– y desdeñaba y desterraba las preguntas. La excepcionalidad, al no tener nada con que medirse, exilia las dudas.

Pese a todo, *Las Meninas* sigue siendo un cuadro lleno de interrogantes –en especial leído desde una interpretación tradicional. ¿Qué pinta Velázquez en el gran lienzo oculto, la trasera de traseras en el museo? ¿Cómo desafía el pintor al decoro a retratarse en el mismo lienzo que los reyes, sus mecenas? ¿Cómo se atreve a hacerlo, aunque se sirva del truco descarado de presentarlos a través de su reflejo? En el actual montaje las preguntas se han desbaratado por completo, pues, en la nueva lógica visual que propone la sala, Velázquez no solo pinta a los reyes, sino que nos permite identificarnos con ellos. El espacio se expande en la instalación y quizás ahora sabemos lo que cuenta el cuadro en realidad: pese a las apariencias, el papel que debería ocupar el poder, tema que recorre el museo entero, en *Las Meninas* está vacante, tanto que hasta podemos ocuparlo los visitantes en cierta propuesta de traducciones insidiosas «a la Pierre Menard». Y lo puede ocupar el propio artista –al fin y al cabo, Felipe IV y Mariana de Austria son solo un reflejo frente a la imagen contundente del pintor que se pinta en gerundio.

Qué forma tan insolente tiene Velázquez de hacernos cómplices de su desfachatez: ser y no ser los reyes; ser y no ser su reflejo. El malabarismo tiene algo de las complicidades con los fantasmas amigos que me acompañan y desaparecen a su antojo en mi paseo por los museos; los queridos fantasmas que me conducen hacia esos momentos de mi vida que ya no son, que se han ido y yo con ellos, pero que perviven en mis recuerdos y conforman mis diferentes capas. Ahí van. Cruzan la sala, entran en el cuadro, atraviesan la estancia y salen por el pasillo iluminado: su existencia prosigue osada en la auténtica trasera. Pero cada vez que ellos se van, cuando me dejan sola de nuevo, me convierto en otra en ese juego infinito de perspectivas, aquel que *Las Meninas* recalcan insidiosas en esta sala 12. Me pregunto cuál de mis fantasmas me acompañará, de qué manera me reconoceré frente al montaje en mi museo imaginario cuando la sofisticada hija del virrey se confronte con la presencia constreñida de la joven Margarita. Cómo cambiará ese *ars combinatoria* mis lecturas sobre *Las Meninas* cuando se establezca el apremiante diálogo decolonial. Tal vez no ocurra nunca.

Por ahora dejo de soñar y solo recuerdo. Recuerdo la sala 12 cuando la bella estatua de *Hermafrodito* quebraba el camino entre el que entraba y los que se reflejaban en el espejo al fondo. Ser los reyes. Ese milagro, esa fascinación ambigua, está desde luego ausente en las lecturas de Foucault, que, casi seguro, vio el cuadro en su ubicación del sancta-sanctórum que encontró Borges, si es que el filósofo francés llegó a verlo. En la posterior ubicación, la estatua clásica sumaba más misterio al interponerse. Al mirarla, nuestros ojos se cruzaban con los del rey, fascinado por esta pieza excepcional entre las apabullantes colecciones.

La mirada del rey se detiene sobre esta estatua de belleza concisa. Concisa. La palabra aparece entre las palabras desusadas y atrapa como la estatua misma la mirada del rey. Concisa. Vuelve la palabra; la usamos; la escuchamos; la escribimos y se convierte en el tigre de Borges que vive cómodo en los anaqueles y en el zoo de Buenos Aires. Esta belleza concisa debió de alimentar la pasión de Felipe IV, su gusto refinado por un coleccionismo que Velázquez sació con las compras romanas, tratando de revivir historias mediceas –grandes colecciones de estatuas clásicas– en la corte madrileña del XVII. Además, se trataba de un relato cargado de alusiones literarias que hubiera atrapado a cualquiera. El rey abdica un instante de su imagen poderosa –lo ha hecho en el acto mismo de dejarse retratar compartiendo espacio con el pintor de corte, tan inusual, tan poco decoro. Y al abdicar de su poder, mira humilde la belleza de la estatua y se vuelve un poco melancólico sumergido en el relato que la sustenta. Mirar la estatua en privado es el único privilegio hacia el cual siento nostalgia incluso yo, una usuaria apasionada de las bibliotecas públicas, una extranjera. Es soñar con ser dueña de un mundo intangible y completo.

El hijo de Hermes y Afrodita, de primor inédito, no era muy propenso al amor con el sexo opuesto, de modo que, deseado por la ninfa Salmacis, cuando le ve bañarse en el lago de Caria le abraza tan fuerte que se funden en un solo cuerpo al tiempo masculino y femenino: es el primer cuerpo no binario –se dirá hoy–, si dejamos a un lado *El banquete* de Platón. Sometido a su nueva condición de límites borrados, Hermafrodito pide a los dioses que transformen a todos y todas las que toquen esas aguas en seres no binarios, cuenta Ovidio en sus *Metamorfosis,* un libro lleno de tantas historias sexys, a pesar de faltar a veces a la corrección política –otra vez el conflicto de la historiadora de género cuando lee a Ovidio desde sus ojos de aquí ahora.

Mi hermana mayor, que recitaba a Catulo en latín de memoria y leía con fluidez el griego clásico –aunque en su segunda vida decidió ser científica–, me contaba aquellas historias de Ovidio en mis noches de insomnio siendo niña –muchas. De pequeña no dormía apenas. Es más, solo conseguí hacerlo cuando tuve jurisdicción sobre la luz de mi mesilla –entonces leía hasta tarde y la noche se hacía más corta. Controlar la luz de la mesilla, el derecho a leer, se convertía en una suerte de habitación propia de Virginia Woolf. Antes de ese evento en mi vida, con esos seis años de la visita al Prado, mi padre se levantaba conmigo y sumábamos y multiplicábamos juntos –gracias a él adelanté en mi destreza matemática. Aquellas noches, haciendo mi familia turnos pacientes frente al insomnio, mi hermana me contaba las *Metamorfosis,* historias trepidantes que no hacían sino encender mi imaginación y despertarme aún más. Me sigue pareciendo extraordinario que mi hermana, una adolescente que leía la *Ilíada* en griego, fuera capaz de traducir todas aquellas pasiones cruzadas para una niña tan pequeña. Tardé años en tropezarme con el libro de Ovidio y reconocer las transformaciones que me hicieron entender, tal vez y sin ser consciente, cómo la identidad está siempre a merced de los acontecimientos. Volví a Ovidio, en la universidad, al cursar la asignatura de arte clásico, pero en aquellas lecturas universitarias Zeus ganaba siempre –y de verdad que no siempre ganaba, al menos en las historias de mi hermana.

La estatua de *Hermafrodito,* belleza en el punto de mira de los reyes en una de las instalaciones del Prado, me lleva a repensar la contemplación íntima de las obras en el museo, que antes de ser colectivas formaron parte de una colección personal, de una privacidad. También esta pieza admirable, que Felipe IV instaló en el Alcázar en un lugar especial, entre el Salón de los espejos y la Galería del cierzo, formó parte de los prodigios que Velázquez trajo para la corte española desde Italia. De hecho, la estatua delicada que apenas muestra su ambigüedad de frente, tumbada en un colchón y apoyada la cabeza en una almohada, tapadas las piernas torneadas por el paño, figura durmiente, formaba parte de las colecciones del cardenal Borghese, tras haber sido descubierta en 1608 en las termas de Diocleciano. De este original, conservado hoy en el Louvre, se hizo esta copia en bronce, en 1652, que, como ocurre a veces con las copias, se dice superaba al original.

De modo que Felipe IV mira la bella estatua, la degusta en su soledad con los ojos del incendio y de la pasión, de la sorpresa –su particular extraña ceremonia de *cruising.* Admira esa belleza clásica que necesita, que alimenta la pasión coleccionista, la que llena los palacios de Rubens y Veronés; de Tintoretto y Tiziano. Le fascina ese cuerpo, seguro, en su ambigüedad, la que la Ilustración erradica porque lo que es bueno para uno tiene que ser bueno para todos. El *Hermafrodito* reta a la lógica ilustrada, reta sobre todo al orden que aspira a imponer. Reta al concepto más extendido de belleza. Pero el rey se mueve cómodo en el borde y el reflejo. Lo demuestra al consentir la licencia frente al decoro en *Las Meninas:* compartir el espacio pictórico con su pintor de corte. Incluso se mueve cómodo entre el exceso y las exuberancias de la carne en los venecianos, pasiones en las cuales no hay ni un instante para el arrepentimiento ni la contención que exige la devoción de otros reyes, de otras épocas.

Felipe IV guarda esos tesoros, esas profusiones de belleza pagana, cerca de su mirada, en el cuarto bajo de verano del

Alcázar. Allí se desplegaban las pinturas mitológicas de los maestros venecianos que otros reyes mandarían guardar a causa de su gran devoción. Pese a todo, el cuarto bajo de verano de Felipe IV no era un gabinete erótico: Venus y Adonis colgaban frente a los retratos de las reinas de España y los desnudos se cubrían solo cuando pasaba la soberana –más cuestión de respeto que de piedad. Además, no era tan extraño cubrir los cuadros con una cortina y no solo ocurría con las pinturas mitológicas. Se trataba, sobre todo, de una veladura –el velo que Lacan proyecta para *El origen del mundo*–, que convertía el contenido de las obras en un secreto al cual había que acceder y desde el cual se establecía el sentimiento de intimidad entre escena y espectadores; una forma de revivir las experiencias de intimidad que las colecciones pierden al hacerse públicas. Era un modo de echar a narrar acuciados por las historias.

Ocurre con los biombos novohispanos cuando se desplegaban en los salones: con sus historias pintadas apelan al relato compartido, ese bello biombo que ha ostentado el privilegio de ser la primera pieza virreinal compartiendo sala con la colección permanente del Prado. Y sucedía con los trípticos del Bosco: al abrirse en la reunión cortesana, desvelaban un universo inexplorado, el motivo para iniciar la conversación. Por eso las hojas que cubren los trípticos son parte de la ceremonia y deben mostrarse, tal y como ocurre con la actual instalación del arte flamenco tras la gran retrospectiva. Es un ejemplo elocuente de las transformaciones de las piezas en el propio museo: esas «tapas» de los trípticos del Bosco habían sido durante largos años una suerte de trasera de *El Jardín de las Delicias,* nunca desveladas en su contundencia.

Lo cubierto invoca por oposición a lo por descubrir. Así, en mis visitas al Ashmolean Museum de Oxford a lo largo del tiempo se ha acumulado lo que he ido perdiendo y ganando con el paso de los años; lo que se ha quedado detenido en el museo mientras el mundo se transformaba. En el Ashmolean, frente a los cuadros prerrafaelitas o el dibujo de Miguel Ángel cubiertos por una cortina para protegerlos de la luz, he pasado tardes enteras en muchas de mis vidas. He estado a menudo sola a finales de septiembre, cuando los turistas no invadían el mundo aún, antes de que los estudiantes llenaran la ciudad y las familias acompañaran a los *freshmen* –los estudiantes de primer año– para inaugurar el trimestre Michaelmas, cuando se inicia el curso y todo son expectativas. Al correr la cortina, he tenido la sensación intensa de tener la obra solo para mí –qué contradicción en alguien que pasaba horas en la Bodleian leyendo a los grandes poetas isabelinos, sin acabar de decidirse a comprar un libro, siquiera uno, en Blackwell's, de lo que no fuera imprescindible para el estudio programado.

Me quedo prendida de aquella soledad prodigiosa, cuando el dibujo o el poema prestados se me ofrecían íntimos, un don escueto e infinito para dilapidar, y vuelvo luego de repente al Prado, al exceso de los venecianos cuando pintan mitologías. Felipe IV observa las pinturas desbordadas de fisicidad en el cuarto bajo de verano del Alcázar, una intimidad que debe apabullarle. También el rey sabe a lo que ha venido y no se hace las posteriores preguntas ociosas de la Ilustración, que dejan poco margen de maniobra para las cortinas y los velos. Qué misión tan devastadora desvelar e imponer lo que será adecuado para todos al serlo para uno; borrar de un plumazo la diversidad que Felipe IV –su siglo– acepta, a pesar de la consciencia de lo diferente, sobre esto que nadie se llame a engaño.

Esa idea restringida y binaria de los ilustrados es la que desbarata Foucault y su generación. Es preciso dibujar una narrativa contra lo impuesto, intentar recorrer las cosas de un modo extranjero y, por lo tanto humilde, sabiendo que todos son poco más que relatos. Fue la lección de la década de 1970, la que ahora se convierte, de alguna manera, en una nueva Ilustración al tratar de eliminar las diversidades que conviven y se cancelan. Las leyes se dictan desde el lado opuesto a los conceptos ilustrados –masculinos y coloniales. Pese a todo, a ratos me parece que se ha creado un nuevo binarismo donde, en el fondo, hay renovadas reglas de exclusión, si bien se excluya a otros y de otra manera. Sin embargo, no debería tratarse de sustituir una hegemonía por otra. Siento que no era esa la meta. Las exclusividades no estaban en la hoja de ruta –o al menos eso pensábamos algunas.

Busco refugio en la figura de *Hermafrodito* en el Prado, tan ofensiva para los ilustrados como los cuadros de las mitologías –cuerpos desnudos e historias de apropiaciones indebidas de cuerpos– para algunas historiadoras hoy. Pese a todo, la convivencia entre los opuestos debería ser la meta. Debería haber espacio para todos, pues si una obra tiene una lectura presente, tiene también derecho a su historia pasada que la enriquece y nos enriquece. Las formas de *Hermafrodito* desbordan los ojos del incendio y de la pasión; de la sorpresa. Son las de los habitantes de Nueva York de la década de 1980, infinitas mezclas raciales y de género, el Nueva York desde donde escribía mi libro sobre las imágenes andróginas. El *Hermafrodito* del Prado nos asaltaba en el paseo cotidiano: estaba en clubs como CBGB, The World o Downtown Beirut, un local en el cual la «hora feliz» duraba el día entero. Irse de copas con Hermafrodito en la isla prodigiosa, este era Nueva York en aquellos años.

A la mañana siguiente, pasara lo que pasara en CBGB, llegaba temprano a las salas de la Biblioteca Pública para trabajar en mi investigación sobre la androginia. A finales de la década de 1980 a menudo consultaba libros y revistas «clasificadas» por su contenido sexual –algunas eran sencillamente «médicas»– que podía revisar con un permiso especial y la supervisión de un funcionario. A veces eran revistas microfilmadas que debía leer en aquella especie de moviola –no había internet– y me preguntaba si el funcionario, generalmente un hombre, estaría interesado en las imágenes de mis revistas de travestidos y transexuales. Aparecía un artículo cuyo contenido me interesaba y metía las monedas de un cuarto de dólar en la máquina para obtener la fotocopia. Sonrío al recordar aquella ceremonia de *peep-show* que se convertía en pornográfica solo a partir de las restricciones desde la censura. Durante aquellos años pensé poco en el Prado: aspiraba a olvidar el pasado y vivir solo en un presente que –lo entendería luego– era presagio de un futuro en el cual lo binario iba a ser desterrado. Solo diversidad. Visitaba el MoMA y el Met y echaba de menos a las artistas que faltaban. Eras muchas. Interiorizaba otro modo de conformar el canon.

Cuántas formas de bellezas no canónicas recorren las imaginaciones y los siglos; las salas de los museos. Cómo cambia el canon de la belleza, signifique lo que signifique el término hoy. A finales de los años ochenta, en Manhattan, bastaba con pasear por las calles para comprobarlo –era el trabajo de campo para el libro que me había llevado hasta Nueva York. Subo Madison arriba hacia el Met desde mi casa en el Downtown –el sureste– y me detengo en el Museo Whitney, hoy desaparecido de esa avenida: las Guerrilla Girls revientan una inauguración. También eso se toma con naturalidad en el Nueva York de finales de 1980. Cuando se deja la Ilustración a un lado hay que estar listos para cualquier evento. De algún modo, tomar las cosas con naturalidad, incluso los gestos radicales de esos años, requiere la actitud humilde del extranjero.

Nueva York, 1986: ciudad de extranjeros, de personajes fuera de la norma, fuera de la ley en las escaleras de entrada a las casas de Saint Mark's Place, al lado de Astor Place, la calle de la librería más apasionante del mundo, donde los libros estaban ordenados temáticamente por una mano lúcida. Saint Mark's Bookstore compartía acera con una tienda punky que vendía medias de tela de araña. Soñaba con esas medias. En Manhattan no queda ya nada de aquellos lugares, ni de aquellos extranjeros. Hay pocos fuera de la ley. No queda nada de lo que fuimos y regreso a la belleza escueta del *Hermafrodito* en el Prado, olvidada durante mis años neoyorquinos, desbordados con otros hermafroditas a los cuales amar en el Alphabet City, donde las avenidas cambian su nombre de número a letras: avenidas A, B, C y D.

Fue un barrio de artistas, andróginos y forasteros, con galerías revolucionarias y hogueras en las calles. Fue el East Village y ahora es otra zona chic en Manhattan –la isla que ha quedado pequeña para tanto bienestar. Los que estuvieron no tienen sitio en la isla estrecha. El Bowery, durante mis mejores meses neoyorquinos mi barrio, el refugio histórico de los grandes escritores como William Burroughs y protagonista de las canciones de Ramones, quienes actuaron tantas veces en CBGB, de los restaurantes chinos con menús a tres dólares, es ahora una avenida de alquileres astronómicos y tiendas orgánicas. También aquellos fantasmas andróginos y guapos se me escapan rápido. Casi queda solo el *Hermafrodito* del Prado que tanto intrigaba al rey. Por esa diversidad frente a la cual se deleitaba el monarca –desde lo escueto del *Hermafrodito* hasta los desbordamientos de los venecianos– me intriga su mirada. Debía de estar curtida en la diversidad del canon.

En esas primeras visitas al museo no conozco aún las trampas de la Ilustración y no sé qué es la historia del arte de género –nadie lo sabe entonces. Los venecianos llegan a mi retina más tarde que Velázquez y Goya, pero cuando llegan me inundan los ojos y la cabeza de historias, en especial cuando hablan del amor de los dioses. Desde entonces, he vuelto innumerables veces a admirar la pintura de Tiziano *Ve-*

nus y Adonis –de 1554–, en la cual el artista se concede una licencia poética, recuerda Miguel Falomir en la página web del museo –una ficha extendida y precisa–, al incluir ese momento del relato que no aparece en Ovidio ni en ninguna otra fuente clásica o de su momento. Venus intenta retener al amante cuando trata de liberarse de ella, de modo que, al final, Venus va a ser otra mujer sola en la historia de la pintura. Pienso en uno de mis cuadros favoritos del Prado: la versión que del tema hace Veronés. Al menos en esta escena, Venus ha tomado el control sobre los acontecimientos, si bien su amante Adonis acabará muriendo en la cacería. No obstante, en la pintura de Veronés, Adonis duerme y da la impresión de que la mujer distrae al destino, controla los plazos como la protagonista de *Las mil y una noches;* reina sobre la situación: para tener poder sobre alguien que duerme, basta con permanecer despierto.

Luego están las otras Venus del museo, las que aparecen reclinadas –como la de Tiziano con el jardín al fondo– y que son el deseo de la mirada masculina, anónimas y expuestas a los ojos insolentes de quien quiera mirar. Llamo en clase a menudo la atención sobre estas mujeres en la historia del arte que pasan de Venus a caídas en el XIX sin mucho miramiento. Hablo de Sylvia Sleigh, cuando responde a este patrón de los pintores y sus mujeres sin nombre, retratando a su joven modelo masculino que, por serlo, no ha perdido su nombre ni su identidad. La cuestión ahora –y no menor– es seguir disfrutando de la belleza políticamente incorrecta de estos cuadros conociendo la trastienda de la narrativa, los trapos sucios que son muchos; aceptar que las cosas no son solo lo que fueron pero que tampoco son solo lo que son.

Y no es sencillo, lo reconozco, frente a la *Cleopatra* de Reni o la *Susana y los viejos* de Guercino. ¿Cómo no sentir pudor y rechazo ante al deseo escópico de esos ancianos libidinosos que por un momento compartimos en el acto de mirar el cuerpo deslumbrante? Me consuela solo pensar que lo bueno de la pulsión escópica es la imposibilidad de satisfacerla: en realidad nunca se acaba de ver. Mirar no es ver. Busco el cuadro de Guercino en internet para tomarle el pulso a la actualidad y entre sus *tags* el primero que figura es «machismo». No está mal como resumen, pero se me queda un poco corto. Pienso más bien que el Prado es un gran poema que anda exigiendo las palabras adecuadas en cada época, la combinación de las que fueron y son y serán, pues es mucho más grande que nosotros. Personalmente no acabo de encontrarlas.

Quizás recorrer el Prado desde el presente requiere, una vez más, humildad: no dar nada por hecho, ni siquiera lo aberrante de la mirada de los viejos lascivos. Para mirar sin prejuicios, conociendo el final de las historias, estando en desacuerdo con las historias además, hay que aprender a mirar desde la diversidad, sabiendo que las historias hoy no son las de ayer ni serán las de mañana. ¿Cuál es la propuesta? ¿Bajar los museos enteros a los almacenes? ¿Destruir cada *Rapto de Europa?* Pero ¿se puede mirar una pintura extraordinaria que cuenta una historia deleznable sin cerrar fuerte los párpados? Me falta, aquí también, una única respuesta. Lejos de ser un problema, dudar parece positivo en cuestiones como estas. Son temas que salen a menudo en las discusiones de clase.

Luego está el otro Tintoretto que atrapó mi atención desde el primer encuentro, *El Lavatorio,* ese fabuloso e interminable fotograma a tamaño real en el que cada personaje se sumerge ensimismado en su pequeña acción. Todos parecen ignorar al resto en su particular soledad, sumergidos en una precisión de acciones que la importancia de las mismas justificaría apenas. Sin embargo, ese ensimismamiento en acciones a primera vista carentes de la importancia que la entrega de los presentes parecería subrayar, desvela el secreto terrible que esconde el cuadro: la vida de Jesús se acerca al fin. Quizás, igual que Venus en vela al lado del amante dormido, los actores tratan de ganar tiempo.

Nada en este lienzo ha sido dejado al azar. También Tintoretto supo que estaba pintando una gran obra que cambia por completo dependiendo desde dónde se la contemple –de frente, izquierda, derecha... La primera vez que fui consciente del juego visual, por casualidad como suelen ocurrir los grandes descubrimientos, entendí la verdadera esencia del espacio en Italia, eficaz como la escenografía de una película. Tal vez sea la respuesta a esas preguntas que no acabo de poder contestar: hay que probar a cada paso distintas perspectivas, mirar desde los diferentes ángulos sin priorizar ninguno, aceptando la diversidad de miradas que se generan con la humildad que implica el acto mismo de mirar. En *El Lavatorio,* el agua al fondo, clara y estancada, contrasta con los tonos procelosos del cuadro de Patinir que tanto le gustaba a mi madre. Debería haber un recorrido especial por las diferentes aguas del Prado: *Pantone* de azules.

También en las narraciones va cambiando la perspectiva. Aprendemos relatos. Aprendemos a que convivan los relatos distintos; que no se borren unos a otros. Aprendemos a convivir con las capas, aunque a veces, algunas, nos incomoden. Aprendemos a mirar como Felipe IV –también fascinado por *El Lavatorio*– debió de mirar la estatua de *Hermafrodito,* haciéndose las preguntas del XVII que trato de imaginar y se me escapan, palabra en un poema. Felipe IV quiere rodearse de los clásicos y pide a Velázquez que traiga algunos de los más significativos vaciados de Roma que hoy se conservan en la Academia de San Fernando. En el taller de vaciados paso buena parte de mi tiempo en el palacio de la calle de Alcalá y me sigue impresionando, después de años, la idea de preservar una técnica que puede olvidarse, que sobrevive en San Fernando desde el siglo XVIII. El taller me ha enseñado, además, a interpelar a la escultura, en el caso del taller piezas únicas si bien no originales, un poco como el *Hermafrodito,* una copia también. La escultura es muy abundante y asombrosa en el Prado, a pesar de que se quede diluida entre las numerosas pinturas magistrales. *El Espinario* capturaba mi interés infantil, pero pasábamos sin detenernos: el paseo no puede alargarse demasiado cuando se lleva a un niño de la mano.

Soy la mirada del rey frente a la estatua que cortaba el paso a los visitantes en la sala de *Las Meninas* y, porque pienso que Felipe IV tampoco entendería nuestras preguntas sobre el *Hermafrodito,* intento empatizar con las suyas; aspiro a conocerlas para dislocar mis respuestas. Se olvida a veces, pero es la regla primera de las diversidades. Probablemente el recorrido y la lectura de la exposición *La mirada del otro,* un paseo gay por el Prado con motivo del Día del Orgullo en Madrid el año 2017, hubiera resultado extraña para una mirada del XVII. ¿Por qué politizar las historias mitológicas, el busto de Safo, Antínoo, Ganimedes, Narciso, San Sebastián? Sin embargo, se trata de una pregunta lícita desde otro contexto, tal vez igual que las dudas que surgen hoy frente al rapto de Europa. En el paseo no faltó nadie, además. Estuvo la escena lesbiana de Diana pintada por un artista rococó –Jean-Baptiste Marie Pierre–, muy explícita porque hasta bien entrado el XX, y al contrario de lo que ocurriera con la homosexualidad masculina, el lesbianismo no estaba contemplado desde la mentalidad reinante. Se ha comentado: los escarceos con amigas estaban bien vistos por los futuros maridos –nada que temer. ¿Qué mujer no caería rendida frente a un hombre una vez conocidos los placeres masculinos? Se lo preguntaba Havelock Ellis, influenciado por su mujer, la lesbiana feminista Edith Ellis: qué hacen las mujeres cuando se quedan solas. Por este prejuicio Rosa Bonheur pudo vivir tranquila su convivencia. Además, las escenas homoeróticas femeninas han sido muy populares en la pornografía heterosexual, no lo olvidemos.

Con ocasión de esa muestra, *El Cid* salió de los almacenes y a la cita tampoco faltó Leonardo, conocido por su supuesta homosexualidad que tanto intrigó a Freud y vilipendiado por ella en la Florencia del Renacimiento, cuentan algunos biógrafos. A veces pienso incluso cómo la fama se organiza en parte alrededor de su supuesta opción sexual –otro fuera de la ley. En *La mirada del otro* estaba representado por persona interpuesta, por una belleza andrógina hasta cierto punto intercambiable con el artista mismo igual que ocurre con Warhol y Marilyn. El *alter ego* de Leonardo no era otro que la «Gioconda del Prado», un fabuloso descubrimiento que desvelaba la restauración y que, según dedujeron los expertos y gracias a la limpieza, podía ser atribuido a Melzi, el amigo y discípulo de Leonardo, pues debió de pintarse al tiempo que la obra del maestro. Lo probarían los *pentimenti* –cambios posteriores– en el óleo final, detectables con las técnicas actuales de rayos X y que habrían pasado desapercibidos a cualquier copista, a menos que hubiera seguido la ejecución de la obra en tiempo real.

Si la fabulosa hipótesis resulta ser cierta, quedaría clara la relación de proximidad de Leonardo con el mencionado Melzi, a quien dejaba pintar junto a él la réplica del retrato más popular en la carrera del florentino. Esto no solo cambia el concepto del taller y el modo en que opera en el caso concreto de Leonardo –del cual se repite que no tuvo discípulos–, sino que revisa la propia historia de la vida de Leonardo y sus relaciones con Melzi, hacia quien sintió quizás más afecto de lo que se podría pensar a primera vista. El propio Melzi, a la muerte de Leonardo, escribía una carta a los hermanos del pintor en la cual lo recordaba como el mejor de los padres y manifestaba su dolor por la pérdida de un artista tan extraordinario.

¿Quién era, al fin, ese Leonardo, descrito como poco amigo de las pasiones y los afectos, tantas veces definido como alguien hosco, alejado del mundo? Quién pudo ser este hombre que escribe al hermanastro con motivo del nacimiento del hijo unas palabras pavorosas: «Solo te envío la presente para avisarte de que en los días pasados recibí la tuya por la que me enteré de que habías tenido un heredero, cosa de la que pareces alegrarte mucho: [...] debes saber que te has alegrado de haberte creado un enemigo político, que con todo su sudor deseará su libertad, que no será hasta tu muerte.»

¿Cambia la proximidad, pictórica incluso, con el discípulo Melzi la idea del Leonardo misántropo, sumido en la falta de lazos afectivos que recalca Freud en su clásico –y problemático– texto sobre el pintor? ¿Cambia incluso su supuesta homosexualidad? Otra vez la restauración de una obra –sacar a la luz la superficie que había pasado siglos como una trasera sobre la superficie misma, un fondo negro y barnizado, desvelar las capas– contaba un relato impensado, como ocurría con la hija del Virrey. Se resquebrajaba el malentendido de Leonardo, pintor sin discípulos o con discípulos mediocres, el relato del maestro individualista y nada pródigo con sus alumnos. A partir de esa restauración, de esa nueva lectura de Leonardo incluido en un recorrido gay por el Prado, comenzaba cierto relato renovado que llamaría la atención de quienes buscan las palabras olvidadas: los que, sin sospecharse poetas, miran los cuadros en los museos como quien busca las palabras.

Ocurrió frente a *La caída de Ícaro* de Brueghel. El poeta fija la mirada en el pequeño cuadro. Es el mes de diciembre de 1938 y W. H. Auden, de visita en Bruselas con su amigo, el también escritor Christopher Isherwood, se queda fascinado por la extraordinaria colección de primitivos flamencos conservada en los Museos Reales de Bellas Artes de esa ciudad. Los ojos del poeta recorren el paisaje despacio, inundados por los detalles que la mano de Brueghel ha delineado con una precisión implacable: las hojas de las ramas, el perro, las ovejas, el pastor, los barcos, el ave, la ciudad al fondo, las montañas, las olas en el mar... En primer término, supuesto protagonista de la circunstancia narrada, un campesino ara la tierra, prosigue ensimismado en su tarea cotidiana. Sobre la superficie de la obra –igual que en la vida real– todo sigue su curso, tal vez porque los grandes acontecimientos nos pillan a menudo sumergidos en un acto nimio. Los grandes acontecimientos exigen a cada paso nuestra complicidad para no pasar inadvertidos.

Quizás ese viaje de los dos amigos en 1938 –Isherwood, autor de la mítica novela *Un hombre soltero,* despliega ya cierta actitud abiertamente homosexual– tiene algo de acontecimiento, aunque nadie sepa entenderlo entonces hasta sus extremas consecuencias, camuflado bajo el disimulo. También en el caso de Brueghel el acontecimiento está teniendo lugar sin que reparemos en él, rodeado por un mundo apacible, convencional incluso. Cuesta distinguir las piernas de Ícaro que apenas sobresalen a un lado del cuadro, mientras el campesino sigue arando sin reparar en la zambullida y un pastor se ha detenido en sus tareas y mira al cielo embelesado por la maravillosa luz en medio de los quehaceres cotidianos, los de un mundo que sigue girando displicente. Pese a todo, el prodigio deslumbra: un joven cayendo del cielo. Caer al mar. O a la tierra en la película de David Bowie *The Man Who Fell to Earth,* rescate de Brueghel como telón de fondo. Apenas vestigios sutiles de la tragedia.

Los ojos del poeta se detienen vulnerables y sagaces en la potencia increíble de esas piernas, a primera vista insignificantes, ocultas bajo la meticulosidad miniaturista, detalles sobre detalles donde se enfatiza la compleja narración de la pieza. El barco –tan cerca– no las ve siquiera y prosigue su camino impasible, ajeno al drama de ese cuerpo que se hunde en el mar y que los poetas descubren luminoso en el cuadro, fragmento que se escabulle en una primera mirada. Se camufla. Se traviste. Se convierte en un guiño para entendidos; en un juego de sobrentendidos, complicidad de *cruising* entre el espectador y el artista: de pronto todos saben a lo que vienen. La propia historia, de sobra conocida, es elocuente. Narra la desdichada aventura del joven Ícaro, que, durante la huida, se despista de la misión urgente y, fascinado por el vuelo mismo, se acerca demasiado al sol. Se le derrite la cera de las alas y se hunde en el mar. Se ahoga.

Y Auden mira el portento, discreto, y se siente atrapado por todo aquello que, asombroso, estaba a punto de no percibir en la obra del flamenco durante su visita al Museo de Bellas Artes de Bruselas –sucede con frecuencia en el paseo. Es allí donde se gesta su conocido poema «Musée des Beaux Arts», que, en el fondo, no es sino una reflexión sobre los acontecimientos trascendentales que a cada paso pasan inadvertidos: «Acerca del dolor jamás se equivocaron / los Antiguos Maestros. Y qué bien entendieron / su función en el mundo. Cómo llega / mientras alguno cena o abre la ventana / o nada más camina sin objeto.»

Años más tarde, otro poeta, William Carlos Williams –autor de «The pure products of America go crazy», versos donde reflexiona sobre las contaminaciones culturales–, vuelve a pensar en la zambullida ignorada por la mayor parte de las miradas: «Ícaro ahogándose», termina el poema. Esa vez también, como podría haber pasado con Auden, Williams ha estado a punto de no fijarse en las piernas, llave exquisita del relato. Las ha rescatado al vuelo su mirada perspicaz de poeta.

Quizás toda visita al museo exija del espectador ojos de poeta, capaces de ver más allá de lo inmediato, de lo consuetudinario; de lo que creemos haber visto en unas salas, tan familiares, que podríamos reconstruir metro a metro desde la memoria; esa mirada que echa de menos las palabras desaparecidas y las rescata. Y, sin embargo, con frecuencia el recorrido ha sido mecánico, plagado de huecos, de ausencias, de silencios impuestos..., en parte porque la historia es maestra en ocultaciones, y en parte porque en cualquier relato la clave permanece camuflada –piernas de Ícaro emergiendo tímidas. Lo esencial queda oculto sin remedio, no llega a decirse jamás, es impronunciable. De este modo, atrapado en el territorio de lo no dicho, acaba por pasar inadvertido para las miradas sin aspiraciones; las que no miran en realidad.

Bastaría con mirar para ver. Y nombrar. Nombrar lo que estaba y no vimos; lo que la historia pensó que era mejor pasar por alto, excluir del relato: que el mundo siga preservando intacta esa mañana de primavera en el cuadro de Brueghel. «Según Brueghel / cuando Ícaro cayó / era primavera», escribe William Carlos Williams. Habría que fijar los ojos de poeta en una esquina en apariencia inocua: allí se concentran las claves.

De manera que el visitante entra en el Museo del Prado travestido en sus ojos de poeta, dispuesto a poner el relato y el mundo patas arriba. Son unos ojos que tienen mucho de político, por cuanto están comprometidos con modos de ver batalladores, los que nunca se conforman con lo esperado; los que aspiran a llegar más allá, a rescatar las palabras extraviadas. Es la mirada que nos apremia a recorrer cada una de las salas familiares en busca de los Ícaros acallados y borrados por las capas del transcurso.

Urge enumerar a los inadvertidos, los que han pasado largo tiempo fuera del relato. Es preciso volver a contar, porque, como a T. S. Eliot en *La tierra baldía* al recordar la expedición al Polo, las cuentas no salen: no estaban todos. Faltaba, por ejemplo, el león majestuoso de Rosa Bonheur, la pintora de animales del XIX francés que solía vestir de hombre. Y le faltaba espacio a Clara Peeters, extraordinaria y modernísima –más que Claesz. Las reclamaba el paseo y sentíamos que les ha sido negado cierto lugar en el relato que se ofrecía sin fisuras a sus colegas hombres. Poco a poco, han ido ocupando ese lugar.

Y luego quedan, claro, los que se ocultan sin más y que aún ni imaginamos, los inadvertidos que, cuenta T. S. Eliot en sus versos, exigen no perder ni por un instante el hilo de la mirada: «¿Quién es el tercero que camina siempre a tu lado? / Cuando cuento, solo estamos tú y yo juntos / pero cuando miro adelante por el camino blanco / siempre hay otro caminando a tu lado / deslizándose envuelto en un pardo manto, encapuchado / no sé si hombre o mujer / –pero ¿quién es quien va al otro lado tuyo?» Sus ojos de poeta buscan a los inadvertidos. Y, como los ojos del poeta suelen ser políticos, van de *cruising* por las salas. Ese día todos, inadvertidos y detectives, saben a qué han venido.

Porque quizás es cierto que de cada obra hay al menos dos lecturas que, lejos de contradecirse, se complementan y se enriquecen: una corresponde al tiempo de la obra misma, a las preocupaciones y las mentalidades de la época; y la otra se relaciona con los intereses posteriores, con cierta mirada que, dependiendo del momento, relee los cuadros a partir de las diferentes opciones de lectura que se van incorporando al relato. Por eso las colecciones –y las obras de las colecciones– son una historia abierta que cambia sin cesar sus significados; entes maravillosamente vivos que pueden interpretarse desde los sucesivos pasados y presentes y que establecen con los espectadores una complicidad inusitada.

Los diferentes relatos acumulados –y cancelados– en los museos –clásicos también, incluso se diría que sobre todo clásicos– se convierten en un lugar de conformación de significados donde todo aquello que se daba por hecho debe ser revisado: desde el modo de «leer» una obra hasta la manera de presentarla o las relaciones que se pueden crear en las infinitas conversaciones que a lo largo del tiempo surgen en las salas. Las obras tienen una vida extendida que se define y redefine con el paso de los años; que se revela a través de las capas conformadas por las sucesivas miradas. Descubrir esas capas, llegar hasta el fondo de las nuevas lecturas, exige estar dispuestos a perder pie. Estas aproximaciones permiten ir descubriendo temas que durante siglos podrían haber pasado inadvertidos y posibilitan redimensionar otras significaciones. Si los modos de mirar cambian, ¿cómo no van a cambiar los modos de ver?

El final de los grandes relatos, los géneros pictóricos denostados que se van rescatando, las mujeres artistas que van ocupando las paredes, la diversidad física o racial, las diferentes opciones sexuales, la consciencia de las «otredades» en suma..., han contribuido a configurar nuevos relatos en los museos. Desde que Linda Nochlin se hiciera la pregunta incómoda en 1971 –por qué no ha habido mujeres artistas– las cosas no han vuelto a ser como antes, por mucho que algunos se hayan empeñado. A partir de esa pregunta genuina e incómoda, que quiebra por completo el paradigma, se reformulan el resto de las preguntas. Entonces cada obra clásica lleva a cabo su particular maniobra de *outing* y exige de los espectadores entendidos y sobrentendidos –dejar a un lado los disimulos, saber a lo que se viene.

¿Cómo se leyó y cómo se lee cierta obra dependiendo de la aproximación que se escoja? ¿Qué enseña el pasado al presente y qué desvela el presente del pasado? ¿Es posible, por ejemplo, leer a Juan de Pareja a través de una «perspectiva poscolonial/decolonial», es lícito? O más aún: ¿adquiere Juan de Pareja una importancia mayor en la historia contada después de la aparición de la teoría poscolonial/decolonial, desde donde se rescata la «otredad»?

En todo caso, lo fascinante del malabarismo es que los inadvertidos eran eso, inadvertidos, pues llevaban siglos colgados y esperaban que unos ojos de poeta –que ven más porque miran más y por eso también son políticos– los desvelaran en sus intensidades. ¿Cómo no ver signos de maltrato y coacción en la historia de Nastagio degli Onesti, descrita por la bella obra de Botticelli? ¿No es acaso cierto que, aunque la historia contada no se leyera como tal en su época, hay maltrato en la amenaza? En otra sala del Prado el Ganimedes de Rubens hace un despliegue fálico con la aljaba que guarda las flechas y su trasero contundente trae a la memoria otros traseros insinuantes de otro viejo maestro, Andy Warhol. Las capas de significados se modulan en el paseo –a fin de cuentas, la figura de Ganimedes ha sido desde el principio un icono gay.

¿Quién nos robó entonces los relatos? ¿Quién nos hizo creer que las mujeres barbudas o las niñas obesas eran «normales» –¿qué es «normal» sino la norma?– en una corte del XVII que las coleccionaba más bien como curiosidades, consciente de la «diferencia», pese a ser capaz de convivir con ella? De modo que los inadvertidos van tomando cuerpo esa mañana de primavera y van guiando la caminata del visitante curioso que está harto de ver sin mirar. En la sala de *Las Meninas,* el corazón y la arteria del museo, los inadvertidos nos abordan con apremio, tal vez porque saben que sabemos a lo que hemos venido. Sobre el rincón derecho de la superficie del lienzo Mari Bárbola y Nicolasito Pertusato ocupan su propio territorio del entremedias, el que reta a la mirada actual sobre las diferencias y sus malentendidos históricos y le recuerdan al tiempo que no solo es válida nuestra lectura, que no debe imponerse una única lectura jamás –ninguna debe hacerlo. Hemos contemplado el cuadro en infinitas visitas, pero hoy nos salta a la vista su forma de pasearse firme por el lado oscuro. El más oscuro: la propia elipsis del sujeto.

Las Meninas, trampantojo y elipsis del sujeto en palabras de Severo Sarduy en su memorable libro *Barroco,* desarbolan la mirada. La obra está en la obra, solo que apenas alcanzamos a verla desde un ojo que no ve lo que mira y menos aún lo que desea ver. «Doble elipsis», dice Sarduy a propósito del cuadro de Velázquez: «ausencia de lo nombrado, tachadura de ese exterior invisible que el cuadro organiza como reflejo, de eso que la tela reproduce y que todos miran; ausencia aquí subrayada por la estructura propia de la obra y que irrumpiendo, semiesfumada, en su centro el espejo restituye: lo que del cuadro, apunta Foucault, es dos veces necesariamente invisible, metátesis de la visibilidad.»

Una línea quebrada nos había conducido hacia esa magia donde el reflejo del espejo, nosotros mismos, nosotros como elipsis del sujeto más bien, estábamos a punto de pasar*nos* desapercibidos, a pesar de ser la clave última del cuadro, camuflada igual que las piernas de Ícaro. La preciosa escultura de *Hermafrodito,* desde la cual se rigieron invisibles los destinos metafóricos de la mirada en la sala, mirada que nos conducía sutil hacia *Las Meninas* –a pesar de que el cuadro ofuscara y encubriera la importancia de la estatua en el relato visual del cuadro mismo–, recuerda a cada paso lo endeble, lo frágil, lo vulnerable en la división de las fronteras.

Cruzo la sala sin obstáculos ahora que se ha ido la estatua. Atravieso el cuadro y, por fin, entro decidida en el cuadro mismo y salgo por la puerta abierta al fondo y hacia el pasillo, la que sujeta Nieto, el aposentador de corte, para que pasen Mariana de Austria y Felipe IV. Ahora sí que puedo mirar la sala desde la trasera literal del cuadro y advierto maravillada que formo parte, desde dentro también, del prodigio y sus pobladores. ¿A quién frecuento?

7. CAPAS Y TRASERAS

Por fin, la trasera de *Las Meninas.* Cruzar la sala, atravesar el cuadro y salir por la puerta abierta hacia el pasillo iluminado y desde allí contemplar las sorpresas que aguardan: ver la sala desde otra perspectiva –la del pintor que mira hacia fuera–, los reyes de frente mientras van avanzando parsimoniosos por esa sala 12 y reflejados en el espejo al fondo del lienzo que desde el pasillo ya no es visible; ver al resto de los personajes de espaldas... Sobre todo, desvelar el contenido del lienzo cuya trasera aparece en la superficie de *Las Meninas,* bastidor enigma de la historia y las historias. Es la pregunta sin respuesta que ha rondado desde siempre al que se acercaba a la pintura y experimentaba en la primera visita –y las visitas sucesivas– la sensación de un encuentro fortuito, casi prohibido en su intensidad. ¿Quién soy?

La pregunta recuerda a la formulada por Breton al comienzo de su novela *Nadja,* publicada en 1928: «¿Quién soy? Como excepción podría guiarme por un aforismo: en tal caso por qué no podría resumirse todo únicamente en saber a quién "frecuento"?» En el original francés, este inicio polisémico hace referencia a un conocido refrán: *«Dis-moi qui tu hantes, je te dire qui tu es»,* dime a quién te pareces y te diré quién eres. Dicho de otro modo, dime con quién andas y te diré quién eres. El lector se halla frente al primer malentendido en un texto cargado de significaciones ambiguas, tan ambiguas como las del Quijote de Pierre Menard, ya que el uso de *«hanter»* no es casual. Aprovechando la polisemia de la palabra, Breton prefigura la esencia del propio relato: los encuentros tienen sin remedio algo de aparición. *«Hanter»:* «aparecerse» con carácter sobrenatural, acto fuera de la voluntad, un evento azaroso o, al menos, fuera del control de lo consciente. A quién frecuento, pues, como inevitabilidad.

El libro reflexiona sobre la esencia del *flâneur,* el paseante de las ciudades modernas descrito por Baudelaire que se deja llevar sin rumbo fijo y con tiempo de sobra y que, al doblar la esquina, tropieza con una mujer. Nadja representa los encuentros fortuitos en las ciudades –o en los museos, que también son un lugar para deambular y negociar pasiones. Para volver a ver a Nadja, la joven telepática, la mirada del «otro», bastará con seguir paseando. Sin embargo, lo más fascinante del encuentro es cómo deambular por las calles de las ciudades se acaba por convertir en una suerte de ceremonia de *cruising.* También allí todos saben a lo que han venido.

A través de la mirada de la mujer, París se traviste de misterio y cada esquina familiar se hace desconocida, entendida por vez primera en una ciudad rebosante de presagios, porque Nadja es los ojos inéditos del campesino de Aragon en su llegada a la metrópoli, una mirada atenta que sabe cómo la sorpresa es aquello que hay que inventar. Los sitios familiares se hacen acontecimientos; lo propio se convierte en ajeno y se desposee de cualquier rastro familiar: ser extranjeros. ¿Y qué mejor lugar para refugiarse de la extranjería y al tiempo escenificarla que un museo? Lejos de casa, en sus salas nos sentimos protegidos, aunque a la vez imaginamos una vida diferente sin alejarnos de la cotidianidad. El museo es un libro cuya lectura requiere desplazarse por el tiempo y el espacio; un conjunto de poemas de los cuales brotan astutas las palabras olvidadas, las que estaban guardadas en el cofre de la memoria a la espera del instante privilegiado para salir y sorprendernos.

Cuántas veces he sido extranjera y he paseado sin rumbo por ciudades desconocidas sin buscar nada concreto; en busca si acaso de esa palabra que, dice Berberova en su autobiografía *El subrayado es mío,* persigue y no acaba de encontrar. Lejos de casa no hay lugar para la nostalgia: si cae a plomo es imposible liberarse. Pero si llegara, si asaltara en una mañana luminosa, queda el refugio de los museos, incluso un museo tan fuera de nuestra cotidianidad que es imposible encontrar referencias. En los museos nos protege cierta sensación familiar de estar a salvo.

Ocurrió en mi primer viaje a América Latina –el primero de tantos. Han pasado más de treinta años y sigo manteniendo viva la emoción en cada regreso. Eran los viajes largos de aquella época en mi vida, en los cuales llegaba a Buenos Aires y luego, atravesando la cordillera, a Chile –Santiago rodeada de la montaña y melancólica– y vuelta a Buenos Aires. Después, con Buquebus a Montevideo y por fin a Rosario, orillada por el río Paraná plagado de camalotes –cuántas historias me contaron sobre esa planta llena de contradicciones, bella y oscura. Daba vértigo toda aquella distancia hasta casa y hablaba con desconocidos en los cafés de Florida, vivía mi nueva vida en Buenos Aires siendo extranjera, pero soñando con pertenecer a una ciudad a la cual he vuelto tantas veces después que se pierden en la memoria y que es un poco ya la mía. La ciudad se cierra y se abre en grandes parques y crea en el paseante la ilusión de finales urbanos encadenados: termina y vuelve a empezar. En uno de esos extraños malabares se aparece de pronto el Museo Nacional de Bellas Artes, un edificio de color palo de rosa que sorprende al paseante novel –por usar el adjetivo de Eugenio d'Ors.

Me sorprendió en mi primera estancia, sobre todo porque no estaba entre mis prioridades de visita –antes estaba el zoo con el tigre de Borges. No obstante, el Museo de Bellas Artes se aparece una tarde en el paseo –imposible resistirse al edificio. A mediodía es casi la hora de cerrar, me dicen, pero no puedo volver porque mi avión sale pronto. Entro, más por obligación que por curiosidad –entonces sé poco del arte en la Argentina. Ya que están a punto de cerrar para comer, no me cobran la entrada. Lo recorro deprisa, no hay tiempo, y me doy de bruces con unas pinturas francesas que me traen de vuelta a algo semejante a cierta familiaridad por primera vez desde mi llegada a la ciudad. He oído decir con frecuencia que Buenos Aires se parece a Madrid, a París, a Barcelona... y nunca lo he visto claro, ni siquiera subiendo por Juncal, europea a ratos. Me parece más bien que Buenos Aires se parece a Buenos Aires, que esas placitas repentinas y esos barrios señoriales –y los más populares también– solo podrían estar allí, ser porteños –eso se va aprendiendo en las sucesivas visitas. Buenos Aires te echa un pulso que no notas, pero que apremia.

En aquel museo de entonces había muy poca luz y bastante polvo. Sin embargo, los cuadros deslumbraban y rubricaban la sensación de los barrios señoriales y cierta elegancia innata que es inmensa en la ciudad, pero nada parisina –me parece. En esa primera visita, las obras tan inesperadas a trece horas en avión de Europa –Bouguereau, Giorgio de Chirico, Gauguin, Morisot, Fantin-Latour...– ponían de manifiesto mi ignorancia respecto a la historia del coleccionismo en Argentina, la que poco a poco iría aprendiendo, un coleccionismo sofisticado y oportuno que da también lugar a algunas de las otras grandes colecciones en América Latina, en Brasil por ejemplo –entre otras la del MASP, cuyas traseras fueron desveladas por Lina Bo Bardi en la década de 1960 en un alarde de radicalismo hacia la historia canónica, siendo el museo poseedor de una colección excepcionalmente canónica de arte moderno.

Esas obras de primer nivel llegadas desde Europa llamaron poderosamente mi atención en la primera visita al Museo de Bellas Artes de Buenos Aires, y confieso que si estaban expuestas la *Conquista de México,* tabla del «colonial americano» –reza en la página web del museo y no sé si es muy políticamente correcto o hay que decir «novohispano», al proceder de México– y hoy considerada uno de los grandes tesoros del museo, o las batallas minuciosas de Cándido López, el corresponsal de la guerra del Paraguay en el XIX al cual dedica páginas memorables María Gainza en una de sus primeras novelas, me pasaron desapercibidas. No sabía nada del arte novohispano o neogranadino –del cual luego he aprendido un poco en Bogotá–, de manera que no era capaz de apreciarlo en su justo valor. Lo que no se ve no puede mirarse. Por esa razón pasa desapercibido lo que no se ha incluido en el discurso impuesto en cada momento histórico o personal –otra paradoja de los cambios en el gusto y las maneras en las cuales transforman las miradas y son transformados por ellas.

De hecho, mi falta de perspicacia no fue exclusivamente mía. Estuvo compartida durante años por buena parte de los museos construidos sobre la noción de los «grandes maestros» y «grandes obras maestras»: los museos de Bellas Artes. ¿Por qué mostrar a un artista local cuando en la colección había un cuadro de Gauguin que podía competir con otras grandes colecciones internacionales? En algunos de esos museos se ha empezado a apreciar lo «local» en épocas recientes, igual que ha ocurrido con las mujeres artistas. O tal vez los artistas locales y las mujeres pintoras estaban colgados y nos pasaron desapercibidos –ocurría con Clara Peeters en mis paseos infantiles por la sala de los bodegones en el Prado. ¿A quién frecuentamos, pues, en nuestras visitas a los museos?

¿Quiénes se nos aparecen y se nos van apareciendo con los cambios en el gusto y hasta dónde somos capaces de reconocer lo inesperado que se cruza en nuestro camino y nos convierte en extranjeros?

Porque todo cambia y nada permanece, en el recorrido por el Prado debemos estar preparados para los encuentros fortuitos. Y debemos aceptar que allí, a pocos metros de casa, nos sorprenderá el acontecimiento igual que en Buenos Aires, igual que sorprende a cualquier recién llegado, capas sobre capas, porque la historia de las obras se va construyendo a partir de las idas y venidas, las afirmaciones y negaciones, las relaciones con otras obras, el montaje, el número de visitantes, las restauraciones, las interpretaciones teóricas de la obra y el mundo... Hasta nuestro estado de ánimo el día de la visita acabará por constituirse en una posible capa.

En la sala 12 del Prado –arteria, cerebro y corazón– *Las Meninas* nos recuerdan que, punto de gravedad del museo –pese a todo–, siguen quietas mientras el resto gira. O tal vez no es del todo cierto: van cambiando de compañía y suman las nuevas capas a las viejas. Salen y entran los retratos; se acercan Pablillos y los bufones; se va Hermafrodito y el camino hacia la trasera del cuadro se despeja milagroso... Los cuadros son textos que nos necesitan para recorrerlos y comprenderlos. Para terminarlos y contradecirlos: otra forma de la diversidad. ¿A quién frecuento en mis paseos por el Prado cuando me dejo llevar, extranjera, campesina de Aragon; cuando atravieso el lienzo y salgo por la puerta abierta al pasillo iluminado y me sitúo literalmente en el afuera del cuadro, detrás, en su trasera física y conceptual; cuando rebusco entre las otras traseras, incluso las que estaban delante de los ojos y no llegamos a ver?

La trasera física en *Las Meninas,* la que nunca se desvela a los visitantes, la que hubiera soñado Lina Bo Bardi; la que sueño en un enésimo paseo por el Prado, debe custodiar increíbles secretos de los siglos, el tiempo que transcurre. Debe llevar la huella de las paredes en las cuales colgó. Debe ser, *Gioconda* de Pater, la vampira que conoce los secretos de la tumba. Solo unos pocos han logrado verlos de primera mano; solo los privilegiados conocen los disimulos de la trasera en *Las Meninas.* Estoy detrás, pero detrás en mi paseo imaginario es dentro de la escena y tampoco desde dentro del cuarto consigo desvelar la otra historia de la obra que se escabulle en la verdadera trasera, la que hubiera podido exhibir Bo Bardi si hubiera pertenecido a la colección del MASP –tesoros europeos en São Paulo–, maniobra inteligente de democracia visual: que todos vean lo que es territorio de privilegio –de comisarios, directores de museo, artistas, transportistas, montadores, restauradores...

En el caso de *Las Meninas* es, no obstante, otro falso desvelamiento, una propuesta muy borgeana, porque ese desvelamiento de lo invisible tampoco hace público el secreto más sonado de la obra: aquello que el pintor copia y esconde la trasera del lienzo invisible y pintado y que no hay forma de adivinar entre estos dos afueras –el de afuera y el de dentro. Es una metáfora portentosa, otro infinito juego de espejos, el que el montaje de sanctasanctórum en mi infancia intentaba reproducir, aun sabiendo de antemano lo inútil del intento de desvelamiento. En la sala claustrofóbica, la escena pintada por Velázquez seguía siendo el mismo enigma. Por eso me empeño en atravesar la sala, cruzar el cuadro y situarme en el pasillo en cuyo umbral se ha detenido el aposentador Nieto. Es mi intento de ver qué esconde el lienzo a su modo vuelto hacia la pared, igual que *Las señoritas* durante años en el estudio de Picasso. Qué paradójico: lo que está dentro es lo que en realidad ha quedado fuera del relato, aquello que no permite cerrarlo.

A propósito de este juego sobre lo que queda fuera y lo que queda dentro, lo que se ve y lo que no se ve, reflexionaba el artista japonés Yasumasa Morimura en una obra de 2013: *Las Meninas renacen de noche.* La pasión hacia el cuadro había tenido su origen veintitrés años atrás –decía él mismo–, cuando comenzaba a dar vueltas a este lienzo que para el artista simbolizaba la más fabulosa de las representaciones; la más intrigante de las que podía haber imaginado a lo largo de su carrera. Morimura había trabajado sobre cierta fotografía escenificada, disfrazándose y personificando a cada uno de los personajes que habitan las grandes obras de la historia del arte occidental. Confesaba en una entrevista que cuando trabaja quiere «ser el cuadro», no dejar una rendija sin cubrir, un gesto sin apropiación. Llegar hasta *Las Meninas* era cuestión de tiempo, en especial por la fascinante y enigmática escenografía de la pintura, habitada por nueve personajes que conforman una coreografía poderosa y muy atractiva para el proceso creativo del japonés.

Las Meninas permitirían, pues, a Morimura disfrazarse de los numerosos personajes para su fotografía escenificada, quintaesencia de un sofisticadísimo apropiacionismo donde se conjuga el teatro –se traviste y se maquilla físicamente como cada protagonista en las obras a las cuales interpela– y los posteriores retoques frente a la pantalla del ordenador para que aflore la armonía en la obra final. Llega a Madrid y hace fotografías de la sala que va a servirle como escenario para la representación y meses más tarde emprende el trabajo escenográfico, complejo y lento, que comparte con sus estudiantes en Kioto. La labor será compleja: ninguna de las pinturas que ha abordado antes –de Olimpia a Frida Kahlo– ha tenido la complejidad de *Las Meninas,* plagada de las paradojas que han encendido la inteligencia de Morimura –otro Quijote de Pierre Menard.

La pintura tiene, de hecho, muchas capas –el reto al poder, la relación entre los personajes, las ambigüedades espaciales unidas a la perspectiva radical, la plasmación del tiempo... Y en ella se cruzan cuestiones relativas a la etiqueta, la identidad, la diversidad, la autoría, los símbolos... Luego queda esa trasera del lienzo que se muestra descarada sobre la superficie pictórica para dejar la pregunta sin respuesta, recordatorio que mirar no es nunca garantía de ver. Podemos desentrañar cada elemento en el cuadro, cada obra en la pared, cada personaje en la escena, cada detalle, el lugar donde la escena ocurre, los libros que debió de leer Velázquez, los nombres de quienes pudieron contemplar la obra..., y, pese a ello, la pregunta que ha abierto el pintor en el propio lienzo queda sin contestar, obstinada: ¿qué pinta Velázquez en el cuadro cuya trasera se muestra con cierto descaro impertinente que intriga a Morimura?

De manera que, después de representarse en 1990 disfrazado de la infanta Margarita –traje blanco con toques rojos–, Morimura llega a la sala del Prado de noche, cuando el museo está cerrado y reina el silencio. En ese instante, dice en el texto para la muestra de la exposición de la galería Juana de Aizpuru de 2015, «su humilde servidor Morimura se presenta ante *Las Meninas*». No es nada nuevo: unos tras otros nos hemos presentado ante el cuadro, humildes servidores. Hagamos lo que hagamos, acabará ganando Velázquez. Frente a su mirada, el afuera y el adentro del cuadro se mezclan y Morimura va imaginando las diferentes posibilidades de esa mezcla entre los dos espacios, cuyo intercambio infinito refuerza la presencia del espejo. El japonés busca el espacio intermedio y fragmenta la pieza, la descompone y la recompone. «La pintura, el espejo y la puerta constituyen un triple espejo. Las miradas del pintor, los modelos y los espectadores se enredan como un sarmiento. En un mundo barroco envuelto en silencio, donde todo continúa intrincándose quedamente, ¿qué conclusión se puede esperar?» Igual que el resto, Morimura llega con la humildad de un extranjero ante la pintura: «Vago como un viajero por el laberinto de esta pintura; me afano en una aventura de casi trescientos cincuenta años. Señoras y señores, no se dejen confundir por las miradas, abran bien los ojos y contemplen con atención.»

Porque no quiere dejarse confundir, lo primero que hace en sus fotos es vaciar la sala. La reconozco en el trabajo de Morimura: es la sala 12 antes de que se quitara la estatua de *Hermafrodito.* Me es tan familiar que puedo reconocer el suelo, el color de las paredes, la distribución de las obras, el rodapié, la perspectiva que se abre cuando se llega al dintel de la entrada, aquella que nos hace avanzar con la ilusión de ser los reyes que entran en el cuarto pintado y se reflejan en el espejo. Sin embargo, esa familiaridad no tarda en diluirse: la sala está por completo desierta. No se ha vaciado solo de visitantes: incluso los protagonistas de los cuadros, incluso en *Las Meninas,* han salido de sus respectivas pinturas. Sin personajes, sin el reflejo de los reyes, el cuadro deja al visitante, también al que conoce cada rincón de la sala, desarbolado. En *Las Meninas* quedan la puerta al fondo y la trasera del lienzo que pinta el maestro. En las demás pinturas, un paisaje, un perro, un árbol...

En el siguiente fotograma de Morimura los personajes regresan a los cuadros de la sala 12 –incluidas *Las Meninas*– y un hombre de espaldas vestido con ropa actual, escorado a la izquierda como quien rompe la lógica del paseo propiciado por la entrada a la sala, la que permite la identificación con los reyes, dirige la mirada hacia la ventana entreabierta a la derecha en *Las Meninas.* Un tercer fotograma del japonés y Velázquez ha salido hasta la sala del museo y, de espaldas, solo, parece mirar hacia el cuadro mismo del cual acaba de ausentarse. Debe de estar copiando la escena de enfrente –algunos aventuran que *Las Meninas* es una duplicación de *Las Meninas* mismas, de ahí los juegos de espejos–, si bien el lienzo fuera del cuadro, desvelada su trasera, aparece vacío: el enigma sigue sin resolverse.

Pese a todo, esa salida del pintor tiene algo de principio del fin. Tras él salen el resto de los personajes en el siguiente fotograma. Delante de la obra, en la sala 12, aparecen los protagonistas y hasta el perro ha movido un poco la cabeza. Morimura, que los encarna a todos en sus juegos de travestimiento, reconstruye un mundo en orden, duplicado fuera del cuadro. O casi en orden. La mirada atenta, la que recorre el cuadro por costumbre, se encuentra con un lienzo transformado, vacío, porque salvo Nieto, que guarda la puerta, todos han salido hacia la sala. Un espejo grande ha sustituido al pequeño donde se reflejaban los reyes y, al borrarse el espejo, los monarcas han salido de la escena y nosotros con ellos. No es la única novedad radical de la propuesta. El tamaño del gran espejo se corresponde con el del propio lienzo oculto, del cual ahora se refleja el contenido: el espejo indiscreto de Morimura desvela el cuadro mismo de *Las Meninas.* De modo que eso era, en efecto, lo que copiaba Velázquez en la trasera más célebre de la historia de la pintura: el propio cuadro.

Otra vuelta de tuerca y regresan los espejos de mi infancia –y los de Borges. En mi recuerdo sigo paralizada en la habitación oscura, intimidada por la magnitud del acontecimiento de aquella primera vez ante *Las Meninas* y me pregunto cómo habrá sido la primera vez de Morimura en la sala del Prado, después de ver la obra en la postal, la noche en que estuvo solo haciendo las fotos preliminares en el museo madrileño. Cómo habrá sido el primer encuentro con la pintura para cada uno de los visitantes que llegan hasta el museo. Me tienta la idea de ponerme a preguntar a los que deambulan cerca. Tal vez algunos conozcan a Morimura y su manera inteligente de desvelar el trampantojo a través del propio trampantojo. La mayoría probablemente no le conocerá.

Leía en la prensa que, homenaje a los ancianos tras las

pandemia y con ocasión del día de los museos, el Prado les abrió sus puertas. Una señora, rondando los noventa, llegaba por primera vez en su vida a esa sala 12 y, frente al cuadro, se echaba a llorar. Se convertía en *trending topic,* parece. Nunca nada ha demostrado de forma tan tajante que nuestros libros de texto –nuestra teoría– nos engañan, como anunciaba Auden en su poema «Gracias, niebla». He aquí otro modo de formular esos cuidados tan populares ahora, otras estrategias de dar consuelo y ser útil a la sociedad: mirar un cuadro, perderse en la belleza y el suspense que entraña. Además, hablamos de los excluidos pero –lo ha probado la epidemia– nunca antes ha quedado tan clara la discriminación por edad que se ha travestido de preocupación y cuidados, estos cuidados que, lo atestigua el trato a las personas ancianas, rozan sin remedio el paternalismo demasiadas veces.

Cuando creíamos que estaban todos dentro, queda alguien fuera, algo fuera, excluido, y es preciso empezar el relato desde el principio: las cosas nunca están del todo contadas, quedan traseras y capas por descifrar. Es la razón por la cual vuelvo a ver *Las Meninas:* su historia no está jamás del todo dicha. Sin embargo, debo recorrer las salas del Prado en busca de los ancianos –y más aún de las ancianas–, los desvalidos que la epidemia ha subrayado; los nuevos excluidos, en suma; los que hemos aislado y olvidado bajo la falsa apariencia de protección; los que hemos sido incapaces de acompañar como hubiera exigido la circunstancia. Bien visto, los ancianos tienen mucho de otredad, de aquello que nos recuerda lo que no queremos tener presente: la muerte acecha implacable y nadie quiere oír hablar de la muerte.

Morimura sigue descifrando *Las Meninas* y la sala escenificada se ha convertido en un cuadro dentro del cual vive el otro cuadro que en la escena anterior habíamos tomado por un espejo, donde se reflejaba el contenido del lienzo. Ahora sabemos que no es tal porque los reyes, fuera de la sala y de espaldas, entrando, no se reflejan en él. Se trataba, pues, de un trampantojo que Morimura sumaba a los planteados por Velázquez, quizás porque nadie ha hecho una traducción tan precisa de lo que en el pintor sevillano no puede traducirse. ¿Fuera o dentro de la escena en este infinito juego malabar?

Y por fin otra vez la escena por detrás, todos fuera del lienzo, en la sala, salvo los reyes, que son, si acaso, el reflejo en *Las Meninas* del cuadro que cuelga en su pared habitual. Miran el cuadro y todo vuelve a estar en orden. O casi. No solo ha desaparecido Nieto –tal vez porque los reyes pueden haber dejado de reflejarse en el espejo–, sino que el papel de Velázquez en el lienzo ha sido usurpado por Morimura, quien se representa sin disfraz, incongruente y decidido con su ropa actual: el artista sin travestimiento, raro en su producción, domina la obra. La trasera enigmática del original se muestra en esta puesta en escena más inquietante que el silencio sobre su contenido: en ella, pintada en un tamaño impensable para las grandes dimensiones, aparece el retrato de la infanta con el vestido blanco y los detalles rojos, el que ha dado lugar al proyecto del artista japonés veintitrés años atrás.

El rostro, las manos, la escenografía... tienen el sello inconfundible del japonés que ha pasado horas mirando la reproducción de *Las Meninas* –así le imagino–, cada detalle, cada truco, cada obstáculo; horas desentrañando las posibilidades de este cuadro poderoso que Morimura ha troceado, aquellas descritas por las infinitas teorías que se han quedado cortas en cada ocasión. Morimura ha presentado la obra como lo que es en realidad: un extraordinario puzle que tiene tantas lecturas como ojos lo miran. *Las Meninas* es, por derecho propio, el cuadro de las traseras y de las capas, y nadie puede decir que no sabía en realidad a qué había venido. Quizás ahí radica esa fuerza de la cual tratamos de huir para acabar llegando sin remedio hasta la sala 12. ¿A quién frecuentamos?

Ocurrió con la exposición de Thomas Struth en el Prado, cuando en 2007 el museo se llenó con algunas de sus fotos de los visitantes de los museos –incluidas las imágenes que el fotógrafo alemán hizo de *Las Meninas.* En ellas Struth reflexionaba sobre los visitantes en la sala y las relaciones que establecen con las obras y, sobre todo, reflexionaba sobre el tiempo, otro de los temas clave en el cuadro de Velázquez. Se intuyó desde muy pronto cuando algunos historiadores empezaron a describir el cuadro como una fotografía por esa cualidad suya pasajera, inestable, de escena a punto de caducar, de realidad al borde de la transformación; una noción íntimamente ligada al tiempo. En *Las Meninas,* e igual que ocurre con su espacio, el tiempo es una franja inestable.

Nadie como Velázquez en este cuadro ha sido capaz de poner en imágenes el vestigio del tiempo mismo, cómo el presente, mientras ocurre, tiene algo de pasado ya y de futuro al ir pasando. *Las Meninas* se concentra en el gesto, en ese gesto que es presente y, por tanto, imposible de atrapar como fue en realidad. Se abstrae en el acto mientras está pasando, mientras dura, porque el instante lo reúne todo: lo que está siendo, lo que fue y lo que será, casi una ceremonia japonesa donde nuestras absurdas divisiones occidentales, los contrastes que tanto ama el Barroco, no tienen lugar. Ahí radica, casi seguro, la precisión de Morimura a la hora de fragmentar el trampantojo solo para desarbolarlo: bien visto, el espacio en las reconstrucciones del artista japonés es sobre una reflexión sobre el tiempo. Transcurso.

Quizás en la noción del espacio como tiempo radica la fuerza única de la obra, la que se puso de manifiesto en el montaje de las fotografías de Struth en el Prado. De hecho, si la mayor parte de esas fotos fueron ocupando las salas de forma cómoda, estableciendo una relación impensada de pertenencia, cuando llegó el momento de plantear la ubicación de las imágenes que tenían *Las Meninas* como hilo conductor, cuando siguiendo el deseo del artista se quiso montar su trabajo al lado del cuadro físico, algo falló. Se trató de colocar en una pared y en otra; en una perspectiva y otra, pero la foto de *Las Meninas* de Struth no acababa de encontrar su sitio en la sala 12 –lo muestra la sucesión de imágenes que se tomaron durante el montaje de la muestra. Después de varias opciones, de probar lugares alternativos con escaso éxito, quedó claro que en un mismo espacio era inviable que convivieran dos representaciones de *Las Meninas.* Otra pregunta impensada hasta entonces abría la siguiente brecha en este cuadro de traseras y capas: de dónde surgía la imposibilidad de convivencia entre *Las Meninas* y su casi doble, esa convivencia que a partir de sus trampantojos había abierto más que resuelto Morimura.

La compleja construcción formal de *Las Meninas,* su multifocalidad, su puesta en cuestión de ciertos consensos relativos a la ventana del Quattrocento, reenvían, de nuevo, al conflicto en la subjetividad occidental única y compacta. Cuando en *Las Meninas,* a través de la multifocalidad, se tambalea el marco tradicional y con él la posición privilegiada del espectador, la subjetividad impuesta se resquebraja y se recupera un territorio de lo inestable –adentro y afuera– que explora Morimura. *Las Meninas* nos ha despojado de nuestra posición segura frente al cuadro porque el pintor ha abandonado la suya. A un tiempo mira y es mirado mientras mira y su presencia tiene algo circunstancial en la lógica de la representación. Un paso a un lado y Velázquez habría desaparecido del lienzo, hace notar Foucault en el texto clásico.

Tal vez esa esencia evasiva y reservada, sus numerosos puntos de fuga, hace de *Las Meninas* el eje central de cualquier paseo por el Museo del Prado y no solo lo consuetudinario, lo que se espera del visitante frente a la «obra maestra» entre las «obras maestras». Entre tantas obras, tan exquisitas, tan deseables, *Las Meninas* arrancan cada vez, al mirarla, cierta expresión de asombro que, de tan honda, permanece cada vez sin articular. Nos miran, espejo sin alinde que las refleja y que, en ese intercambio voraz de miradas, nos rigen. Rigen el espacio entero del museo, por mucho que se busquen vericuetos y estratagemas para huir de su magnetismo y sus puntos de fuga, por mucho que nos obstinemos en pensar que los discursos sobre «obras maestras» son obsoletos y dependen de los cambios en el concepto mismo de calidad. Aunque haya mucho de verdad es la aserción.

Cada instante del cuadro está a punto de transformar por completo las cosas dentro y fuera del cuadro, equilibrio inestable de los que miran y son mirados. Se trata de lo que va acaeciendo mientras tanto y la historiadora de género piensa si hay una posibilidad, por pequeña que sea, de que *Las Meninas* rijan los destinos del museo –y sus visitantes– no solo por haber sido subrayadas en los sucesivos montajes desde hace algunos años, sino por plantear un juego de excepciones basado en las traseras y las capas de lo negado bajo su apariencia de mundo en orden. Es lo que debe ser vuelto a mirar y narrar, aquello que cuenta algo diferente en cada momento, a cada uno –al fin y al cabo *Las Meninas* es un cuadro en gerundio y por este motivo no envejece jamás del todo, nos mantiene la noche entera despiertos igual que ocurre con las grandes pasiones.

Cuando Struth llega al Prado para hacer su serie de fotografías, se encuentra por primera vez con *Las Meninas,* de cuya existencia no sabía ni siquiera a partir de una modesta postal, insiste. Intento imaginar cómo debe de haber sido para él ese hallazgo, cuál debe de ser la impresión que el visitante siente frente al prodigio la primera vez que lo tiene ante los ojos sin haberlo visto antes. La sensación de mi primera visita se reproduce –o la reproduzco– cuando estoy a las puertas de la sala 12, acercándome. Mi mirada se mezcla con la del rey y la reina, la de sus invitados ilustres, los pocos que debieron de disfrutar el privilegio de ver este cuadro pensado para un cuarto de autoridades –reflexiona Brown en unos escritos tantas veces leídos, guía infatigable para acercarme al cuadro. Las miradas cruzadas se mezclan entonces con la del propio Jonathan Brown: qué impresión debió de causarle al historiador en el primer encuentro este cuadro que conocía como pocos.

Me reflejo en los ojos de Gombrich en su última visita al museo: saber que no sería posible volver jamás. Inesperadamente, a esas miradas de los fantasmas y mi mirada de los seis años se une la otra, la del futuro, la que será la mía cuando volver al Prado no sea sencillo como ahora. Mi mirada de anciana estará atrapada en los avatares del porvenir cada vez más incierto con el paso de los años. Entonces seré, igual que la visitante de *Las Meninas* que llegaba por primera vez al Prado a sus noventa años, el anuncio del cierre en una historia.

El cuadro se hace presagio de mi última visita y los fantasmas amigos regresan lúcidos ante un inminente ocaso, que conocen y exorcizan en el paseo mismo, a pesar de ser el último y saberlo. Ellos –los que no están o los que ya no pueden venir al museo– me devuelven la sensación de precariedad de la existencia, la extranjería supina que es también la vejez, descrita por Goya en *Aún aprendo,* sostenerse en dos bastones que hacen del suelo la instancia imprescindible. Reúno con afecto las miradas amigas de aquellas últimas veces y vuelvo a sentir la mano de mi madre en la mía, aunque esta vez soy yo quien la sostengo y no ella a mí. De este modo debe ir sucediéndose el acompañamiento. Contemplar el cuadro para mí es, de pronto, un regalo a través de los ojos de cada uno de los que estuvieron. Es la emoción que Proust describe en su bello texto sobre el viejo Ruskin frente a

Rembrandt. La impresión no me deja ni cuando salgo de la sala. «Hay que trabajar», dice el tío Vania.

Thomas Struth se ha puesto a trabajar tras el encuentro con el cuadro. Ha debido de quedarse impresionado con *Las Meninas* cuando las tiene de frente o impresionado, al menos, por las relaciones que la obra establece con los espectadores –queda claro en su serie fotográfica, destino apremiante y denso. Es una compleja operación que se desvela solo al confrontar las fotografías con el cuadro mismo, solo al hallarse próximas a él. Al artista alemán le llaman la atención los visitantes que se arremolinan cómodos alrededor del cuadro en la sala imponente –para ellos un poco el salón de casa, reflexiona Struth en la conversación. No anda desencaminado. Estar cerca de este cuadro, en esencia privado, tiene algo de regreso a cierta patria sentimental para muchos de quienes lo miramos –el museo es la historia de nuestra vida. Incluso los que lo ven por primera vez establecen una relación urgente con el transcurso, la temporalidad sobre la cual se interroga Struth –igual que Morimura– desde el objetivo de la cámara.

Sin embargo, el trampantojo espacial es tan complejo que el ojo no lo abarca duplicado: desde luego no pueden compartir un mismo espacio el cuadro y su imagen. No se puede seguir duplicando un texto visual que esté duplicado de partida, con ese espacio del afuera y del adentro. No admite duplicaciones. Cómo escribir entonces sobre un cuadro que resulta ser la exasperación de la visualidad, la visualidad misma y los huecos que el mirar nos impone –quizás es la razón por la cual lloraba de emoción la anciana en su primera visita al Prado. Cómo describir la visualidad con meras palabras, sin que se escape en lo escrito y se haga obvia.

El museo vuelve a estar animado después de los meses de silencio. Recuerda a las fotos de Struth de hace años, cuando el Prado estaba atestado y no era necesario mantener la distancia social y no gobernaban las limitaciones de aforo durante la epidemia. El público remolonea con sus mascarillas cerca de *Las Meninas* y aspira a desvelarlas, ceremonia reiterada. Acuden sabiendo a lo que han venido y se dan de bruces con la mirada ávida del cuadro. Cambia el museo, cambia el mundo, cambian los visitantes y la ubicación, cambia la compañía en la sala..., pero la mirada permanece y el cuadro permanece inexpugnable, mal que nos pese. Mal que pese a mis teorías, arteria, corazón y cerebro de este museo porque en su complejidad *Las Meninas* siguen planteando preguntas esenciales sobre la propia mirada –que es tanto como decir sobre la representación y sobre el mundo. De manera que, casi seguro, el problema de la «calidad» no se genera en las obras, sino desde nuestras formas de hablar y pensar sobre ellas: prescindiendo del presente o prescindiendo del pasado, que viene a ser lo mismo. Me dejo arrastrar por el cuadro y estoy dentro y fuera a la vez, en sus capas y sus traseras. Soy mi pasado y mi porvenir que me siguen muy de cerca, a bocajarro.

De igual modo, el cuadro ha perseguido a tantos visitantes del Prado, incluso a personajes ilustres como Picasso, Hamilton, Equipo Crónica o Witkin... El museo conserva en su colección reproducciones que hablan del interés que la obra despertó en el XVIII, XIX o XX, desde aguadas, hasta dibujos o aguafuertes –John Carter, Carlos Ruiz Ribera, Bartolomé Maura... O las fotos de Laurent y Lacoste. A cada uno, a cada época, le desveló aquello que andaba buscando, lo que esperaba ver en la obra, del mismo modo en el cual nos lo desvela a nosotros hoy, en nuestro paseo. Deben ser intentos inútiles para atrapar el cuadro, intentos que no alcanzan nunca a desvelar el hueco. No. Hueco no es la palabra que busco desde hace rato y no encuentro. Hueco sabe a poco, suena a dicho, a fórmula para salir del paso cuando falta el lenguaje. Las diferentes miradas se acumulan sobre el cuadro y sus relatos. A veces las miradas lo fragmentan por si acaso desde los elementos asilados fuera más sencillo despejar las dudas, dar sentido a la escenografía. A trozos da la impresión de otorgarnos cierto control sobre la complejidad.

A trozos, aparece en la colección de fotografías conservadas en el Prado, la de Mariano Moreno García, quien a finales del XIX va extrayendo los detalles con la precisión del nuevo medio y muestra a los personajes de la escena más que la escena misma, sin prestar excesiva atención al retrato camuflado de los reyes, tal vez apropiación de la mirada moderna. El suyo es una especie de retrato abierto y secuencial que subraya la temporalidad del cuadro –la infanta, una menina, Mari Bárbola, el grupo...; plano de conjunto, los personajes de tres cuartos un poco al estilo del Hollywood clásico. Al final, lo interesante de esta serie es su modo de desvelar las transformaciones mismas en las formas de ver y de mirar. Contrariamente a Foucault, para quien los personajes son la simple excusa que guía la representación; o a la lectura de Morimura, que los usa como peones para desplegar las paradojas espaciales del fabuloso tablero de ajedrez que son *Las Meninas* en manos del japonés, a Mariano Moreno García le interesan los protagonistas del cuadro casi a modo de retrato histórico, de reconstrucción forense.

Volvamos, pues, a mirar cada parte al modo de Anderson en la serie de fotografías conservadas en el gabinete de estampas y dibujos del Prado: son los detalles en esta obra de contrastes, tan barroca. En ellos, sobre todo en los que pasamos un poco por alto, se camuflan las capas y las traseras. Sin duda, en los contrates radica una de las trampas más fabulosas de la pintura, la que nos conduce hacia lo obvio que, pese a todo, no es nunca obvio. Si la habitación no estuviera en la penumbra, no distinguiríamos la luz del fondo y la que entra tímida por la ventana de la derecha; si la mirada permaneciera fija, no tangibilizaríamos el espacio; si no hubiera ropas oscuras, no resplandecería el vestido de la princesa, solo en apariencia eje del acontecimiento. Si no se perfilara una gran superficie llena, no notaríamos la perspectiva de la zona vacía del cuarto. Si las líneas de los cuerpos no fueran suaves, no percibiríamos la rigidez matemática con que se traza la habitación.

En el centro de ese juego de contrastes se encuentra la princesa Margarita, que parece ocupar los complejos intercambios de miradas, espectadora de excepción en la que podría ser la llegada de los reyes –presencia ausente en el cuadro, de alguna forma una suerte de trasera conceptual–, que termina por ser la nuestra en el trampantojo de Velázquez. La joven Margarita, diminuta y resplandeciente, nos observa ese día de verano –lo hacen presagiar los postigos laterales cerrados–, mientras una de las meninas, absorta en la luz de su señora sin comprender que otros elementos se están agregando a su tiempo, le ofrece aquello que constituye el pequeño bodegón de la obra. Son la jarra, el paño y el plato de peltre en los cuales, tan aficionada a la sala de bodegones, fijé mi mirada infantil y del cual se habla a veces, aunque solo para refrendar la reiterada cotidianidad del cuadro y la posibilidad de la estación del año en que la escena ocurre y refrenda la ventana cerrada: es verano y la infanta tiene sed.

Son los bodegones que Velázquez introduce en algunos de sus cuadros –en las dos versiones de la esclava o en la vieja friendo huevos, por ejemplo– y que, bien visto, son una manera de dislocar las jerarquías en los géneros de la pintura en un cuadro tan solemne como *Las Meninas,* que nace además con aspiraciones de solemnidad y en el cual nada se deja al azar. Sea como fuere, en una obra tan descomunal –en tamaño y complejidad– el pequeño bodegón se camufla: una anécdota. Y sin embargo debe de tener un significado más allá del que habitualmente se le asigna: recalcar el calor del verano a través de ese gesto sencillo, dar agua a la princesa.

Velázquez es un artista de estrategias –de eso no cabe duda– y un detalle en el fondo tan subrayado, del cual depende parte del relato mismo, pienso ahora –la infanta tiene sed y por eso le dan agua–, podría guardar otras claves de lectura más allá de la misión de subrayar la mera cotidianidad de la escena.

Pero sigamos con el juego de contrastes, donde encuentra también su lugar el pequeño bodegón, demasiado preciso para no ser alguna clave de lectura ulterior, casi estrategia de escritura de Raymond Roussel. La adolescente Margarita, pálida y ataviada al uso de la época, se rodea por una luz blanca que parece emanar de su persona y la transforma en un ser único, la estrella más brillante de la constelación –lo apunta del Campo y Francés en su texto clásico que apela a la astronomía, entre las numerosas interpretaciones del cuadro. No obstante, en esta obra de pretextos, no es Margarita lo que atrapa la mirada del visitante novel –o no solo.

Cerca de ella, al lado derecho del cuadro, Mari Bárbola y Nicolasito Pertusato han ido atrapando los sucesivos comentarios de la historia: excepción en tiempos de Velázquez; «error» que es apartado, invisibilizado, por el XVIII; curiosidad en el siglo XIX; otredad en el XX; manifestación de la diversidad en las últimas décadas... Mari Bárbola y Pertusato han sido incluso una de las principales claves de lectura para el relato completo que encierra el cuadro, cuando Justi comenta cómo se convierten en un pretexto de lo cotidiano en esta instantánea de palacio, captada con una fidelidad sorprendente. De hecho, para Justi la presencia de las dos personas con acondroplasia no haría sino abundar en la idea del cuadro como foto, escena corriente de un día de verano en la corte, donde la infanta, el pintor, los reyes entrando, el aposentador, las meninas... comparten el espacio representado con unas personas con diversidad funcional. Se trata, además, en las cortes del siglo XVII, de personas muy próximas a la realeza, con una enorme influencia sobre los poderosos y, supuestamente, incorporadas sin el estigma que aparecería en siglos posteriores, sobre todo a partir de la Ilustración, momento en el cual lo diferente se aparta, se veta, se excluye, se encierra.

Sobre el XVIII pivota, de hecho, la invención de los «manicomios», otro de los temas preferidos de Foucault en su búsqueda de las fracturas del discurso impuesto. Son las reclusiones, la adecuación a la norma única, lo normativo, en un mundo de políticas coloniales audaces y bien estructuradas que establecen su nueva filosofía de vida: lo que es bueno para uno debe ser bueno para todos. Pero la norma necesita de la otredad para conformarse –es su paradoja–, de manera que después de excluido o hasta negado y apartado lo que no se ajusta a dicha norma, aquello que se considera un «error», se reinventan formulaciones de otredad, las que no habitan el mundo tangible y reenvían a la ficción. O más bien a ese inconsciente que Freud no ha codificado aún a principios del XIX, pero que Goya intuye en unos sueños de la razón que producen monstruos, los monstruos que habitan nuestras pesadillas. Es su fórmula para la rebelión: decorar la propia casa con las propias pesadillas. Se rodea con ellas y de ellas, reproduce la claustrofobia del delirio que, otra vez Freud *avant la lettre* y su concepto de lo siniestro entre las paredes familiares, se hace más imperiosa y lo impregna todo.

Goya no está solo en ese cambio de referentes para las otredades. Es más, se diría que sus brujas y demonios forman parte de cierta otredad políticamente correcta en el XVIII, cuyas representaciones se blanquean y se normativizan para organizar el mundo real sin «errores» que persigue la Ilustración. A primeros del XIX la brujería es casi una excusa para captar la benevolencia de los visitantes, su complicidad frente a la potencia de las escenas. Con las brujas se está a salvo, pues a primeros del siglo XIX ya nadie cree en ellas sino como parte de la ficción necesaria, de ese inconsciente que intuye Goya. Los tribunales de la Inquisición siguen funcionando entre 1715 y 1730 de manera muy parecida al siglo anterior, pero empiezan a desinteresarse por ciertos aspectos y a interesarse por otros: las brujas dejan de ser el principal punto de mira de los inquisidores, y el castigo se concentra en la conducta indecorosa también desde el punto de vista sexual.

En cualquier caso, los sueños de la razón conviven en la vida con la razón misma. Son incluso la otra cara de la cotidianidad que Goya descifra y fragmenta en las cuatro maravillosas tablas conservadas en la Academia de Bellas Artes de San Fernando, un conjunto que cautiva al visitante en un museo especial con grandes obras y excelentes cuadros del pintor. También doy la Academia y su museo por hechos, como me ocurría con el Prado antes de la epidemia, antes de que cerrara sus puertas al público. En cada visita a la Academia tengo cuestiones que resolver, reuniones a las que asistir, y me pasan desapercibida la belleza del edificio y las obras que alberga. De pronto, un día, recibiendo a una visita, haciéndole los honores por las salas, me encuentro con Goya, Arcimboldo, Zurbarán, Rubens, los vaciados traídos por Velázquez desde Roma, las planchas de Goya en la Calcografía, el taller de vaciados..., y a medida que voy explicando a los invitados la particularidad de este museo –cómo fue creado para la enseñanza, cómo Goya, entre otros, formó parte de esta Academia que guarda entre sus paredes la historia de tantas generaciones de artistas–, me invade la emoción de la pertenencia a la historia. Me hago una promesa: no dejar de visitar las obras cada vez que entre por la puerta de la Academia. Confieso que me pasa igual que con la promesa frente a la belleza de las nubes en el cielo madrileño: son tan espectaculares que no deberíamos olvidar jamás pararnos a contemplarlas un instante cada vez que salimos a la calle. Casi siempre se nos olvida: las damos por hechas. Dar las cosas por hechas es tan devastador como habitual.

Dos de las tablas en la Academia reflexionan sobre el encierro y la Inquisición. La segunda presenta a un noble elegante, con peluca, un grupo de religiosos y otro de reos con sus capirotes –uno en primer término que debe de estar siendo juzgado. Parece una escena de tedio más que de terror, o tedio al menos por parte del juez, poco implicado en el problema. Alguien que estuvo presente en el proceso ha debido de relatar a Goya este tipo de juicio, que en 1808 tiene, seguro, bastante de compromiso: salir del paso. Además, Goya tampoco se deja impresionar por los castigos de circunstancia que, en ese momento, tienen tal vez ya poco de ejemplares. Es su otro signo de la modernidad y el espíritu crítico de Goya hacia el Antiguo Régimen.

Cerca, colgada en la misma sala, se contempla la otra tabla modernísima, *Casa de Locos,* en la cual Goya escenifica un manicomio. La representación inaugura cierta iconografía que pasa incluso al cine y sus muchas representaciones de los lugares de reclusión. Los cuerpos se agolpan, semidesnudos, entregados a sus ficciones, a sus excentricidades, se diría; tocados con extraños sombreros, gesticulando, confrontando la diversidad que, así, aislada como la exige el XVIII, se convierte en una galería de tipos fuera de la ley, quintaesencia de lo que no tiene cabida en el mundo que aspira a ser compartido y visibilizado. Lo que ocurre y no debería ocurrir tiene que permanecer aislado, secreto, en la trasera.

Tony Robert-Fleury describirá esas mismas diferencias en *Pinel, médico jefe de la Salpêtrière,* rememorando algunas de las imágenes presentes en el cuadro Goya, al pintar una escena del famoso hospital parisino, popularizado por Charcot y sus fotografías de las histerias rescatadas por Breton y Aragon para la iconografía surrealista. La escena, protagonizada por el doctor Pinel, especialista en personas «alienadas» y quien creía en las curaciones a partir de una regeneración moral, muestra una clara diferencia con el momento descrito por Goya. A pesar de que ambos describan a los locos semidesnudos y ensimismados en sus mundos supuestamente paralelos, en la obra de Goya los «locos» se mueven de manera libre, sin cadenas ni símbolos de orden. Por el contrario, en el cuadro de Robert-Fleury las mujeres «alienadas» –solo hay mujeres en el patio–, también semidesnudas y con expresiones crispadas, aparecen encadenadas, reducidas y vigiladas por un grupo vestido y libre, capitaneado por el propio Pinel. El orden divide la escena y actúa como la estrategia del poder: otra forma del afuera y del adentro, concepto moderno de frontera.

Ahí radica la compleja paradoja en la *Casa de Locos* de Goya: por una parte, reflexiona sobre una maniobra de apartamiento que nada tiene que ver con la supuesta integración de la diversidad en *Las Meninas.* Al tiempo, la libertad de los fuera de la ley, sin contrastes con el mundo de orden, escenifica un acercamiento crítico al encierro y excluye la posibilidad de «curación» a través de la adecuación a la ley, de volver al camino recto que buscaba Pinel. No sé si Foucault llegó a conocer el cuadro de Goya, a pesar de haber tratado de buscar alguna pista en los escritos del filósofo francés. Hubiera quedado fascinado frente a una escena que prefigura la paradoja del apartamiento –la esencia moderna de Goya, la que atisba el inconsciente que codificará Freud años más tarde, una noción de la «locura» como pensamiento alternativo que defenderá Lacan después de Freud.

En esta visita al Prado, he bajado a ver las *Pinturas negras,* durante años colocadas en una sala relativamente pequeña, sala a la cual se accede entre pasillos y vericuetos. O es la sensación que recuerdo escribiendo en mi ordenador, quizás prefiguración de la infinita angustia que genera esa sala: decorar la propia casa con las propias pesadillas, se decía. Confieso que allí atrapa mi atención el perro que se hunde y que resume toda la frustración ante el mundo impuesto por la maniobra de limpieza exigida por el XVIII. El perro, al luchar por no hundirse, se convierte en una imagen poderosa de la claustrofobia, la misma de la *Casa de locos,* que es, tal vez, la angustia implícita en la belleza moderna. Una vez más, como tantas, lo veo –lo miro– a través de los ojos de Cixous. Subo las escaleras hacia el piso de arriba: tomo aire.

Quizás la percepción de *Las Meninas* como diversidad e integración forme parte, pese a los comentarios de Justi al justificar la cotidianidad a partir de la presencia de Mari Bárbola y Nicolasito Pertusato, de cierta lectura actual del mundo y de una nueva aproximación a la belleza, una mirada que ha aprendido a incorporar las diferencias, a no subrayarlas como tales, en especial tras la aparición hace veinte años de la *freak theory.* Tal vez se trate de otro maravilloso espejismo en el cual el pasado corre tras el presente –y lo alcanza. No obstante, que las diferencias se aceptaran en la corte de Felipe IV no quiere decir que no se percibieran como tales. Es más, permitir que compartieran espacio con el rey hablaba de la magnanimidad en el monarca, capaz de acoger en su corte a esas personas «diferentes», muy populares durante los siglos XVI y XVII en toda Europa, instaladas en la cotidianidad, pero no integradas del modo en que lo entenderíamos hoy.

En la corte de Felipe IV, las *gentes de placer* –así llamadas por su misión de entretener en unas cortes no tan ricas en acontecimientos– se convertían en parte del repertorio de curiosidades, una especie de complemento a la pasión coleccionista de rarezas, la *Wunderkammer* que tan de moda puso el XVII holandés –a partir del cual pasaría al resto del continente– y en la que se acumulaban objetos inusuales cuyo valor se basaba precisamente en la rareza, en la dificultad para obtenerlos, en la incongruencia como conjunto, en la inaccesibilidad que, en el fondo, hablaba del poder fáctico de su poseedor

Sin embargo, más allá de la exclusividad en las colecciones, la *Wunderkammer* se convierte en el pretexto para hablar de los miedos colectivos que surgen en ambientes de gran esplendor, en las sociedades de la abundancia. La «adopción» de estos seres extraordinarios podría reflejar la pulsión de una época que buscaba dominar lo que no llegaba a comprender, una sociedad que acaba por desactivar a estas personas con diversidad funcional a partir de una curiosa maniobra de blanqueamiento: su inserción en el territorio consensuado donde convivían las curiosidades, la vida misma de la corte. Son las personas con diversidad funcional que Velázquez describe en su excepcional serie de retratos, desde Sebastián de Morra hasta el propio Pablillos de Valladolid, pintados con el mismo respeto y con ese acercamiento muy actual a los retratados no como «diferentes», sino como únicos puesto que son seres humanos. La puesta en escena de diversidad en *Las Meninas* se inscribe en esta misma sensibilidad del pintor –tan actual–, materializada en su representación de las personas afrodescendientes. Su formulación misma de la diversidad, más allá de la etiqueta de corte en tiempos de los Austrias, desvela la comodidad con la cual Velázquez se mueve en los bordes y hasta en los abismos de su época.

Bordes y abismos habitan *Las Meninas,* cuyo énfasis hacia la diversidad quedaba visualmente subrayado en el montaje de la sala 12 para *Reencuentro,* cuando Pablillos y el resto de los «bufones» se entrelazaban con Mari Bárbola y Nicolasito Pertusato, la capa innegable de esa diversidad en el cuadro. De hecho, su importancia podría ir más allá de desvelar la presencia de diversidades en la corte de los Austrias y hasta del terrible hábito de regalar personas con acondroplasia entre los nobles de las cortes europeas. Es conocido el caso de Bonamí, regalo de Isabel Clara Eugenia al recién nacido Felipe IV, cuya pequeñez era tan prodigiosa que en el epitafio compuesto por Lope de Vega a su muerte en 1614 se le llama «el átomo Bonamí, que no se sabe si yace». La misma Catalina de Médicis fue muy aficionada a rodearse de estas personas, que también acompañaron a Isabel I o María Teresa de Austria, siendo muchas de origen polaco, lo que hacía sospechar que serían construidos mediante algún prodigio, como el ungüento del que habla el médico polaco Jacob Wenceslaus Dobrzensky, que untado sobre la columna y los miembros de los recién nacidos impedía su desarrollo normal –una posibilidad poco probable desde el punto de vista médico actual, por cierto.

A menudo se trataba de personajes con gran poder en las cortes y hasta de confidentes para las damas. Es el caso de Magdalena Ruiz, pintada por Sánchez Coello en el retrato de la infanta Clara Eugenia, conservado en el Museo del Prado. El retrato sigue el esquema de *Juana de Austria, hija de Carlos V,* con el recuerdo a Portugal y a través de él a las posesiones ultramarinas. La infanta lleva los colores del ceremonial luso –oro y blanco– y Magdalena Ruiz, que había acompañado a Felipe II, padre de la infanta, a Portugal a finales del XVI –tantos años, pues, en la familia–, lleva alrededor del cuello un collar de coral de dos vueltas, recuerdo de aquel viaje, que se recalca sobre sus ropas sobrias. Completan las escenas dos monos, oriundos del Amazonas e, igual que ocurría con la hija del virrey, igual que sucede en tantos retratos peninsulares donde se sigue un esquema semejante, la infanta posa su mano desnuda sobre la cabeza de la sirvienta. Es un gesto de confianza, de proximidad y de dominio, paradojas infinitas donde cada actor sucumbe al relato a su manera, incluso siguiendo un protocolo, el que arranca el guante de la mano de las señoras, la deja desarbolada, la hace frágil y fuerte: nada que temer. O, de tan grande el temor, un protocolo de exorcismo.

A lo largo de la historia las relaciones con los «otros» han sido complejas, intercambiándose sin cesar los papeles, igual que las miradas de *Las Meninas.* El otro es, en primer lugar, aquel al que se puede y se quiere dominar, pero es al tiempo aquel ante el cual se quiere y se puede sucumbir. Se le puede dominar porque resulta sencillo hacerlo y porque representa el mundo del revés con las amenazas que el concepto implica. Al tiempo, se puede sucumbir a él porque no representa sino un peligro hipotético: no se consentía a nadie lo que se consentía a los «locos» o a los «truhanes», que en la corte actuaban como «locos». Se quiere sucumbir a él, además, para bordear lo infranqueable, la prohibición; en definitiva, lo diferente. En este momento en que las fronteras se han quebrado, la norma se ha resquebrajado y el concepto mismo de otredad ha sido sustituido por el de diversidad, *Las Meninas* resplandecen en su anuncio de lo moderno o, más aún, como recordatorio de cómo las cosas se transforman sin tregua. De cómo hay que conocer el pasado para leer desde el presente y ser consciente de que pasado y presente se intercambian y contradicen sin cesar. Sobre todo se necesitan.

Otras «diferencias» se integraban en las cortes, frecuentaban los palacios, prodigios de alteridad que solían permanecer poco tiempo en cada lugar, constituyéndose más bien como una atracción circulante. Mujeres barbudas –que Ribera plasma en la obra del Prado, hoy conocida por el nombre de la retratada, Magdalena Ventura, igual que ocurre con la niña Vallejo–, hermafroditas, mujeres u hombres monstruosamente gordos o exageradamente pequeños, altos o bajos, conformaban el catálogo de diferencias que concretaban esta pasión por lo no normativo que llegaba hasta el siglo XIX con sus barracas de feria, los *freak shows.* A pesar de su carácter pasajero en la vida de palacio, el mero hecho de que haya llegado hasta nosotros una buena cantidad de representaciones –cuadros o estampas– hablaría de su importancia en la cotidianidad. Una de las representaciones más conocidas es la de los hermanos Colareto, sobre los cuales las crónicas hablan en 1617, o la estampa de una curiosa mujer, anteportada de la obra de Fortunio Liceti *De monstris* –conservada en la Biblioteca Nacional de Madrid–, que, por cierto, habría hecho las delicias de los surrealistas –amigos también de lo diferente–, como probaría la escultura de Hans Bellmer realizada en 1938 en la que se representa un busto todo senos.

Sin embargo y como se ha reiterado, la presencia en las cortes de las personas con diversidad funcional no garantizaba su integración. La rigidez de la corte en cuanto a cánones estéticos era tan estricta como en otros ámbitos del comportamiento. Fadrique Furió Ceriol normativiza los límites de lo «normal» –lo socialmente aceptado– en cuanto al aspecto físico ya a mediados del XVI, llegando incluso a describir los caracteres a través de los rasgos de la apariencia, algo que el XIX continuaría de buen grado a través de las muchas ediciones de los famosos tratados de Lavater. Entre los defectos físicos más temidos estaba la gordura, no solo para las damas, sino para los caballeros de la corte. La descripción que la condesa d'Aulnoy hace en su viaje por España es sintomática: para mantener un buen aspecto físico las señoras no dudaban en fajarse. Este ejemplo en apariencia banal podría ser la constatación última de cómo en líneas generales el límite entre lo «normal» y aquello que no lo es –lo que se acepta y lo que no se acepta socialmente– es mucho menos flexible de lo que se podría pensar, si se tiene en cuenta que la costumbre de fajarse ha sobrevivido hasta los años sesenta del XX. Incluso los felices veinte pusieron de moda las fajas tubo para configurar una silueta infantil.

Esa pasión por las diferencias del XVII se relaciona con el

ya citado retrato de María Eugenia Martínez Vallejo, apodado como *La monstrua,* título hoy por fortuna desechado. Carlos II la hizo retratar vestida y desnuda y los dos retratos de Carreño de Miranda se ajustan a las descripciones de la época en las que, además de constatar lo voluminoso de la niña, se enfatiza que es «blanca y no muy desagradable de rostro, aunque le tiene de mucha grandeza». En su versión desnuda, Carreño de Miranda la ha pintado como un personaje mitológico, rodeada por racimos de uvas que a veces han llevado a interpretarla como un pequeño Baco. Incluso en la versión vestida con su lujoso vestido rojo lleva fruta en ambas manos. Un instante apenas y el bodegón reaparece en la memoria: ¿géneros menores para acompañar a los «prodigios» como cuadros de señoras en la sala de los bodegones? Se cruza un instante apenas nuestra mirada actual, la que ha dejado de llamar «monstrua» a la niña, con la del rey que contempla extasiado la estatua de *Hermafrodito:* ¿y si todes son belles?

Aun así, ¿cómo renunciar a la película *La parada de los Monstruos,* muy criticada incluso en su momento, los años treinta del XX, por la utilización de personas diferentes, sin brazos, con acondroplasia? La historia que cuenta es ejemplarizante, además: los dos seres «normales» –la trapecista y el forzudo– se integran en un mundo circense gobernado por la diversidad que acaba ganando la batalla. Blaise Cendrars, en una de sus mejores novelas, *Llévame al fin del mundo,* describe a la Presidenta, una mujer solo tronco, sin brazos pero de enorme belleza, rescatada de las ferias por un hombre poderoso al que hace perder la cabeza. Riquísima, vive apartada del mundo solo cuidada por el afrodescendiente Sam, que le da peyote para tranquilizarla, y recibe las visitas de Madame la Juerga, vieja actriz cocainómana. En una escena magistral se encuentran la actriz anciana, siempre en busca de aventuras, el criado afrodescendiente y la mujer tronco. Solo en los años treinta del siglo XX es posible encontrar tan extravagante compañía. Vuelven a estar solos, formando una realidad en la que una loca vieja, un negro y una monstrua pueden convivir.

Los ochenta y noventa del XX, en busca de los primeros balbuceos para la actual diversidad, recuperaron y expusieron esa belleza fuera del canon, desde las escenas sexuales entre personas con diversidad funcional o religiosos de Andrés Serrano, hasta Witkin, Cindy Sherman o Patricia Schwarz en su serie de 1987 *Retratos de mujeres con sustancia: desnudos de mujeres gordas.* Era la conversación del miedo y la fascinación del XVII hacia el «otro» en el discurso político, pero tampoco aquí debemos llevarnos a engaño: el «otro» se retrataba como bizarría, modo infalible de subvertir. Además, la historia de la androginia nos enseña, nos lo enseña la propia historia del feminismo, que lo que hoy es aceptado mañana puede no serlo. Basta con recorrer el relato de la mencionada androginia desde finales del siglo XIX: una nueva década apenas y lo aprendido se borraba. ¿Quién nos garantiza que después de estos nuevos veinte del XXI no llegarán unos nuevos treinta o hasta unos cincuenta, donde los géneros se separen de nuevo de manera radical y se dé por concluido el género líquido, no binario, el final de las diferencias como territorio de exclusión? Ya se sabe que la historia son tres pasos hacia delante y dos para atrás y deberíamos contar con este particular que nos regala el pasado y que nos obsesionamos por desterrar desde el presentismo imperante. El pasado sirve para estar alerta –hay que escuchar sus advertencias.

Pese a todo, mientras dure, el trabajo de los artistas en los ochenta y noventa del XX, el actual reconocimiento de la diversidad, desvela una nueva mirada sobre *Las Meninas,* sobre el Prado completo, y en el paseo de esta mañana Mari Bárbola y Nicolasito Pertusato cuentan historias que nunca contaron en mi juventud, desvelan las nuevas capas y traseras del lienzo, aquellas que estaban y no vimos hace sesenta años. Recorro el museo y acabo siempre allí, en la sala 12, en busca de las historias que se cruzan. Ocurre algo inesperado cuando creí que nadie se había quedado fuera: mirando esa esquina con los dos personajes de la diversidad, soy de pronto consciente de que la mujer mayor y enlutada, doña Marcela de Ulloa, ha vuelto a pasar desapercibida en mi recuento y me demuestra que siempre falta alguien, queda alguien fuera, incluso alguien con una misión importante como la suya: vigilar a las doncellas próximas a la Infanta. Ese poder camuflado de una mujer mayor me hace pensar, de alguna manera, en nuestros poderes camuflados en la historia, en Peeters, Gentileschi y Bonheur; en la manera en la cual la historia borra o desenfoca a las mujeres del relato cuando decide narrarse. Sobre todo cuando van entrando en la edad anciana.

Después, la película de Browning resuena en mis recuerdos y ese *freak show* me lleva hasta historias familiares para mí cuando pocos nos fijábamos en ellas: la vida de Frank Lentini, por ejemplo, el hombre de las tres piernas e inmensamente rico por sus exhibiciones por los *freak shows* internacionales. El siglo XX prohíbe estos espectáculos o se terminan al menos; decae la costumbre. Sin embargo, un día de paseo por Venice Beach, en Los Ángeles, entre tambores, gentes que bailan y humo de porros, me tropiezo con el que debe de ser último *freak show* del planeta. Una mujer busto con aspecto hispano saborea un trozo de pizza que se mezcla con el olor de la marihuana medicinal, recetada sin pedir muchas explicaciones por los «doctores verdes» –médicos con licencia– cuando aún no estaba legalizada para uso recreativo. Cada cosa se negocia frente al Pacífico deslumbrante, porque en Los Ángeles las reglas son solo la capacidad de transformarlas. En Venice –con su librería Small World Store, llena de volúmenes sobre la diversidad–, reina la negociación del canon, incluso se permite la incorreción política de ese *freak show* –quizás eso es diversidad también. Por eso me gusta Los Ángeles, porque la vida se extiende rápida en esta suerte de ciudad trasera que se desborda y nos obliga a mirar en todos los sentidos, miradas que se cruzan igual que en *Las Meninas.* Se parece a la sensación de provisionalidad del cuadro de Velázquez, la mirada en tránsito con la cual cada extranjero ha aprendido a vivir, incluso en la visita al Prado; la vuelta a su infancia y hasta la visita a su ancianidad futura.

Todo se llena con la brisa de Los Ángeles en la cara y los olores de Venice –un poco los olores a leña que se despiertan frente al cuadro de Pradilla de doña Juana– vuelven a la sala 12 y subrayan la sensación de libertad, de relato abierto, a punto a cada paso de transformarse, que reina en California y asocio a *Las Meninas,* ni sé por qué. El paseo debe terminar porque el Prado va a cerrar en unos minutos y la puerta de Goya Alta igual ni está abierta ya. La tarde se ha pasado volando. Ha sido una tarde en la cual se han escuchado historias de familia o, más aún, de viajes procelosos, las historias que nos cautivan en la infancia. Una última mirada al cuadro que resume las miradas de mi vida y *La hija del virrey* se coloca en mis ojos al lado de *Las Meninas.* Es mi Prado soñado, el que nunca será, casi seguro. Pienso en la combinación radical y van llenando mi cabeza los objetos que en la exposición del Museo de América, a partir del cuadro, iban trazando la ruta de la noble peninsular y de la criada indígena. Unos objetos llevan a otros y me detengo en el pequeño bodegón de Velázquez: el jarrito de barro que la menina ofrece a Margarita. En el paseo por el museo una asociación de ideas lleva a otra, de modo que al mirar el jarrito de barro recuerdo la que contaba Natacha Seseña, la costumbre entre las señoras de la corte de comerse los barros para conservar la palidez. ¡Comer barro!

Frente a la blancura de la joven Margarita asalta la duda:

¿y si no bebe el agua del jarro, sino que come los barros? Qué extraña forma de apetito la bucarofagia como estrategia cosmética, además. Sin embargo, la historia no termina aquí –las historias nunca terminan en este *Las mil y una noches* que es el Prado. Es más, la historia sale del museo e, igual que la hija del virrey, regresa a la corte otra vez, al Prado mismo, en un insólito tornaviaje. La duda última sobre ese búcaro de Margarita llega desde América, porque de América procede la materia prima de la cual está hecho –lo recuerda Curiel y lo retoman Gabara y Medina.

En efecto, el barro utilizado por las damas elegantes del XVII –que reenvía a la acción de devorarlo para estar blancas y diferenciarse del resto de los pobladores del imperio, de la chichimeca en el cuadro de la hija del virrey– provenía de ultramar, era arcilla de las Indias sazonada incluso con chile. Esta fórmula de belleza, dicen los tres citados investigadores, era mucho más que una sencilla fórmula estética, formaba parte de un consumo cultural de América, fagocitar al imperio, traerlo a casa desactivado, digerido, sin darle su justo lugar en el tablero de ajedrez; un poco el ajuar lujoso y cosmopolita de la hija del virrey en el tornaviaje que, al lado de *Las Meninas,* enfatiza lo provinciano de la infanta, cuyo único «consumo» americano son unas arcillas de las Indias sazonadas con chile.

Qué inesperada manera de contestar a la pregunta que se planteaba hace algunas salas en el paseo: dónde está América en el Prado, más allá de la cerámica en el bodegón con la mariposa de Luis Meléndez y los cuadros «desterrados» al Museo de América. Al final América está en el centro mismo del museo, su arteria, corazón y alma, camuflada entre las arcillas de las Indias con chile de *Las Meninas,* sobre las cuales se desvela una trasera excepcional y a la vista, seguramente la más fabulosa de este Prado lleno de asuntos que pasaron desapercibidos. Esa arcilla sazonada con chile devuelve al gran museo de grandes obras y grandes maestros el sabor americano –de resplandeciente otredad– que la historia ha querido acallar, expulsar; un sabor que viene de muy lejos y desmota el recorrido de pureza que hasta hace bien poco casi nada perturbaba, ni tan siquiera mujeres o bodegones. La trasera visible de *Las Meninas,* siempre ahí y nunca desvelada, devuelve a la sala la posibilidad de que en ella se instale, como miembro de pleno derecho, *La hija del virrey,* porque al fin y al cabo ambos cuadros, ambas nobles damas, aluden a un hambre colonial que devoraba al otro sin la consciencia de hacerlo siquiera –ocurre con las maniobras colonialistas.

Se acerca un vigilante y me pide con amabilidad que termine la visita: van a cerrar. Si no fuera tan cliché, trataría de quedarme la noche entera e, igual que estiraba la mano infantil hacia el perro, la alargaría ahora hacia la jarrita para saborear el picante, para ser por un momento la sofisticada hija del virrey, inmersa en su cosmopolitismo, extranjera de vuelta en casa. Busco la mano de mi madre, ya anciana, para asistirla en su última visita el Prado. No está, de modo que me dirijo deprisa hacia la puerta de Jerónimos, una extranjera más. En la calle, me saluda una puesta de sol rosada, esos abriles en cualquier mes del año que tanto gustaron a Eugenio d'Ors, los del cielo madrileño todopoderoso. Cruzo por el Casón hacia el Retiro. Ha refrescado. La tarde se vacía indolente en la noche.

NOTA BIBLIOGRÁFICA

1. EL QUIJOTE DE PIERRE MENARD, ESCRITO POR BORGES

Nadie pondría hoy en tela de juicio lo importantes que han sido y son para la historia de la visualidad las aportaciones desde la filosofía francesa de la década de 1960, en especial, de autores como Cixous, Foucault y Lacan. Los dos últimos han dedicado, además, páginas memorables a *Las Meninas* que han propuesto una visión muy esclarecedora a la obra de Velázquez.

El texto al cual dedica el primer capítulo Foucault y que va a aparecer recurrentemente a lo largo de este libro, «Las Meninas», pertenece al libro *Las palabras y las cosas. Una arqueología de las ciencias humanas,* publicado en francés en 1966. La edición que se ha manejado es la traducción al español de Siglo XXI, Argentina/España/México, 1974. Fue recuperado en *Otras Meninas,* un libro sobre el cuadro en edición a cargo de Fernando Marías para la editorial Siruela en 1995.

El otro texto de Foucault mencionado en este capítulo a propósito de sus reflexiones sobre *Las mil y una noches* pertenece al trabajo «El lenguaje al infinito», recogido en español en *De lenguaje y literatura,* Paidós, Barcelona, 1996, con una introducción de Ángel Gabilondo. Se reproduce aquí la cita completa: «un episodio contado por Sherezade cuenta cómo esta se ha visto obligada durante mil y una noches, etc. La estructura de espejo está aquí explícitamente dada: en el centro de sí misma, la obra ofrece una psique (espacio ficticio, alma real) donde aparece en miniatura y precediéndose a sí misma, puesto que se cuenta en medio de tantas maravillas pasadas, en medio de tantas otras noches. Y en esta noche privilegiada, tan semejante a las demás, un espacio se abre semejante a aquel en que ella constituye solamente un ínfimo rasgón, y descubre en el mismo cielo las mismas estrellas. Se podría decir que hay una noche de más y que mil habrían bastado» (p. 147).

Respecto a Lacan y su frecuente regreso a *Las Meninas* –igual que a otras obras de arte– en muchos de sus escritos, merece la pena subrayar el seminario XIII –«El objeto el psicoanálisis»–, a partir de la sesión 16. El cuadro es materia de discusión, a partir de los comentarios de Foucault, y en la sesión 18 –del 18 de mayo de 1966–, se une a la discusión Foucault mismo, al cual Lacan invita a su seminario, un encuentro esencial como tantas invitaciones del psicoanalista a otros intelectuales franceses de su seminario –como ocurre cuando Althusser invita a Lacan. Ni siquiera en este momento están traducidos los seminarios completos de Lacan, por diversos motivos, pero las traducciones de las diferentes sociedades lacanianas han ido paliando esas faltas, primero en forma de fotocopias que circulaban entre los «iniciados» y en este momento a través de las páginas web como la que se ofrece a continuación: https://www.psicoanalisis.org/lacan/seminario13.htm

A propósito de la anécdota de Doucet, diseñador de moda y coleccionista que tuvo como asesor a Breton, y *Las señoritas de Aviñón* vueltas de cara a la pared durante mucho tiempo, escribe Michael C. Fitzgerald en el libro *Making Modernism. Picasso and the Creation of the Market for Twentieth-*

Century Art, University of California Press, Berkeley/Los Ángeles/Londres, 1995, pp. 142 y ss. La anécdota precisa sobre el precio está recogida en la página 144.

A propósito de lo relativo a los cuestionamientos sobre lo «primitivo» se podría decir que la aportación más importante del citado catálogo del MoMA, *«Primitivism» in 20th Century Art: Affinity of the Tribal and the Modern,* MoMA, Nueva York, 1984, fueron las discusiones que generó –a veces en contra– a propósito de la maniobra de blanqueamiento a la que dio lugar.

En este sentido hay que destacar el texto de James Clifford «Histories of the Tribal and the Modern», en *The Predicament of Culture,* Cambridge (Mass.) y Londres, 1988, donde se recoge la cita de Le Corbusier, y Joséphine Baker de Jencks, *Le Corbusier and the Tragic View of Architecture,* Harvard University Press, Cambridge (Mass.) y Londres, 1973 (p. 102). La cita aparece en la página 198 del texto de Clifford.

De igual modo, cabe destacar otro texto que planteaba una discusión muy ilustrativa sobre el mismo tema con *Las señoritas de Aviñón* de fondo. Me refiero al de Hal Foster, «The "Primitive" Unconscious of Modern Art, or White Skin Black Masks», en *Recordings. Art, Spectacle, Cultural Politics,* Bay Press, Seattle, 1985. En este texto se recogía la cita de Malraux sobre Picasso al encontrarse frente a las «máscaras africanas», aparecida en el libro del autor francés *Picasso's Mask,* Nueva York, Holt Rinehart and Winston, 1976, pp. 10-11. La cita aparece en la página 185 del texto de Foster. Para unirse a la controversia sobre la influencia de la cultura «negra», el año 2020 aparecía en la University of California Press el libro de Joshua I. Cohen *The Black Art Renaissance: African Sculpture and Modernism Across,* cuya principal tesis era que los objetos «exóticos» de los cuales parten los vanguardistas para sus relecturas no eran sino parte de una producción de consumo para europeos.

Las cuestiones relativas a la distinción, el estilo y la «calidad» han estado siempre en el aire. De hecho, el texto del sociólogo Pierre Bourdieu *La distinción. Criterio y bases sociales del gusto* aparece en 1979 y es traducido al castellano por Taurus en 1988. Otros trabajos interesantes al respecto desde la perspectiva de la historia del arte que se pueden consultar son el de Svetlana Alpers «Style Is What You Make It: the Visual Arts Once Again», en *The Concept of Style* (ed. Berel Lang), Cornell University Press (Ithaca y Londres), 1987, y la introducción de Mieke Bal al libro *The Artemisia Files. Artemisia Gentileschi for Feminsists and Other Thinking People,* University of Chicago Press, Chicago y Londres, 2005.

Sobre las ubicaciones esenciales de *Las Meninas* a lo largo de la historia del Prado resulta de enorme interés el texto de Javier Portús «La Sala de las Meninas en el Museo del Prado; o la puesta en escena de la obra maestra», en el *Boletín del Museo del Prado,* tomo XXVII, n.º 45, 2009. En este texto aparece reproducida la obra de Masats y en él se habla de la xilografía de Francisco la Porta Sala que aparecía en *La Ilustración Española y Americana.*

Sobre los avatares del museo a causa de la Guerra Civil, el Prado mismo organizó una exposición en el año 2003, con el título *Arte protegido,* en cuyo catálogo escribieron especialistas tan diversos como el fallecido Javier Tussell, historiador y catedrático de Arte de la UNED y responsable del regreso del *Guernica* a España, Arturo Colorado o Ángel, Ana y Mauricio Macarrón, descendientes directos de uno de los encargados del embalaje y transporte de las obras durante la contienda.

El comentario «muchos ingenios, genio ninguno» a propósito de la escasez de buenos artistas del XIX, en opinión de Luis Alfonso, aparecido en *La Ilustración Española y Americana,* se podría decir que se relaciona con la entrada de la burguesía en el consumo del arte y lo que esta entrada supone para la decadencia de la producción artística, desde el punto de vista del autor. En «El arte al final de siglo», publicado en 1890 *(La Ilustración Española y Americana,* 22 de agosto de 1890, p. 103), el crítico afirma además que «el siglo acaba sin estilo ninguno» (p. 103).

El comentario del cuadro de Courbet en manos de Lacan apareció en la que fue sin duda la primera muestra sobre el artista desde una perspectiva de género. La comisaria fue Linda Nochlin y tuvo lugar en el museo de Brooklyn. *Courbet Reconsidered,* ese fue el nombre de la muestra, se inauguró en noviembre de 1988 y la ficha concreta de la imagen de *El origen del mundo,* que a partir de ese momento empezó realmente a estar presente en la visualidad del artista, aparecía en las páginas 176-178.

El artículo de Borges «Cuando la ficción vive en la ficción», publicado en la revista argentina *El Hogar* el 2 de junio de 1939, es accesible en https://es.scribd.com/document/355281132/Cuando-La-Ficcion-Vive-en-La-Ficcion

Respecto al Quijote de Pierre Menard, ha sido tantas veces impreso que sus ediciones son infinitas. La publicación en la cual apareció por vez primera como «teoría» en el mundo anglosajón es la siguiente: *Art After Modernism: Rethinking Representation* (cd. Brian Wallis), The New Museum for Contemporary Art, Nueva York, en asociación con David G. Godine, Boston, 1984. El título con el cual apareció, abriendo el volumen, era «Pierre Menard, Author of the Quixote».

El texto clásico de Derrida sobre la hospitalidad al cual se hace referencia, escrito en 1997 con Anne Dufourmantelle, está publicado en español desde 2006 como *La hospitalidad* por Ediciones de la Flor (prólogo de Mirta Segoviano) en Buenos Aires, y el libro sobre el don de Marcel Mauss, *El don,* escrito en los primeros años de la década de 1920, ha sido publicado por Katz, Madrid, en 2009.

La edición que manejé en mis años de estudiante de las *Tres horas en el museo* de Eugenio d'Ors –de 1922– estaba publicada por Aguilar en Madrid en el año 1971. Ha sido reeditado por Alianza Editorial en 2003 –de una edición anterior–, con un importante prólogo escrito por el historiador del arte Jaime Brihuega y titulado «Breve historia de un museo».

Sobre la escasez de reproducciones y el privilegio de poseerlas, aunque sean prestadas, reflexiona Rilke en *Cartas sobre Cézanne,* las cartas que escribe a su mujer, Clara Rilke, en 1907 y que tradujo Paidós (Buenos Aires y Barcelona) en 1992, con epílogo y notas de Heinrich Wiegand Petzet. El comentario concreto corresponde a la página 23. Y la reflexión de Walter Benjamin del escrito «Sobre el concepto de historia» aparece en *Obras,* I, 2, Abada, 2008, pp. 303-318. La cita completa es la siguiente: «El pasado solo cabe retenerlo como imagen que relampaguea de una vez para siempre en el instante de su cognoscibilidad» (p. 307). Por su parte, la cita de Walter Benjamin de *Dirección única,* publicado en 1924, aparece en la página 86 de la edición de Alfaguara, Madrid, 1988.

Un texto esclarecedor de Lina Bo Bardi fue el escrito por la misma autora: «Explicaçoes sobre o Museu de Arte», *O Estado de São Paulo,* 5 de abril de 1970, que fue reproducido en *Concreto e cristal: o acervo do MASP nos cavaletes de Lina Bo Bardi,* MASP, 2015, pp. 136 y ss. Hay que recordar que la Fundación Juan March de Madrid inauguraba en 2018 la muestra *Lina Bo Bardi. Tupí or not tupí. Brasil, 1946-1992,* en la cual repasaba algunas de sus implicaciones con formas alternativas de mirar.

La edición en español del *Atlas Mnemosyne* de Aby Warburg apareció en Akal, Madrid, 2010.

La delicada edición a la cual nos referimos aquí de *Sobre la lectura de Proust,* con traducción de Manuel Arranz, apareció en 1996 en la editorial valenciana Pre-Textos, mientras que sobre la biblioteca de Warburg y su curioso modo de ordenamiento puede resultar de un enorme interés el libro publicado por el profesor Gombrich en 1970, dentro de la colección del propio Instituto Warburg de Londres. El libro, traducido por Alianza en 1992 con el título *Aby Warburg. Una biografía intelectual. Con una memoria sobre la historia de la Biblioteca, a cargo de F. Saxl,* recoge algunas de las reflexiones que guiaban la buena vecindad entre los libros, esgrimida por el propio Warburg y reflejada por Saxl.

El libro de Malraux ha sido traducido por Cátedra (Madrid), en 2017, como *El Museo Imaginario,* con presentación de Diana Wechsler, y el texto de Walter Benjamin *Desembalando mi biblioteca. El arte de coleccionar* ha sido reeditado por Olañeta en 2017.

Además del libro clásico que reflexiona por vez primera sobre los bodegones como un arte de primera categoría, el de Norman Bryson publicado en 1990 y traducido al castellano por Alianza como *Volver a mirar,* a propósito de estas cuestiones reflexiona Hanneke Grootenboer en *The Rethoric of Perspective: Realism and Illusionism in Seventeenth-Century Dutch Still-Life Painting,* publicado en 2006 por la editorial de la Universidad de Chicago. Es esta autora la que cita a Mieke Bal y establece una interesante discusión sobre el seminario XI de Lacan y las alusiones a Diderot. Para los bodegones en España resulta de especial interés el catálogo de la exposición, celebrada en el Museo del Prado en otoño de 2006, *Lo fingido verdadero. Bodegones españoles de la colección Naseiro adquiridos para el Prado.* El catálogo, cuya edición está a cargo de Javier Portús, tiene un texto del mismo autor y un ensayo de Alfonso Pérez Sánchez.

Una de las reflexiones más fascinantes a propósito de *El Jardín de las Delicias* del Bosco es la de Hans Belting en el libro *El Bosco. El Jardín de las Delicias,* traducido por Abada (Madrid) en 2010. Su discusión a propósito de las caras exteriores –casi monocromas– y el contraste con el mundo interior parecen una explicación más que oportuna para algunas de las cuestiones que van surgiendo en la discusión de este segundo capítulo.

Además de en el catálogo de la maravillosa muestra celebrada en el Museo del Prado, algunos de los más lúcidos escritos de Diderot y sus apreciaciones sobre Chardin se pueden encontrar en el volumen publicado por Siruela en 1994 *Escritos sobre arte,* con edición a cargo de Guillermo Solana. Diderot capta como pocos ese cambio de paradigma de la nueva clase en ascenso que se relaciona con cambios en los hábitos socioculturales. Es la «invención» de la adolescencia de la que habla Foucault o la de las «madres felices» de las que hablaba Carol Duncan en C. Duncan, «Happy Mothers and Other New Ideas in 18th Century French Art», en *Feminism and Art History. Questioning the Litany,* de N. Broude y M. Garrard, publicado en 1982 por Icon, Nueva York. La nota de Proust se encuentra en la colección de artículos *En este momento,* publicada en Cuatro (Madrid, 2005).

Por otro lado, el temprano relato que cuentan Parker y Pollock en su mítico *Old Mistresses. Women, Art and Ideology,* aparecido en Londres en 1981, se puede complementar con los comentarios de la colección de Pedro el Grande en Purcell, Rosamund y Gould en *Finders, Keepers. Eight Collectors,* publicado en Londres y Nueva York (W. W. Norton & Co, 1992). De forma más reciente, la Universidad de Cantabria ha publicado el volumen *Maria Sybilla Merian y Alida Withoos: Mujeres, arte y ciencia en la Edad Moderna,* con edición a cargo de Montserrat Cabré y María Cruz de Carlos. Sobre Artemisia Gentileschi y su juicio, que da idea de los tormentos que sufrió, es clarificador el texto traducido por la editorial Cátedra en 2016 *Artemisia Gentileschi. Cartas precedidas de las actas del proceso por estupro,* con un texto introductorio de la autora de estas líneas. También por la autora de estas líneas fueron tratados los problemas de las mujeres artistas en su tesis doctoral, aparecida en su primera edición en Cátedra en 1987 y reimpresa recientemente, *La mujer y la pintura del* XIX *español.* La lúcida discusión a propósito de los criterios de calidad de Mieke Bal aparece en «Introduction», *The Artemisia Files. Artemisia Gentileschi for Feminists and Other Thinking People,* Chicago y Londres, 2005.

El libro aludido de Parker y Pollock es el ya citado *Old Mistresses,* y el texto de Linda Nochlin al cual nos referimos es el publicado en 1971, «Por qué no ha habido grandes mujeres artistas», que tardó muchísimos años en aparecer traducido completo en español. De hecho, la primera vez que se pudo leer en este idioma –aunque no completo– fue en el catálogo de *Amazonas del nuevo arte,* exposición de la Fundación Mapfre de 2008.

Entiendo que mis reticencias respecto a la inclusión del «invitado» en la exposición de Clara Peeters sigue siendo un motivo de fricción amistosa con el por otro lado más que solvente y admirado conservador del Museo del Prado y comisario de la muestra Alejandro Vergara, cuyo trabajo respeto y en otras ocasiones comparto. Pese a todo, son estas diferencias entre colegas –y amigos en este caso– las que nos ayudan a la reflexión colectiva. De hecho, fue para mí una sorpresa muy agradable cuando recibí el librito *Un ángulo me basta. Visiones pedagógicas,* publicado en 2021 por Tres Hermanas, con el artículo de Vergara «Mirar hacia el pasado», en el cual comentaba lo que tantas veces explico a mis estudiantes en clase: de verdad que en el Prado no hay cientos de cuadros de pintoras –o reconocidos como tales, al menos– que se «escaqueen» de las salas. En 2015, dictando en el Prado el primer seminario que dio origen a este libro, Judith Ara –a la cual agradezco su ayuda desde aquí– me facilitó una lista de las exiguas mujeres artistas que conservaba –y conserva– el museo. Creo, por lo tanto, en la necesidad de recalcarlo para el ámbito educativo, como propone Vergara.

La exposición de Sofonisba Anguissola y Lavinia Fontana fue comisariada por Leticia Ruiz, en aquel momento conservadora del Prado, y, además de mostrar lo extraordinario de la primera –de la cual el museo posee algunas piezas maravillosas–, aportó en su preciso texto para el catálogo algunas aclaraciones esenciales sobre el estatus de la artista en la corte de Felipe II que arrojaron una luz necesaria y precisa sobre el mismo.

3. FUERA DEL RELATO

La cuestión de la homosexualidad femenina es uno de los temas más fascinantes en la historia del feminismo por sus sucesivos disimulos. Si fue Havelock Ellis, uno de los más prominentes psicopatólogos sexuales, el que se preguntaba qué hacen las mujeres cuando se quedan solas en *La inversión sexual en las mujeres,* escrito con Krafft-Ebing y traducido al español por Amistades Particulares en 2016, hay dos textos que estudian el tema a la luz de las nuevas posiciones de la década de 1980: Carroll Jeffreys y *The Spinster and Her Enemies* (Londres, 1985) y Sheila Smith-Rosenberg y *Disorderly Conduct,* publicado en Nueva York el mismo año.

El texto de Carlos Navarro –conservador del Museo del Prado del siglo XIX– sobre *El Cid* de Rosa Bonheur, en el cual recoge la historia de su llegada a España con todo detalle, apareció en el *Boletín del Museo del Prado* en 2009 con el título «A propósito de un lienzo de Lawrence Alma-Tadema: noticias sobre el marchante Ernest Gambart y su donación de pinturas al Museo del Prado» *(Boletín del Museo del Prado,* año 2009, vol. 27, n.º 45).

El texto principal del regreso de la pintura del XIX al edificio principal del Prado tuvo como autores a los que eran entonces conservadores del XIX en el museo, José Luis Díez –quien ha dedicado otros textos imprescindibles a los temas literarios en la pintura del XIX– y Javier Barón. Sus aportaciones se encuentran en el catálogo *El siglo XIX en el Prado* (Museo Nacional del Prado, Madrid, 2007). Sobre la pintura de historia en dicho siglo los escritos de Carlos Reyero resultan siempre clarificadores y brillantes, así como las aportaciones de Jesusa Vega, otra de las grandes autoridades en el periodo. De igual modo, Javier Pérez Rojas ha aportado lecturas esenciales a Pinazo, en especial a sus hijas del Cid. Sobre el cuadro de Pradilla resulta de especial interés el libro de Wifredo Rincón *Francisco Pradilla* (Aneto, Zaragoza, 1999, pp. 66 y ss). El texto aludido y clásico de Linda Nochlin es «Lost and Found: Once More the Fallen Woman», recopilado en *Women, Art, and Power and Other Essays* (Harper and Row, Nueva York, 1988).

Además de los estudios sobre la reina Juana de Miguel Ángel Zalama, el libro de Bethany Aram *La reina Juana. Gobierno, piedad y dinastía* (Marcial Pons, 2001) presenta esa lectura de una Juana moderna que contradice su destino impuesto. Por su parte, el delicioso texto de Ramón Gómez de la Serna publicado en 1949 por Revista de Occidente con el título *Doña Juana la Loca (y otras seis novelas superhistóricas)* reescribe algunos de los malentendidos con el estilo de *Cinelandia.*

El texto de John Yau «Please Wait by the Coat Room» apareció en diciembre de 1988 en *Arts Magazine,* adelantándose desde muchos puntos de vista a las que serían propuestas posteriores. De igual modo han cambiado por completo la percepción de Dora Maar como la musa de Duchamp, tal y como se ha podido comprobar con la muestra del Museo Pompidou (https://elpais.com/cultura/2019/06/04/actualidad/1559658079_784928.html). Por otro lado, sobre las peripecias de Maria Martins, con especial énfasis en Duchamp y la vida misma de la artista, Raúl Antelo escribió un libro fascinante en sí mismo como pieza literaria: *María con Marcel: Duchamp en los trópicos,* aparecido en 2006 en Siglo XXI.

4. EL REENCUENTRO –A MODO DE INTERLUDIO EN EL PASEO

Como es de todos sabido, Michel Foucault ha reflexionado a menudo sobre los diferentes espacios como lugares de la representación, la construcción de cierta teatralidad, y no solo en el mencionado texto sobre *Las Meninas* del citado *Las palabras y las cosas,* al cual se volverá a lo largo de los siguientes capítulos. También resulta clarificador a este respecto –sobre todo las ideas a propósito del panóptico– *Vigilar y castigar. Nacimiento de la prisión,* un texto de 1975, traducido al castellano por Siglo XXI Editores un año después.

El precioso libro de Michael Baxandall *Pintura y vida cotidiana en el Renacimiento* apareció en español en 1980 en la editorial Gustavo Gili (Valencia), y el libro de Steiner donde el autor recoge la bella comparación de la Ermesenda en la catedral de Girona con Brancusi es *Errata* (Siruela, varias ediciones).

Sobre los intercambios entre España y los Estados Unidos en los años cincuenta del XX y en especial la operación de traslado de The Cloisters, es muy elocuente el vídeo donde se relata dicha operación y a partir del cual quedan claras las relaciones entre ambos países entonces, esas relaciones de poder y subalternidad en la España de la década de 1950: https://www.metmuseum.org/metmedia/video/collections/med/fuentiduena–apse

Quizás lo más extraordinario del libro de Gertrude Stein sobre Picasso, escrito en 1938, no sean las reflexiones sobre el pintor, sino las que propone sobre «Oriente» y «Occidente» y que aluden a España –el islam– y a Rusia –Bizancio. Hay una traducción castellana, no exenta de problemas porque se ha «limpiado» el estilo «cubista» de Stein, y publicada en Biblioteca La Esfera (Madrid, 2002, pp. 100 y ss.) con el título *Picasso.* Por su parte, las reflexiones de Freud aparecen en el conocido pasaje del texto clásico de 1916 «La transitoriedad» *(Obra completa,* tomo XIV, Amorrortu, Buenos Aires, 1996).

La vida que Agatha Christie vivió gracias a los viajes de su marido, el arqueólogo Max Mallowan, queda plasmada en un libro lúdico y divertido, como son los de la escritora: *Ven y dime cómo vives* (Tusquets, 1987). Tan maravilloso literariamente como el texto de Christie es el poema de «El otro tigre» de Borges, «el otro tigre, el que no está en el verso». No me puedo resistir a recordar los primeros versos: «Pienso en un tigre. La penumbra exalta / la vasta Biblioteca laboriosa / y parece alejar los anaqueles» (Borges, *Obras Completas II,* Emecé, Buenos Aires, 2004, pp. 202-203).

El comentario de John Berger aparece en *Ways of Seeing,* Harmondsworth, BBC/Penguin, 1972, p. 170 (la edición española es de Gustavo Gili, Barcelona, 2016), y el de Gamman y Makinen en *Female Fetishism. A New Look* (Lawrence and Wishart, Londres, 1994, p. 174). El texto de Baudry al cual nos referimos es «Idelogical Effects of the Basic Cinematographic Apparatus», *Narrative, Apparatus, Ideology* (ed. Philip Rosen), Columbia University Press, Nueva York, 1986.

Sobre las imágenes de la decadencia como síntoma de la modernidad, el texto comentado es el de Kemp, «Images of Decay: Photography in The Pictures que Tradition», *October,* otoño de 1990, y en cuanto al texto clásico de Jonathan Brown sobre los numerosos textos de discusión sobre Velázquez se podría citar «Sobre el significado de Las Meninas» –de 1978–, en *Imágenes e ideas en la pintura española del siglo XVII* (Alianza, Madrid, 1981).

El libro clásico y temprano publicado en España de esas «gentes de placer» es el de Fernando Bouza *Locos, enanos y hombres de placer en la corte de los Austrias,* publicado en Madrid en 1991 en la colección Temas de Hoy.

Sobre el grafoscopio, el Museo del Prado tuvo una exposición, *El Grafoscopio. Un siglo de miradas al Museo del Prado (1819-1920),* en 2004, comisariada por José Manuel Matilla y Javier Portús, que se convertía en una de las primeras aproximaciones en profundidad a esa colección fotográfica del Prado no tan conocida como merecería.

En su libro *French Theory. Foucault, Derrida, Deleuze & Cía. y las mutaciones de la vida intelectual en Estados Unidos* (Melusina, Barcelona, 2005), Cusset propone un recorrido crítico sobre cómo esos filósofos franceses posestructuralistas fueron «traducidos» y se impusieron, como moda también, en el mundo académico de los Estados Unidos. Un texto lúcido y divertido que se anticipó muy pronto, en 2003, a las trampas de la teoría y sus posibles riesgos de crear un nuevo discurso cerrado e impuesto.

Los textos sobre arte de Cixous son en cada línea clarividentes y excepcionales. Entre otros se pueden leer en castellano *Poetas en pintura. Escritos sobre arte: de Rembrandt a Nancy Spero* (edición y prólogo de Marta Segarra y Joana Massó), El Lago Ediciones, Castellón, 2010, y *Deseo de escritura* (edición y prólogo de Marta Segarra), Reverso, Barcelona, 2004, p. 57. Sobre el Viniente como forma de inspiración en gerundio, aparece narrado en *Las ensoñaciones de la mujer salvaje. Escenas primitivas,* Horas y Horas, Madrid, 2003, con prólogo de Marta Segarra.

La cita de Proust es del texto «Rembrandt y su día de oro», que pertenece a *En este momento,* Cuatro Ediciones, Madrid, 2005, p. 67.

5. TRASPLANTES

Las reflexiones de Rilke aparecen en su supuesta autobiografía, *Los cuadernos de Malte Laurids Brigge* (Alianza, Madrid, 1981).

Sobre la destrucción de los monumentos como expresión de la iconoclastia moderna, hay que recordar el libro de Dario Gamboni *La destrucción del arte,* traducido en 2014 por Cátedra, y sobre el mismo tema desde una perspectiva decolonial el de Peio Riaño *Decapitados,* aparecido en 2021 en Ediciones B. El mismo autor publicó un repaso por la ausencia de mujeres en el Museo del Prado: *Las invisibles. ¿Por qué el Museo del Prado ignora a las mujeres?* (Capitán Swing, 2020).

El libro de Fanon *Piel negra, máscaras blancas* fue traducido al español por Akal (Madrid) en 2009, y el texto de Grada Kilomba apareció en una entrevista en *AfricAvenir* del 15 de febrero de 2016 (https://www.africavenir.org/nc/de/newsdetails/article/white-is-not-a-color-an-interview-with-author-and-psychoanalyst-grada-kilomba.html).

En los últimos tiempos ha empezado a interesar de forma reiterada el problema de la trata en España, como muy bien repasaba en su reciente artículo en *Babelia,* el suplemento del diario *El País,* del 23 de octubre de 2021, Guillermo Altares: «La memoria borrada. La esclavitud en España» (https://elpais.com/babelia/2021-10-23/la-memoriaborrada-de-la-esclavitud-en-espana.html). No obstante, una de las investigadoras que antes empezó a repensar el tema fue Carmen Fracchia con textos como «Constructing the Black Slave in Early Modern Spanish Painting», en Tom Nichols, (ed.), *Others and Outcasts in Early Modern Europe. Picturing the Social Margins,* Ashgate, Aldershot y Burlington, 2007, o «Lack of Visual Representation of Black Slaves In Spanish Golden Age Painting», *Journal of Iberian and Latin American Studies,* vol. 10, n.º 1, junio de 2004, pp. 23-34. Sobre las cuestiones relacionadas con la esclavitud y artistas como Velázquez o Murillo, es interesante el texto de Sergio Rubira «Lo que no era digno de ser pintado», *Flúor,* n.º 8, que recoge la historia del cuñado de Velázquez y su mascarada. El texto clásico sobre la mascarada al cual nos referimos en el libro es el de Joan Rivière «Womanliness as a Masquerade», de 1928. La propaganda de Sevilla «Puerto y puerta del Nuevo Mundo» se puede encontrar en https://www.sevillatour.net/sevilla-puerto-y-puerta-de-america/

Sobre las pinturas de castas se pueden consultar los textos de Concepción García Saiz, *Las castas mexicanas. Un género pictórico Americano,* Olivetti, Milán, 1989, y Ilona Katzew, *Las pinturas de castas. Representaciones raciales en el México del siglo XVIII,* Conaculta/Turner, Madrid, 2004. La cita sobre Baker aparece en Jencks, *Le Corbusier and the Tragic View of Architecture,* Londres, 1973, p. 102.

El texto clásico de Derrida sobre la hospitalidad, escrito con Anne Dufourmantelle, *La hospitalidad,* fue traducido por Ediciones de la Flor (prólogo de Mirta Segoviano) el año 2006 en Buenos Aires. El artículo de Madan Sarup «Home and Identity» apareció en *Travellers' Tales. Narratives of Home and Displacement* (de George Robertson, Melinda Mash, Lisa Tickner, Jon Bird, Barry Curtis y Tim Putnam), Routledge, Londres y Nueva York, 1994. El texto al cual nos referimos de Gruzinski es *Pensamiento mestizo* (Paidós, Barcelona, 2000), publicado un año antes en francés, y el libro de Lucy Lippard *Mixed Blessings New Art in a Multicultural America* apareció en Nueva York en 1990.

Palomino habla de Juan de Pareja en *El Museo Pictórico o Escala Óptica* (Madrid, Aguilar, 1988). Concretamente su comentario sobre la «desgracia de su naturaleza» aparece en la página 305.

La extraordinaria muestra de la hija del virrey en el Museo de América *(La hija del virrey. El mundo femenino novohispano en el siglo XVII)* fue comisariada por Andrés Gutiérrez Usillos, autor del inspirador catálogo también. Dicho cuadro ha estado de igual modo presente en la muestra *Tornaviaje* (otoño de 2021) en el Prado, la primera vez que entra la pintura de los virreinatos desde *Pinturas de los Reinos,* diez años antes en el mismo museo.

6. LA MIRADA DEL REY

La citas del texto de Michel Foucault que se suceden en este capítulo pertenecen –por orden de aparición– a las páginas 1, 13 y 18 de la edición ya citada de *Las palabras y las cosas,* y el libro sobre la androginia de mi autoría al cual me refiero es *El andrógino sexuado. Eternos ideales, nuevas estrategias de género* (Visor, Madrid, 1992).

El particular lo comenta Miguel Falomir en su texto de la exposición *Pasiones mitológicas* del Prado «Tiziano y las "poesías": Experimentación y libertad en la pintura mitológica», p. 28. En el mismo museo se ha celebrado en el año 2021 *Leonardo y la copia de Mona Lisa. Nuevos planteamientos sobre la práctica del taller vinciano,* un estupendo recorrido sobre algunos de los asuntos tratados. Sobre el texto de Freud y algunos de los comentarios atribuidos a Leonardo reflexiona la que escribe estas líneas en una de sus primeras aportaciones, un texto modesto sobre Leonardo, publicado en 1994 en Madrid por la editorial Historia 16.

A propósito de la concepción de «normalidad» –«normal» es, sencillamente, lo que dicta la norma en cada momento histórico– hablaba Gosselin en 1980 en *Sexual Variations. Fetichism, Sado-masochism and Travestism* (Faber & Faber, Londres, 1980), y el texto que se cita de Severo Sarduy pertenece a *Barroco* (Sudamericana, Buenos Aires, 1974, p. 79).

7. CAPAS Y TRASERAS

La cita de Breton pertenece a su novela *Nadja* (edición de José Ignacio Velázquez), Cátedra, Madrid, 1997, p. 95, y el comentario de Nina Berberova aparece en el «Prólogo de la autora a la edición francesa de su biografía» del libro *Nina Berberova. El subrayado es mío,* Circe, Barcelona, 1990.

El maravilloso libro de María Gainza al cual nos referimos es *El nervio óptico,* publicado en 2017 por Anagrama (Barcelona). Las palabras citadas de Morimura se pueden encontrar en la nota de prensa de la exposición de 2015 en la Galería Juana de Aizpuru de Madrid: http://juanadeaizpuru.es/exposicion/las-meninas-renacen-de-noche/. Una entrevista al artista sobre el proceso se puede consultar en https://www.youtube.com/watch?v=VC_P_T942ZY

La exposición de Thomas Struth tuvo lugar poco antes de la apertura de la ampliación del Prado, en 2007, con el título *Thomas Struth. Making Time* (Museo Nacional del Prado, Madrid, 2007). Para la ocasión la que suscribe estas líneas escribió el texto «Mientras tanto. La visita de Struth al Museo del Prado», que fue luego reimpreso en «Währenddessen. Der Besuch von Struth im Museo del Prado», *Texte Zum Werk von Thomas Struth* (edición de James Lingood) (Schirmer/Mosel, Múnich). En este texto se hablaba del bello escrito de Proust sobre Rembrandt «Rembrandt y su día de oro», aparecido en *En este momento* (Madrid, 2005).

Sobre las personas con diversidad funcional en *Las Meninas,* se llama la atención sobre el texto de la que escribe estas líneas «Pintar al otro: Retratos de lo diferente», en *El retrato en el Museo del Prado* (Anaya, Madrid, 1994), reeditado en 2004 (Galaxia Gutenberg). En él se discutían dichas diferencias y los cambios en las mismas a la llegada de los Borbones. Algunas de las citas que se recogen y se recogían provenían del tempranísimo trabajo de Fernando Bouza *Locos, enanos y hombres de placer en la corte de los Austrias* (Madrid), aparecido en 1991. A su vez, en su caso el texto de partida era el de José Moreno Villa *Locos, enanos, negros y niños palaciegos,* de 1939, publicado en México. Las citas del texto de Bouza son de las páginas 51, 46 y 49. También temprano sobre el problema de las particularidades es el texto de Laclau «Universalism, Particularism, and the Question of Identity», *October,* verano de 1992.

A propósito de las diferentes lecturas de *Las Meninas* desde Lacan hasta Foucault, la que escribe estas líneas publicó en 2003 en un volumen editado por Suzanne Stratton el texto «Representing Representation. Reading *Las Meninas,* Again»: *Velázquez's Las Meninas,* Cambridge University Press. El texto de Karl Justi es el muy conocido *Velázquez y su siglo,* y el de Ángel del Campo y Francés, donde aporta una original lectura astrológica de *Las Meninas* hallando paralelos en la composición con una constelación cuya estrella principal lleva como nombre Margarita, es *La magia de Las Meninas* (Colegio de Ingenieros de Caminos, Canales y Puertos, Madrid, 1978).

Un texto extraordinario sobre la Inquisición es el de Julio Caro Baroja *Vidas mágicas e Inquisición,* Istmo, Madrid, 1992. La noticia pertenece al tomo II, p. 331. La *freak theory* apareció ya estructurada en el libro de *Freakery. Cultural Spectacles of the Extraordinary Body* (edición de R. Garland Thomson), publicado por la New York University (Nueva York, 1996).

Sobre el jarrito de *Las Meninas,* el artículo aludido de Natacha Seseña es «Los barros y lozas que pintó Velázquez», aparecido en *Archivo Español de Arte,* tomo 64, n.º 254, 1991. Quiero dar las gracias a Cuauhtémoc Medina por haber compartido conmigo su texto inédito «Un pasado que se niega a ser historia», y por haber llamado mi atención sobre los trabajos de Gabara y Curiel donde se comenta la bucarofagia. El texto es el de Esther Gabara «El triángulo museográfico de las Bermudas: el Prado, el Museo de América y el Museo de Antropología», leído como conferencia en el Congreso Internacional *La historia sin pasado: Contraimágenes de la colonialidad. España/América Latina,* celebrado el 20-21 de abril de 2012 en el Centro Dos de Mayo, Móstoles, Madrid. (Publicación en línea: https://eldefectobarroco.files.wordpress.com/2012/06/gabara1.pdf). El de Gustavo Curiel es «El ajuar doméstico del tornaviaje», *México en el mundo de las colecciones de arte,* tomo I, UNAM, Consejo Nacional para la Cultura y las Artes, México, 1994, pp. 157-158.

El texto de Medina formaba parte del *XXXIX Coloquio Internacional de Historia del Arte. Historia del arte y estética, nudos y tramas,* organizado por la Universidad de México en 2019. http://www.librosoa.unam.mx/bitstream/handle/123456789/2503/6261269612a85c16be14d93ec1c585f3.pdf?sequence=3&isAllowed=y

ÍNDICE

Impreso en
Romanyà Valls, S. A.,
Sant Joan Baptista, 35
08789 La Torre de Claramunt